北京市社会科学基金特别委托项目
北京市社会科学理论著作出版基金重点资助项目
辽宁省攀登学者计划项目

中国经济热点前沿

Hot Economic Issues in China

（第 14 辑）

黄泰岩　等著

中国财经出版传媒集团

图书在版编目（CIP）数据

中国经济热点前沿. 第14辑/黄泰岩等著. —北京：经济科学出版社，2017.9

ISBN 978-7-5141-8499-0

Ⅰ.①中… Ⅱ.①黄… Ⅲ.①中国经济-问题-研究 Ⅳ.①F120.2

中国版本图书馆CIP数据核字（2017）第237312号

责任编辑：于海汛
责任校对：隗立娜
责任印制：潘泽新

中国经济热点前沿
（第14辑）
黄泰岩　等著
经济科学出版社出版、发行　新华书店经销
社址：北京市海淀区阜成路甲28号　邮编：100142
总编部电话：010-88191217　发行部电话：010-88191522
网址：www.esp.com.cn
电子邮件：esp@esp.com.cn
天猫网店：经济科学出版社旗舰店
网址：http://jjkxcbs.tmall.com
北京季蜂印刷有限公司印装
710×1000　16开　15.25印张　260000字
2017年9月第1版　2017年9月第1次印刷
ISBN 978-7-5141-8499-0　定价：45.00元
（图书出现印装问题，本社负责调换。电话：010-88191510）

前　言

《中国经济热点前沿》第14辑经过努力相对于第13辑而言提前出版了，本来计划今年争取上半年出版，特别是《光明日报》经济理论版主编张雁盛情约稿，希望尽早发表本书的成果，更给了我很大的动力，感谢张雁所给予的激励。但是，最后为《光明日报》写的稿子赶出来了（2017年3月28日发表），本书却由于行政事务等原因拖到了今天。真的很羡慕洪银兴师兄从南京大学党委书记岗位上退下来后科研成果如雨后春笋般涌现。

“14”谐音是“要死”，所以大家都忌讳这个数字。其实，有生就有死，这是自然规律，多少英雄豪杰苦苦寻觅长生不老，但都未能如愿。所以乔布斯说：记住你即将死去。我们都知道自己是哪天出生的，但没有任何人能预料到你哪天会离开这个世界。既然如此，我们就没有必要怕死，刻意的忌讳也就没有了实际的意义，倒不如放松心情，积极面对，这反而会更有利于健康。据说有统计显示，很大比例的癌症病人不是病死的，而是吓死的。

我小时候想到死，也很害怕，甚至感到恐怖，因为小时候我曾与死擦肩而过。据我妈妈讲：我两岁的时候自己偷偷溜出家门到外面玩，不慎掉到河里，被打捞上来时已经没有了呼吸，还好大人没有轻易放弃，把我放到牛背上，赶着牛快速奔跑。苍天有眼，万幸我活过来了。所以，牛是我的福星。我身边的许多亲人和朋友都属牛，虽然有的不属牛，但大多也都是“牛人”。

从我的经历来看似乎验证了一个道理，好像由于死过可能会活得更好些。因为死过，所以对死似乎更坦然了，没有了当年的害怕和恐怖；对生更加珍惜、敬畏和热爱，总想在生命中填充更多有意义、有价值的东西，不枉在这个世界上走一回。其实，我们的先人在创造汉字“赢”的时候，就蕴含了这一哲理。汉字“赢”，就是以“亡”字开头的，意味着没有“亡”，就不会有“赢”，“赢”就是死里逃生。对此，张朝阳明确讲到：我们的成功是建立在无数倒下去的同伴尸体上的。别的企业死了，不要停下脚步，同情一下，继续前行。柳传志谈到自己的创业体会时也认为：九成九的创业者会死在半途，经历了九死一生的创业者才能成长为企业家，为社会创造财富。带领华为走向成功的任正非对成功的解释就是：“经九死一生还能好好地活着，这才是真正的成功。”

要赢得人生，就要有“不怕死”的大无畏精神。但是，不怕死，不意味着等死、找死和送死。汉字“死”是由“一”、“夕”和“匕”三个汉字组成的，它们都蕴含着不怕死，但不等死、不找死、不送死的深刻哲理。

“一”意味着地平线，“死”字只能往下写，就是说死了都要到地下的另一个世界。那个世界我们谁都不知道是什么样子，因为一旦过去就回不来了，正所谓“人生没有回程票”。因此，我们应该对能够来到这个世界上倍加珍惜，感恩父母，感恩社会；对自己的人生倍加珍惜，虽然每个人不敢都奢求“生的伟大，死的光荣”，但至少应该让你身边的人们感到由于你的存在而使这个世界更美好、更精彩！所以，我们不怕死，但不能等死，要让活着更有意义。这就需要：一是心怀大爱，因为只有爱着，才能任劳任怨、笑口常开，快乐是长寿的秘诀；二是心怀大我，因为只有大我，才能放下小我，看轻小我，舍得是快乐的秘诀；三是心怀大德，这就是感恩，只有感恩，才能无怨无悔，无怨是舍得的秘诀。在大爱、大我、大德指引下的发奋努力，不仅赋予了活的价值，而且还有可能达到《左传·襄公二十四年》所说的“死而不朽”标准，即立德、立功、立言。

“夕”就是“夕阳西下”，意味着“死”是自然规律。我们不怕死，但绝不能违背规律找死、作死。这就需要：一是认识规律。首先，生命的有限性，不允许我们恣意地挥霍青春、浪费生命，要尽早给自己一个准确的人生定位，以便规划出在人生的每一个阶段做该做的事情，今日事今日毕，如此才能做到孔子所言：三十而立，四十不惑，五十知天命，六十耳顺，七十从心所欲不逾矩。从大的人生阶段来讲，就是要：在中青年时代做到不仅没有苟且而且还有诗和远方；进入老年阶段应有“夕阳无限好”的赞美，而没有“只是近黄昏”的无奈。其次，生命的脆弱性，不允许我们恣意地残害生命，要给自己设定一个健康的生活方式。世界卫生组织的报告显示，决定个体健康的要素比例：生活方式约占60%，环境和遗传因素占30%，医疗干预仅占10%。二是适应规律。首先，树立底线意识，心存底线，不去找死。比如，健康等于1，只有拥有健康，人们才能努力工作，享受生活，而这些都是健康后面的0，不管你在1后面追加了多少0，如果1没了，一切都会归零。汉字生命的“命”拆开来就是“人的一口气”，活着是一口气，争的也是一口气，咽不下的往往也是一口气。要知道你的这口气是什么，不能丢，不能自毁长城，更不能被人偷走、复制走，保住这口气，就是成功，就是胜利。其次，树立边界意识，不越生命的雷池半步，明明是飞蛾，非去扑火，还以为自己是真金，所以不要把自己看得太重，尤其是别人看重你的时候更要看轻自己，有的人往往在取得一定的成功之后太过看重自己，结果很惨。人在进化过程中没有了尾巴，你非要翘尾巴，这就是找死、作死。三是运用规律。这是要求在尊重规律的基础上发挥人的主观能动性，努力增加生命的长度和密度。俞敏洪在他们班毕业典礼上说：“大家都获得了优异的成绩，我是我们班的落后同学。但是我想让同学们放心，我决不放弃。你们五年干成的事情我干十年，你们十年干成的我干二十年，你们二十年干成的我干四十年，如果实在不行，我会保持心情愉快、身体健康，到八十岁以后把你们送走了我再走。”这就是增加生命的长度，当然有了这样的励志，他也赋予自己生命更大的价值。如果从健康的角度看，现在养生的语录满天飞，但调查寿星的秘诀却是各有各的活法，甚至是针锋相对的，没有找到一个普遍的规律，原因很简单，就是每个人不是无差异的，而是异质的，本来是食肉动物，你非要劝它吃草？所以只有首先了解自己的体质，才能找到属于自己的养生之道，这就是孙子兵法所言：“能因敌变化而取胜者，谓之神！”

“匕”可以用来杀人，这意味着“死”是被杀。在这个世界上，死概括起来就是两种死法，自杀和他杀。我们的先人非常智慧，一个“死”字，把死因全说明白了。我们不怕死，但不能送死。这就需要：一是知己。明白自己想做什么，能做什么，将想做能做的事做好，做到极致，而且永不放弃，这就是扬长；对自己的短板，能补则补，不能补就整，整合需要大智慧。二是知彼。知道敌人的长短，可以避其之长，攻其之短，甚至以弱胜强；知道朋友的长短，可以取其之长，补己之短，建立创新团队。三是知天。只有认知天道，才能替天行道，天道才会酬勤，这就是选择比勤奋更重要的道理。《战狼2》的巨大成功，就是在合适的时间、合适的地点，用合适的题材，弘扬了爱国主义的中国精神。四是知地。只有扎根中国大地，才能实事求是、因地制宜，能干事，干成事。前几天我有幸到河北承德围场参观学习，塞罕坝的创业者们就是根据当地的土壤、气候条件创新了植树技术和方法，使植树成活率从8%提高到90%以上，止住了“下马风”，并通过三代人50多年的接续奋斗，种出了112万亩的世界最大人工森林，创造了绿色发展的人间奇迹，成就了塞罕坝精神。以上概括起来就是孙子兵法所说的：“知己知彼，百战不殆；知天知地，胜乃可全。”

本书是对2016年中国经济学研究文献的系统梳理，虽然我们力求使本书的写作更加专业化、学术化和精准化，但由于我们的水平和对资料的掌握有限，难免有一些相当精彩的观点没有被综述进来，从而使研究成果反映得不够全面，敬请有关专家、学者谅解。同时我们也诚心诚意地欢迎有关专家、学者支持和帮助我们，以使我们的工作越做越好。

参加本书写作的有（按章顺序）：黄泰岩（第一章）；丁守海、杨璐嘉（第二章）；方芳、王宇飞（第三章）；黄泰岩、姜伟（第四章）；张丽君、杨秀明（第五章）；谢地、孔晓（第六章）；张培丽、张皓嘉（第七章）；李政、佟冬（第八章）；黄泰岩、彭炎辉（第九章）；黄泰岩、特木钦（第十章）；黄泰岩、王琨（第十一章）。他们分别是来自于中国人民大学、吉林大学、辽宁大学、中央民族大学的教授、副教授、讲师和博士生等。全书最后由我修改和定稿。

本书的出版，得到了北京市社科基金特别委托项目、北京市社会科学理论著作出版基金和辽宁省攀登学者项目的资助。正是有了他们的资助，我国的理论之树才更加根深叶茂。中国财经出版传媒集团副总经理、经济科学出版社社长吕萍，财经分社于海汛社长，及其同事们为本书又好又快地出版给予了超乎寻常的鼎力支持，在此一并表示衷心的感谢！

黄泰岩

2017年8月于中央民族大学

目　录

第一章　2016 年中国经济研究热点排名与分析

2016 年是实施“十三五”规划、决胜全面小康的开局之年，是贯彻落实新发展理念的关键之年，是中国经济增长面临更大下行压力的考验之年，是世界经济形势复杂多变、“黑天鹅”事件频出的多事之年。在这种特殊的国内外发展背景下，学界对中国经济的研究呈现出了新的特点和进展。

一、2016 年中国经济研究前二十大热点

2016 年学术期刊统计样本的选取继续采用教育部中国社会科学研究评价中心公布的 2017 ~ 2018 年 CSSCI 来源期刊经济学类排名前 20 名杂志，然后依据理论经济学和应用经济学下二级学科平衡分布的需要，选取了作为 2016 年中国经济研究热点排名和分析的 15 本经济学统计样本期刊[①]。由于其他类别的杂志也有经济学的栏目和文章，为了保证覆盖面和代表性，我们又选取了其他四大类即马克思主义类、管理学类、社会科学总论类和高校综合性社科学报类各自排名第一的学术期刊，构成了共 19

---

① 在排名前 20 位的期刊中，依据二级学科平衡分布的需要，仅保留相同学科排名靠前的杂志，这样就去掉了前 20 名杂志中的 5 本杂志，剩下 15 本样本期刊。其中，“三农”类的杂志，《中国农村观察》位次最高，为第 11 位，《农业经济问题》为第 13 位，《中国农村经济》为第 14 位；金融类杂志，《金融研究》位次最高，为第 4 位，《国际金融研究》为第 15 位；世界经济国际贸易类杂志，《世界经济》位次最高，为第 3 位，《国际贸易问题》为第 17 位。另外，还有排在第 6 位的《会计研究》，由于属于管理学，因此没有纳入我们样本期刊。

本统计样本期刊[①]。2016 年的统计样本期刊与 2015 年相比发生了如下变化：一是增加了进入经济学类前 20 名的《产业经济研究》和《经济评论》；二是《中国农村经济》因排名位次下降被《中国农村观察》替换。但是，2016 年统计样本期刊总体变化不大，保持了期刊统计样本的稳定性和可比性。

2016 年学者在以上 19 本统计样本期刊上发表的全部学术论文（不包括书评和会议报道等）共 1829 篇，较 2015 年的 1777 篇有所增加，主要是因为新增了两本统计样本期刊，如果剔除两本新增期刊发文 135 篇，2016 年发文数量比 2015 年继续减少，意味着论文的平均篇幅又有所增加。我们对 1829 篇论文按专题进行分类统计，得出了 2016 年中国经济研究前二十大热点问题（见表 1－1）。它们分别是：（1）经济增长与发展；（2）资本市场；（3）收入分配与收入差距；（4）对外贸易与贸易政策；（5）产业结构与产业政策；（6）三农；（7）自主创新；（8）货币政策；（9）绿色经济（低碳经济）；（10）马克思主义经济学及其中国化（马克思主义经济学）；（11）公共经济；（12）企业成长；（13）区域经济发展；（14）金融秩序与金融稳定；（15）财政体制；（16）企业融资；（17）中国对外投资；（18）金融体制；（19）就业；（20）经济体制改革。为了更准确反映热点的内涵，并结合时代的变化，今年我们将其中两个热点的名称做了调整，即将“马克思主义经济学”调整为“马克思主义经济学及其中国化”；将“低碳经济”调整为“绿色经济”。

表 1－1　　2016 年与 2015 年相比前二十大热点变动情况

热点	2016 年排名	2015 年排名	与 2015 年相比变化
经济增长与发展	1	1	未变
资本市场（含上市公司、资产定价等）	2	4	上升 2 位
收入分配与收入差距	3	3	未变
对外贸易与贸易政策	4	5	上升 1 位

① 在 19 本统计样本期刊中，经济类分别为：《经济研究》《经济学（季刊）》《世界经济》《金融研究》《中国工业经济》《数量经济技术经济研究》《经济学家》《经济科学》《中国农村观察》《财经研究》《南开经济研究》《财贸经济》《经济评论》《经济理论与经济管理》《产业经济研究》；其他类分别为：《马克思主义研究》《管理世界》《中国社会科学》《中国人民大学学报》。

续表

热点	2016 年排名	2015 年排名	与 2015 年相比变化
产业结构与产业政策	5	5	未变
“三农”［含城市（镇）化］	6	2	下降 4 位
自主创新	7	8	上升 1 位
货币政策（含流动性过剩、通货膨胀）	8	9	上升 1 位
绿色经济（含低碳经济、环境污染）	9	11	上升 2 位，进入前 10
马克思主义经济学及其中国化	10	26	上升 16 位，进入前 10
公共经济（含公共管理、食品安全）	11	7	下降 4 位，退出前 10
企业成长（企业兼并、公司绩效、企业效率）	12	15	上升 3 位
区域经济发展（含国际区域经济合作）	13	10	下降 3 位，退出前 10
金融秩序与金融安全（含金融稳定）	14	22	上升 8 位，进入前 20
财政体制（含税制）	15	13	下降 2 位
企业融资（含企业资本结构、资本运营）	15	12	下降 3 位
中国对外投资（企业走出去）	17	31	上升 14 位，进入前 20
金融体制（含金融环境、混业）	17	14	下降 3 位
就业（含失业、创业）	19	24	上升 5 位，进入前 20
经济体制改革（含国有经济、国有企业改革、转轨经济）	20	15	下降 5 位
社会保障	21	18	下降 3 位，退出前 20
计量经济	23	19	下降 4 位，退出前 20
消费（包括消费市场、消费经济）	26	20	下降 6 位，退出前 20
资源经济（含能源、石油、电力等）	31	17	下降 14 位，退出前 20

从2015年开始，我们又引入了按论文列出的“关键词”进行统计的方法，根据出现的频次列出前20位“关键词”（见表1－2）。用“关键词”进行统计的方法可以帮助验证我们按专题分类统计得出的前二十大热点问题的可信度。例如，“经济增长”和“全要素生产率”两个关键词排在前两位，与“经济增长与发展”热点排在第1位完全一致；“对外直接投资”关键词排在第5位，与“中国对外投资”热点排名大幅上升14位，首次进入前20位相一致；“收入分配”、“收入不平等”两个关键词分别排在第9位和第12位，与“收入分配与收入差距”热点问题相适应；等等。

表1－2　　2016年与2015年相比前20大关键词变动情况

2016年排位	关键词	与2015年比较排位变动	2016年词频	2015年词频
1	经济增长	未变	57	50
2	全要素生产率	上升1位	36	24
3	货币政策	下降1位	33	26
4	融资约束	上升1位	28	18
5	产业结构	上升2位	21	15
5	对外直接投资	上升4位	21	13
7	全球价值链	上升5位	16	12
7	金融发展	上升1位	16	14
9	国有企业	未变	14	13
9	企业创新	上升32位，进入前20	14	7
9	收入分配	上升12位，进入前20	14	9
12	比较优势	上升41位，进入前20	13	6
12	环境规制	上升29位，进入前20	13	7
14	创新	上升11位，进入前20	12	8
14	公司治理	下降2位	12	12
14	人力资本	上升27位，进入前20	12	7
14	社会资本	上升158位，进入前20	12	3
14	收入不平等	上升56位，进入前20	12	5
14	通货膨胀	上升39位，进入前20	12	6

续表

2016 年排位	关键词	与 2015 年比较排位变动	2016 年词频	2015 年词频
14	制造业	未变	12	11
21	技术进步	下降 15 位，退出前 20	11	16
21	城镇化	下降 7 位，退出前 20	11	11
39	产能过剩	下降 25 位，退出前 20	9	11
46	新常态	下降 37 位，退出前 20	8	13
57	技术创新	下降 50 位，退出前 20	7	11
94	互联网金融	下降 90 位，退出前 20	5	20
96	溢出效应	下降 77 位，退出前 20	5	10
131	企业异质性	下降 117 位，退出前 20	4	11

但是，我们一直没有使用“关键词”出现频次多少排序的统计方法进行本书的热点分析，主要是因为：一是有的关键词只是一个词，无法单列作为一个热点问题进行分析和比较；二是在关键词之间往往存在很强的重复性，如“收入分配”和“收入不平等”、“创新”和“企业创新”等，其实前者包含了后者；三是如表 1－2 所示，关键词的年度变动幅度相当大，如“社会资本”上升 158 位，而“企业异质性”下降 117 位，这种不稳定性也难以进行热点分析和比较。

二、2016 年中国经济研究热点排名变化

中国经济发展进入新常态，治国理政就需要新思想新理念新战略，以及新的政策框架。做好新常态下的经济工作，必须以新发展理念为指导。

由于理念决定理论的观念体系和结构框架，因而 2016 年中国经济研究前二十大热点问题基本聚焦于落实创新、协调、绿色、开放、共享新发展理念。马克思主义经济学及其中国化、自主创新、经济体制改革等体现了创新发展所要求的理论创新、技术创新和制度创新；三农、产业结构与产业政策、区域经济发展等体现了城乡结构、产业结构、区域结构三大宏观结构协调发展的要求；绿色经济、经济增长与发展、企业成长、消费等体现了绿色生产方式、绿色消费方式、绿色思维方式、绿色领导方式等绿

色发展的要求；对外贸易与贸易政策、中国对外投资等体现了更高层次开放、全方位开放的开放发展要求；收入分配与收入差距、公共经济、就业和金融秩序与金融安全等体现了全民共享、全面共享、共建共享和渐进共享的共享发展要求。

学界将2016年经济研究主要聚焦于落实新发展理念，主要是因为，我国经济发展进入了全面建成小康社会的决胜期，全面深化改革的攻坚期，经济结构优化升级的关键期，跨越“中等收入陷阱”的重要期，从而中国经济发展面临着新形势新任务新矛盾新难题，然而已有的经济理论，包括西方发展经济学理论和西方主流经济学的发展理论和增长理论，都难以破解我国经济发展新常态面临的新的重大理论和实践难题。我国创立的中国特色社会主义经济理论，在经济发展新常态下必须坚持，但还必须依据新任务新矛盾新难题推进新的理论创新，开拓当代中国马克思主义经济学的新境界，形成新的理论体系和学说。西方发展经济学理论主要解决的是发展中国家从低收入阶段向中高收入阶段的发展问题，而对我国现在从中高收入向高收入发展面临的经济转型问题表现出了历史局限性和理论局限性。西方经济学的经济增长理论主要解决的是发达国家的经济增长问题，虽然对我国的发展具有借鉴意义，如技术进步对经济增长的作用，但其基本框架毕竟不是解决发展中国家的“发展”问题，特别是经济转型问题。因此，这就需要落实新发展理念，创新经济发展理论，以指导我国新的发展实践。这就决定了2016年中国经济研究热点排名的新变化新特点，主要体现在：

1. 马克思主义经济学及其中国化成为年度符号

马克思主义经济学及其中国化在2016年中国经济学研究中创造了两个第一：一是从2015年排名第26位一跃进入2016年的前10位，上升幅度在前二十大热点变化中排在第一；二是打破了自2011年以来连续5年没有新的热点进入前10位的超稳定状态，第一次出现新的年度符号。

学界对马克思主义经济学及其中国化问题研究的高度关注，主要是因为：一是在理论层面，改革开放以来，我国在前无古人的伟大实践中，不断总结提炼新理论、新观点，逐步提出和完善了社会主义初级阶段理论、社会主义基本经济制度理论、社会主义基本分配制度理论、社会主义市场经济理论、对外开放理论、宏观调控理论、新型工业化道路等中国特色社会主义经济理论和观点。这些理论和观点又用于指导我国经济改革发展实践，创造了世界经济发展史上的“中国奇迹”，经受了实践的检验，成为中国经济理论创新的宝贵财富，而且对世界上所有发展中国家提供了不同于西方国家的发展理论、发展方式、发展道路、发展制度、发展文化等，从而也成为经济学的世界财富，为经济学的世界文明贡献了中国智慧。因此，今天中国有必要也有可能和条件将这些理论和观点系统化为经济理论体系或经济学说，从而将当代中国马克思主义政治经济学推上新的境界，形成中国气派、中国风格、中国特色的经济理论体系。二是在经验层面，经过 30 多年近 10% 的高速增长，2016 年我国经济总量已达到 74.41 万亿，超出日本 1 倍以上，稳定成为世界第二大经济体；2016 年我国人均 GDP 达到 8000 多美元，进入中高收入国家行列。中国经济发展的巨大成就证明：中国是世界上发展最好的社会主义国家，而且没有遵循西方经济学开出的各种药方，而是遵循中国特色社会主义经济理论，走出了一条完全不同于西方国家的发展道路；中国实现了比其他一切资本主义国家更快更长时期的高速增长，体现了社会主义基本经济制度的巨大优越性。根据经济学的创新规律，经济学的产生和发展都是源自于成功的经济发展实践。我国作为世界上最大的发展中国家，在成功发展的实践经验中，理应孕育着并可以总结提炼出指导发展中国家推进工业化、城镇化和现代化的中国经济学，这就成为这一代中国经济学者必须和应该担当的历史责任。三是在实践层面，中国经济发展进入新常态，从而面临着需要加快经济转型和体制转型的新任务新挑战新难题，许多发展中国家在进入这一阶段后，由于战略失误、创新不足、产业升级受阻、收入差距扩大等各种原因，大多都陷入了“中等收入陷阱”，而且长期难以自拔，如拉美各国长达四五十年，患上“拉美病”，东南亚一些国家也有三十多年。我国目前也出现了陷入“中等收入陷阱”的种种迹象，一旦陷入，中华民族的伟大复兴就会“搁浅”。这就迫切需要提出适应新常态和引领新常态的中国特色社会主义经济理论新体系用于指导新的实践，破解新难题，引领我国跨越“中等收入陷阱”，实现“两个一百年”的发展目标。

2. 经济增长与发展自 2008 年以来持续排名第一

2008 年的世界金融危机，叠加上我国的周期性和结构性因素，特别是结构性因素，对我国的稳增长构成巨大冲击和压力，增长速度 2012 年破“8”为 7.9%，2015 年破“7”为 6.9%，2016 年降到了 26 年来的最低点，2017 年规划目标为 6.5% 左右，如果从上一轮经济周期的峰值 2007

年的14.2%算起，现在的增长速度已是腰斩有余，从而引发了国内外对中国经济发展前景的担忧。因此，稳增长就成为当前和今后一个时期经济工作的主基调，成为大局。

中国经济只要能够稳住，就是成功，就是胜利，就是“进”。这主要体现在：一是只要在“十三五”期间能够稳住年均6.5%左右的经济增长速度，就可以实现我们党确定的到2020年GDP总量和人均居民收入比2010年翻一番的发展目标；就可以解决每年1000万以上的新增就业岗位，保证社会的基本和谐稳定；就可以确保不发生大的系统性金融风险。二是只有做到稳增长，才能为经济转型和体制转型赢得时间和创造相对宽松的社会经济条件。经济结构的优化升级，特别是新兴战略产业的培育和成长需要一个发展期、培育期，如“十二五”期间，我国战略性新兴产业占GDP的比重从3%提高到8%，对经济增长的贡献达到1.4个百分点。按照《“十三五”国家战略性新兴产业发展规划》，战略性新兴产业占GDP的比重将从8%进一步提高到15%，对经济增长的贡献就可以达到3个百分点左右，加上服务业保持8%左右的增长，我国经济就可以进入持续稳定健康发展的轨道，顺利实现新旧动能的转换；同样，全面深化经济体制改革进入攻坚期，制度红利的释放也要有一个过程，而且改革还需要有一个稳定的宏观经济和社会环境，这都有赖于稳增长提供保障。三是稳增长追求的不是短期的稳，而是长期的、持续的、根本的稳。要做到这一点，就必须在稳的前提下在一些关键领域有所进取，在把握好度的前提下奋发有为，通过“进”实现更加稳定持续的“稳”，所以实现“稳”是为了更好地“进”。“进”的重点就是深化供给侧结构性改革，推进产业结构、技术结构、制度结构、收入结构、经济与社会自然结构、国内外结构等重大结构的优化，加快培育新的经济内生动力。

3. 绿色经济（低碳经济）再次进入前10位

绿色经济（低碳经济）2010年首次进入前10，之后只有在2015年被挤出前10，排在第11位，2016年重新回到第9位。从2016年文献的前20个关键词来看，“环境规制”排在并列第12位，而且比2015年位次大幅提高了29位。

绿色经济的回归，表明我国推进绿色发展的重要性。主要体现在：一是绿色发展成为新发展理念的重要组成部分。绿色发展从以往的发展战略提升到发展理念的高度，是中国特色社会主义经济理论的一个重要创新：

一方面，作为发展理念，就需要将绿色发展贯穿于经济发展的全过程，体现在经济工作的方方面面；另一方面，绿色发展就需要把绿水青山看作是金山银山，保护绿水青山就是保护生产力，从而将我国的生产力内涵从以往的解放生产力和发展生产力两要素，进一步扩展到保护生产力三要素。二是绿色发展成为我国永续发展的必要条件。2013 年我国 GDP 占世界的比重为 11.6%，但消耗的能源占世界的比重却高达 21.3%[①]，2000 年美国能源消费量是我国的两倍，到 2009 年我国超过美国成为世界最大能源消费国[②]，而 2016 年我国的 GDP 仅相当于美国的 60% 多。显然，以这样的单位 GDP 能源消耗量是不可能支撑我国长期的中高速增长，不可能支撑我国实现工业化、城镇化和现代化。同时，高消耗必然带来高排放、高污染，2013 年我国碳排放总量已远远超过美国和欧盟，甚至人均碳排放量也已超过欧盟的水平[③]，致使我国的环境承载力已经达到或接近上限。三是绿色发展成为人民对美好生活追求的重要体现。我国粗放式发展所带来的空气污染、水污染和土壤污染，对我国居民的健康造成严重影响，世界卫生组织 2016 年 9 月 27 日报告显示：中国是室外空气污染致死水平最高的国家，人数超过 100 万，印度至少 60 万，俄罗斯超过 14 万，全球为 300 万。[④] 清新的空气、干净的水和安全的食品成为人们走向全面小康的基本诉求。

4. 资本市场再次回到前 2 位

自 2003 年进行热点统计排名以来，资本市场在 2012 年前都排在第 1 或第 2 位，2013 年掉到第 5 位，2014 年重回第 2 位，2015 年再次掉到第 4 位，2016 年又回到第 2 位。资本市场的变化，一方面凸显了其在我国经济社会生活中的重要地位；另一方面也反映了其近几年的起伏跌宕。

2016 年资本市场重回第 2 位，突出反映了 2016 年资本市场贯彻创新发展理念，推进重大制度创新所产生的重要影响。主要体现在：一是 IPO 改革。这一重大制度变革将对资本市场运行产生积极效应：一方面上市公

---

① 徐绍史：《国务院关于节能减排工作情况的报告》，全国人大网，2014 年 4 月 21 日，http://www.npc.gov.cn/npc/xinwen/2014-04/21/content_1860424.htm。

② 沈玮青、钟晶晶：《国际能源署发布报告再指中国为最大能源消费国》，载《新京报》2010 年 11 月 11 日。

③ 《2013 全球碳排放量数据公布中国人均首超欧洲》，新浪财经，2014 年 9 月 23 日，http://finance.sina.com.cn/world/20140923/090120387459.shtml。

④ 《台媒：近九成空气污染致死发生在中低收入国家》，载《参考消息》2016 年 9 月 28 日。

司“壳”资源不再那么稀缺，如2016年IPO家数和融资额创近5年新高，再融资规模创历史新高，防止对“壳”资源和重组的过度炒作；另一方面有助于真正启动上市公司的退市机制，强化对上市公司的监督和约束。二是进一步规范和完善新三板市场。通过对挂牌公司实施分层管理，推进了多层次资本市场建设，为企业融资和股份转让开辟了多样化的通道，至2016年末，全国中小企业股份转让系统（新三板市场）挂牌公司总数从2015年末的5129家增加到10163家，几乎实现翻番，总市值从2015年末的2.46万亿元上升到4.06万亿元，充分释放了制度改革红利。三是防范资本市场风险的制度完善。2016年防范金融风险，特别是防范系统性风险被提到重要日程，防范资本市场风险就成为重要内容，为此，强化了证券公司风险控制、期货公司风险控制，加强证券投资基金管理公司管理、资产管理业务运作管理、规范重组上市行为、市场行为监管、新三板和债市监管等，如仅2016年上半年，证监会新立案市场操纵案件52起，比2015年同期增长68%[①]。四是总结熔断机制教训。实施熔断机制短短4天时间，就造成市值损失高达7.49万亿[②]；2016年1月4日当天，A股两次触及熔断机制的两级阈值提前停市，上证综指暴跌6.86%，深成指暴跌8.28%[③]。这对我国如何加强资本市场监管，提供了深刻的教训，值得认真总结。五是高度重视万科控制权之争。宝能、华润、恒大、万科管理层对万科控制权的混战，以及恒大、宝能、安邦等各路资本举牌上市公司，拉开了我国上市公司股权之争的大幕，演出了一场场惊心动魄的大剧，如何规范上市公司股权之争就成为我国上市公司监管的新课题。

5. 对外贸易与贸易政策创历史新高

对外贸易与贸易政策从2005年的最低排名18位一路上升，2008年达到第5位，之后有所下降，2015年重回第5位，2016年创出历史新高，站上第4位。从2016年文献的前20个关键词来看，与对外贸易与贸易政策相关的“全球价值链”和“比较优势”分别排在并列第7位和并列第12位，分别上升了5位和41位。这反映了对外贸易与贸易政策在贯彻落

① 《证监会上半年新立操纵市场案件52起同比增68%》，中国财经网，2016年7月1日，http：//finance.china.com.cn/news/20160701/3794105.shtml。

② 陈海钧：《4天损失7.49万亿证监会暂停熔断机制》，网易，2016年1月8日，http：//news.163.com/16/0108/10/BCQ60BF100014AEE.html。

③ 《2016年资本市场发生了哪些大事件?》，搜狐财经，2016年12月25日，http：//www.sohu.com/a/122550381_483467。

实开放发展理念，构建更高层次全方位开放经济中的突出地位和作用。

对外贸易与贸易政策排名再创新高，主要因为：第一，对外贸易连续两年负增长对稳增长构成巨大压力。2016 年全国进出口总值同比下降 0.9%，其中出口下降 2%，出现连续两年的负增长，成为造成经济持续下行的重要影响因素。保持对外贸易的平稳运行，就成为实现稳是大局的重要因素。但是，世界经济低迷对我国外贸发展带来严峻挑战。以美国为首的发达国家经济复苏曲折艰难，存在很大的不确定性和不稳定性，"黑天鹅"事件随时可能出现；新兴经济体国家发展面临严重困难，甚至出现了严重的经济下降；民粹主义和国际贸易保护主义抬头，甚至不惜违反 WTO 规则。[①] 这种种不利因素的交织，使国际贸易滑到近些年来的最低点。在如此不利的国际环境下贯彻落实开放发展就需要大智慧。第二，提出对外贸易的新战略新政策。开放发展新理念超越了以往的开放局限，形成了"三个并重"的全方位开放新战略，即从注重沿海开放转向沿海开放与沿边沿江开放并重；从主要对发达国家开放转向对发达国家开放与发展中国家开放并重；从主要是"引进来"转向"引进来"与"走出去"并重。实现这三个"并重"的最集中体现就是"一带一路"建设，因而深化对"一带一路"建设的理论和政策研究，就成为落实开放发展新理念新战略的首要任务。第三，落实创新发展理念，推动对外贸易结构优化升级。一是优化出口国结构，重点推动与"一带一路"周边国家的贸易，2016 年前三季度，我国对美、欧、日等传统贸易市场进出口比重逐步下降，而对巴基斯坦、俄罗斯、波兰、孟加拉国和印度等国出口分别增长 11%、14.1%、11.8%、9% 和 6.5%[②]。因此，加强与"一带一路"周边国家的经贸合作，特别是打造中国—东南亚自贸区升级版，有助于我国迅速改变对外贸易格局。二是优化出口产品结构，改变以机电产品和传统劳动密集型产品为主力的出口格局。2016 年前三季度，我国机电产品和七大类劳动密集型产品分别占同期出口总值的 57% 和 21.3%，其中机电产品同比下降 1.8%，远高于同期 1.6% 的出口下降水平[③]。这就需要探讨提高战略性新兴产业产品出口比重的政策和路径。

---

① 倪浩、赵觉珵：《WTO 判美多项对华反倾销违规中方敦促美尊重裁决》，载《环球时报》2016 年 10 月 21 日。

② 海关总署：《2016 年前三季度我国外贸进出口情况》，2016 年 10 月 13 日，http://www.customs.gov.cn/publish/portal0/tab65602/info823246.htm。

③ 新华社：《2016 年前三季度我国进出口逐季回稳》，中华人民共和国政府网站，2016 年 10 月 13 日，http://www.gov.cn/shuju/2016-10/13/content_5118747.htm。

6. 收入分配与收入差距保持高位

收入分配与收入差距在2004年仅排在第20位，之后一路攀升，2008年首次进入前10位，2009年上升到第6位，2013年创新高进入第3位，2015年和2016年都保持在第3的位置。从2016年文献的前20个关键词来看，“收入分配”和“收入不平等”两个关键词都榜上有名，分别排在第9位和第12位。这都体现了贯彻落实“共享发展”理念的特殊地位和作用。

近些年来学界对收入分配与收入差距的持续高度关注，是对我国收入差距过大及其对经济运行构成严重负面影响的理论反映，突出表现在：一是根据国家统计局的数据，全国居民收入基尼系数，从改革开放初期的不到0.2快速提高到2008年0.491的历史最高点，这也是我国经济运行进入下行调整周期的起点，这时学界对收入分配的关注首次进入前10，显示了理论研究的问题导向性。随后虽然我国通过深化收入分配体制改革和加强政府调控，基尼系数趋于下降，2015年降到0.462，但均远远高于0.4的国际警戒线，而且2016年基尼系数又有所抬头，上升到0.465。这一方面表明我国基尼系数一直在高位运行，需要学界持续关注，并提出有效解决方案；另一方面表明促使基尼系数下降的新体制新机制尚未形成，深化收入分配体制机制改革仍任重道远。二是我国经济增长近几年持续下行，2016年经济增速为改革开放以来的第四低，但这次的低位运行不同于前三次的“V”字型变化，呈现出持续下行的特征，这与收入差距的持续高位是否存在一定的联系，需要学界做出新的理论解释和机制说明。当前我国经济运行面临的突出矛盾，虽然有周期性和总量性的问题，但最根本的还是存在一些重大的经济结构失衡问题。在宏观经济结构中，优化收入结构成为结构优化的重要内容。三是我国改革开放以来居民收入从绝对平均到拉开收入差距，再到收入差距进入世界较高国家行列的完整演化过程，不仅为学者们验证库茨涅茨倒“U”曲线在我国的适用性提供了详尽的资料，而且为系统揭示公平与效率之间的关系提供了完整的经验数据，可能为我国找到了不公平与效率损失共生的底线和上限，从而推进公平与效率的理论创新。四是我国改革开放以来基尼系数的变动证明了经济增长的涓滴效应并没有带来先富带动后富，走向共同富裕，因而需要构建推进共同富裕的共享发展理论和实现机制。

7. 产业结构与产业政策继续高度关注

产业结构与产业政策自 2003 年以来一直排在前 4 位，个别年份排在第 5 位，2016 年与 2015 年一样继续排在第 5 位。从 2016 年文献的关键词来看，“产业结构”也排在第 5 位，“制造业”排在并列第 12 位，显示了产业结构升级的长期性和艰巨性，以及产业结构优化升级是贯彻落实协调发展的重要内容。

产业结构与产业政策 2016 年继续被高度关注的独特性主要在于：一是经济发展新常态的重要标志是经济增长转向中高速和产业结构迈上中高端。事实上，只有产业结构迈上中高端，才能实现经济增长进入持续稳定中高速的轨道。深圳在我国率先实现了产业结构的转型升级，2016 年新经济规模超过经济总量过半，先进制造业占规模以上工业增加值的比重达 75.4%，高技术制造业增加值占全市规模以上工业增加值的比重为 66.2%，从而使深圳的经济增长速度在全国经济下行压力加大的情况下转而连续两年持续高速增长，分别达到 8.9% 和 9%[①]，这坚定了我国通过产业转型升级实现中高速增长的信心和决心，也凸显了加快产业结构升级的重要作用。二是自 2008 年以来我国服务业快速发展，在 GDP 中所占比重不断提高，2012 年首次超过第二产业成为拉动经济增长的主要产业，2016 年达到 51.6%。但是，第二产业，特别是制造业所占比重的快速下降对我国的产业结构优化究竟是喜还是忧，需要学者们依据我国的特定发展阶段做出科学的判断。从日本、韩国步入中等偏上收入国家行列后三次产业比例变化的情况看，日本从 1968 年步入中等偏上收入国家行列后，到 1977 年成为高收入国家期间，第三产业比重年均提高 0.69 个百分点，第二产业比重年均下降 0.35 个百分点；韩国从 1988 年步入中等偏上收入国家后，到 1995 年成为高收入国家期间，第三产业比重年均提高 0.62 个百分点。我国 2011 ~2015 年第三产业比重年均提高 1.26 个百分点，这是否意味着我国出现了严重的产业“脱实向虚”趋势？特别是在我国还远没有实现工业化，而美国却提出“再工业化”的情况下，我国应该如何看待制造业，如何发展制造业，需要提出新的认识和战略思路。三是在推进产业结构优化升级进程中，产业政策是否有用有效引起学者们广泛而深入的争

① 深圳市统计局：《2016 年全市经济实现逐季走强向好新增长》，2017 年 1 月 23 日，http：//www.sz.gov.cn/sztjj2015/xxgk/tjsj/tjfx/201701/t20170123_5946842.htm。

论，而且两种观点针锋相对。对于产业政策的有效性可能需要沿着两个方向展开研究：一方面加大经济史的研究，从发达国家，特别是从后发达国家的产业演进经验中找到规律；另一方面更要从我国是后发国家这一基本国情出发理解我国产业政策的作用。从这个意义上说，日本、韩国等后发达国家从中等偏上收入国家步入高收入国家期间的产业政策经验对我国更具有参考价值。

8. 自主创新再前进1位

自主创新2016年比2015年上升一位，特别是在关键词的排序中，“企业创新”排在第9位，“创新”排在第12位，这一方面凸显了贯彻落实创新发展理念在我国经济发展中的迫切性和重要性；另一方面表明企业创新对于贯彻落实创新发展理念发挥着关键性作用。

自主创新在2016年引起学者们进一步关注的主要原因在于：一是构建中国特色创新理论体系。新理念的贯彻落实需要有新理论，发展经济学强调发展中国家利用后发优势，通过学习和引进消化吸收再创新推进技术创新，但这一理论在我国成为世界第二大经济体后需要在核心技术和关键技术上寻求突破的情况下就失去了有效性，经济增长理论探讨的则是发达国家的技术进步，同样不适应于我国这样的发展中国家推进技术创新。构建中国特色自主创新理论体系，就成为构建中国特色社会主义经济理论体系的重要内容。二是完善自主创新发展战略。新理念的贯彻落实需要有新战略，这就需要结合我国新阶段的新特点新问题，以进入世界创新型国家前列的视野和格局确定我国自主创新的发展目标、任务、措施和步骤等战略性问题。三是提出推进自主创新的具体路径和政策。新理念的贯彻落实需要有新政策，自主创新不仅是理论和战略问题，而且更重要的还是实践问题，这就需要探讨影响自主创新的各种因素，找到我国顺利进入世界创新型国家前列的体制机制、路径以及相配套的政策措施，使自主创新战略真正落地并取得实效。

9. 金融秩序与金融安全位次创历史新高

金融秩序与金融安全问题在2010年以前排在40位左右，2011年首次进入前20，排在第18位，2015年下滑到第22位，2016年大幅反弹到第14位，前进了8位，排名创历史最高，显示了对贯彻落实协调发展理念，推进“三去一降一补”供给侧结构性改革的高度重视。

2016 年学界对金融秩序与金融安全问题的强烈关注，主要是源于2008 年以来我国为应对世界金融危机冲击和熨平我国经济周期，采取了一系列宏观经济刺激政策所带来的负面影响，主要表现在：一是货币超发。我国的广义货币供应量（M2）余额从 2008 年末的 47.52 万亿元迅速增加到2016 年末的155 万亿元，短短8 年时间增加了100 多万亿元，而同期我国 GDP 总量从 31.4 万亿增加到 74.41 万亿，仅仅增加了 43 万亿元，这使我国的 M2/GDP 从 1.51 上升到 2.08，远远超过世界主要国家的水平，游资的大规模流动极易产生资产泡沫和金融风险。二是互联网金融快速发展。“互联网 +”带动的互联网金融创新，一方面推进了金融体制改革，另一方面由于监管不到位和监管体制机制不完善，极易引发风险。三是房地产泡沫严重。有人测算，我国目前的房地产泡沫，已经高于日本房地产泡沫破灭和美国发生 2008 年次贷危机时的水平，从而隐含着巨大的泡沫破灭风险。四是地方政府债务风险。地方政府债务余额高企，特别是作为地方政府债务主体的地方融资平台出现数次违约事件，以及地方财政收入过度依赖土地财政等，隐含着巨大的地方债务风险。五是企业债务风险。标准普尔 2015 年 6 月发布研究报告显示，中国已经成为全球企业债务规模最高的国家，随着经济转型和绿色发展的贯彻落实，有可能引发企业债务风险。六是家庭债务快速增长。中国人民银行发布报告显示，2016 年12 月末，个人购房贷款余额 19.14 万亿元，同比增长 35%①，家庭负债率大幅提高。学界对金融风险的极大关注，也引起了政府的高度重视，2016 年中央经济工作会议认为，要把防控金融风险放到更加重要的位置。2017 年全国银行业监督管理工作会议也指出：要严控不良贷款风险，严盯流动性风险，严管交叉性金融风险，严防地方政府融资平台贷款风险，严治互联网金融风险，严处非法集资风险。

10. 中国对外投资首次进入前 20

中国对外投资问题在 2014 年以前没有进入学界研究的视野，2014 年排在第 32 位，2015 年为第 31 位，2016 年猛升到第 17 位，首次进入前 20 大热点，跃升了 14 位，上升幅度仅次于马克思主义经济学及其中国化排在第二。从 2016 年文献的前 20 个关键词来看，对外直接投资排在第 7

---

① 中国人民银行：《2016 年四季度金融机构贷款投向统计报告》，2017 年 1 月 20 日，http：//www.pbc.gov.cn/goutongjiaoliu/113456/113469/3240323/2017012015583911171.pdf。

位，全球价值链排在第8位，纷纷进入前10。这充分显示了在出现逆全球化的大背景下，我国贯彻开放发展理念，积极推进全球化的信心和决心。

学界对中国对外投资研究的大幅升温，主要是因为，一是开放是国家繁荣发展的必由之路。这是我国改革开放近40年取得巨大成功的基本经验，必须始终坚持。但是，在我国成为世界第二大经济体、第一大对外贸易国的新形势下，我国必须形成对外开放的新战略新体制，这就要求我国探索从引进来到走出去的战略目标、任务、步骤和措施。二是解决实践中的难题和矛盾。2016年我国境内投资者共对全球164个国家和地区进行非金融类直接投资，规模达11299.2亿元人民币，折合1701.1亿美元，同比增长44.1%[①]。企业的大规模对外投资，一方面需要形成中国特色的对外投资理论，给予实践指导和引领，避免盲目性和投资风险，特别是要汲取当年日本走出去大规模海外投资的历史教训；另一方面还需要处理好我国对外投资与保持外汇储备合理水平之间的关系。三是积极推进“一带一路”建设，进行国际产能合作的要求。“一带一路”是我国在经济新常态下实现增长中高速、产业中高端的重大战略，是新理念新思想新战略的重要组成部分，是构建更高层次全方位对外开放新体制的重要内容。因此，从理论上看，就需要通过“一带一路”的研究，构建中国特色的对外开放新理论；从实践上看，就是要推进我国在全球化的平台上整合两个市场、两种资源，进行跨国产能合作，构建跨国产业链，参与全球经济治理，获取全球经济话语权。

三、中国经济学进一步研究的方向和重点

面对新常态的新形势新特点新任务，进一步贯彻落实新发展理念，中国经济学应该在以下几个方面开展更深入的研究。

1. 开拓中国特色社会主义政治经济学新境界

为进一步夯实治国理政的政治经济学基础，急需以问题为导向，以解决问题为目的，以中国经验为基础，推进中国特色社会主义政治经济学的重大理论创新。这主要有以下方向：一是构建中国特色社会主义政治经济

① 商务部合作司：《2016年我国对外非金融类直接投资简明统计》，2017年1月19日，http：//fec.mofcom.gov.cn/article/tjsj/ydjm/jwtz/201701/20170102504235.shtml。

学新体系。党的十八大以来，习近平总书记提出了一系列治国理政新理念新思想新战略，对中国特色社会主义政治经济学新体系进行了“四梁八柱”性的构建，从而在研究对象、研究方法、研究主线、研究框架等方面进行理论创新开辟了新的道路，中国经济学的理论体系构建有望取得新的成果。这是因为我国已具有了创建中国特色社会主义政治经济学新体系的基本基础和条件，这就是中国实现了经济发展的“中国奇迹”，而且有能力、有空间、有保障能够顺利跨越“中等收入陷阱”。二是构建新概念新范畴。坚持辩证唯物主义和历史唯物主义和借鉴西方经济学的科学方法，从中国经验中提炼新概念，形成新范畴，并用中国实践丰富马克思主义政治经济学概念范畴的新内涵。三是注重解决问题。中国经济学必须能够解释中国实践，并用于解决中国实践面临的重大问题，从而在有用上下功夫，特别是解决我国跨越“中等收入陷阱”，实现“两个一百年”奋斗目标面临的重大挑战。

2. 构建以人民为中心的中国经济学

以人民为中心的发展思想，要求把增进人民福祉、促进人的全面发展、朝着共同富裕方向稳步前进作为经济发展的出发点和落脚点，这就决定了中国经济学是为人民服务的，是以人民为中心的经济学，表明了中国经济学的利益诉求，解决了我国经济改革发展依靠谁、为了谁这一最基本理论问题。因此，中国经济学就需要研究如何构建以人民为中心的经济学。这主要有以下研究方向：一是经济改革发展如何紧紧依靠广大人民群众？这主要依靠全面深化改革，破除一切束缚人民群众改革发展积极性、主动性和创造性的体制机制和观念，充分释放人民群众创新创业的一切源泉，促进生产力的发展。当然，全面深化改革，还要顶层设计和群众创造相结合，这就需要解决二者有机结合的体制机制，真正做到问计于民，充分发挥人民群众的改革智慧。二是经济改革发展如何真正为了广大人民群众？在社会主义初级阶段，广大人民群众的最核心利益就是解决人民日益增长的物质文化需要同落后社会生产之间的矛盾，这就决定了中国经济学的研究对象不仅要研究生产关系，而且更要研究生产力；研究方法要坚持问题导向，倾听人民群众的呼声，解决人民群众在的问题；研究主线是发展，揭示我国作为一个低收入国家发展成为高收入国家，进而成为现代化发达国家的发展规律；研究框架就包括发展阶段、发展理念、发展动力、发展目的、发展道路、发展制度等有关发展的主要内容。

3. 创新社会主义初级阶段新理论

经济发展进入新常态的重大理论判断，实际上把社会主义初级阶段进一步细分为两个不同的发展阶段，从而丰富和完善了社会主义初级阶段理论。这个新阶段与改革开放30多年来的发展阶段存在本质的区别。从生产关系方面看，前一阶段是探索适应社会主义初级阶段生产关系的阶段，最终找到了社会主义市场经济新体制；新常态下则是社会主义市场经济体制的完善和最终定型阶段。从生产力方面看，前一阶段是从低收入国家向中高收入国家发展的阶段；新常态则是从中高收入国家向高收入国家直至进入发达国家的发展阶段。由于发展阶段的本质变化，就需要中国经济学做出适应新阶段的理论创新；一是新发展阶段主要矛盾的表现形式。在新常态下，社会主义初级阶段的主要矛盾主要表现为从前一阶段的人民日益增长的物质文化需要同落后的社会生产之间的“总量”性矛盾转变为新阶段的重大“结构”性矛盾。二是在战略目标方面，在前一阶段实现“由穷变富”的基础上完成“由富变强”的转变，建成富强、民主、文明的现代化国家。三是在战略任务方面，在前一阶段实现量的扩张，成为世界第二大经济体基础上完成质的提升，进入创新型国家的前列，实现新型工业化、信息化、城镇化和农业现代化的互动发展。四是在战略措施方面，在前一阶段实现不平衡高速增长的基础上完成平衡协调的稳中求进，追求更加协调、更为公平、更可持续的健康发展，实现全体人民的最大福祉和全面发展。

4. 贯彻落实经济发展新理念

中国经济改革与发展必须以经济发展新理念为指导，因而中国经济学必须加大对经济发展新理念的深化研究。主要方向有：一是揭示创新发展、协调发展、绿色发展、开放发展、共享发展相互之间的有机联系和互动机制，构建“五位一体”的发展理念体系，形成引领新常态的理念体系。二是分别揭示创新发展、协调发展、绿色发展、开放发展、共享发展的内涵及其实现机制，如创新发展中的理论创新、技术创新、制度创新和文化创新的相互关系和实现机制，构建中国特色的创新理论；共享发展中的全民共享、全面共享、共建共享、渐进共享的相互关系及其实现机制，构建中国特色的共享经济理论。三是揭示新发展理念与中国特色社会主义政治经济学理论体系的关系，由于理念决定理论的结构框架，因而需要探索依据新发展理念，指导创立中国特色社会主义政治经济学新理论体系框架。四是揭示经济发展新理念与经济转型、体制转型的关系，用理论逻辑和经验验证说明新发展理念对“双转型”的有用性和有效性，形成用理论解释实践、在实践中检验理论和完善理论的学风。

5. 推进供给侧结构性改革

我国经济运行面临的突出矛盾虽然有周期性、总量性因素，但根源还是重大结构性失衡。在重大结构性问题中，主要矛盾又在供给侧，因而推进供给侧结构性改革就成为引领我国经济改革发展的主线。从需求侧来看，拉动经济增长的是“三驾马车”；从供给侧来看，推动经济增长的是要素供给、结构供给和制度供给三大动力。因此，推进供给侧结构性改革的研究方向就是，一是优化要素投入结构，实施创新驱动战略，从主要依靠劳动、资本、土地要素的投入转向主要依靠知识、技术、管理等要素投入，提高全要素生产率。二是优化产业结构、城乡结构和区域结构，推进新型工业化、信息化、城镇化、农业现代化同步互动发展，以及区域经济一体化，为经济持续健康发展提供强大内在动力。三是优化制度结构，深化国有企业制度改革，完善以公有制为主体的所有制结构；深化市场化改革，完善市场与政府的有机组合结构；深化收入分配制度改革，完善收入分配制度结构。

6. 发展更高层次的全方位开放型经济

在经济发展新常态下，必须坚持对外开放基本国策，重点加快推进“一带一路”建设等，构建更高层次的全方位开放型经济。因此，这就需要作出以下研究：一是在从沿海开放向沿边沿江开放的扩展进程中，探索沿边沿江开放的特殊规律，创新口岸建设，进而跨境合作区建设和构建跨境产业链的模式和途径；二是在从对发达国家开放向对发展中国家开放的扩展进程中，探索对发展中国家开放的特殊规律，提供我国与发展中国家合作共赢的中国方案；三是在从“引进来”向“走出去”的开放扩展进程中，探索中国企业走出去整合两个市场、两种资源的特殊规律，一方面为中国企业走出去提供指导和帮助，另一方面找到中国企业走出去的规模与外贸、外汇储备、汇率之间的最佳结合点；四是在从跟随全球规则和技术标准向参与制定，进而主导制定攀升进程中，探索中国作为发展中国家在美国等发达国家遏制下参与全球经济治理，获取话语权和主导权的特殊规律，为我国发展更高层次的开放型经济提供理论指导。

第二章　经济增长与发展问题研究新进展

经济增长与发展问题在2016年的热点中继续排在第一位，显示了2016年经济继续下行的压力依然巨大，稳增长的任务依然繁重，这就需要学者们以问题为导向做出智力贡献。

一、中国经济持续下滑的原因探析

2016年中国经济延续下滑态势，全年GDP增速为6.7%，比2015年低0.2个百分点，严峻的态势下，有人甚至怀疑中国经济是不是处于L型探底过程中一竖的位置。只有找到经济下滑的原因，才能制定相应的政策，保证未来经济的稳定发展。在这一方面，国内学者主要从以下几个维度进行了剖析。

（一）供给冲击源

诸多研究表明，供给冲击是导致2012年以来中国经济增速放缓的决定性因素。郑挺国等基于DSGE模型的分析框架，利用反事实方法比较分析了1992～2015年中国3次经济下行区间冲击来源的异同。结果显示，前两轮经济下行区间的主要冲击来源为负向偏好冲击，而自2011年第二季度开始的经济下行区间的主要冲击为负向全要素生产率冲击，其主要源于“人口红利”渐逝、人力资本增速趋缓以及投资结构失衡等因素。① 类

① 郑挺国、黄佳祥：《中国宏观经济下行区间的冲击来源及其差异性分析》，载《世界经济》2016年第9期。

似地，林建浩等研究发现，新常态下的增速换挡是潜在增长率下降和外部负向需求冲击长期化的叠加。一方面，与制度、技术和结构等因素紧密相关的供给冲击所主导的经济潜在增长率进入下行通道；另一方面，需求冲击主导的经济增长周期持续为负，表明负向需求冲击是新常态下增速换挡的助推因素。[①] 总体来说，2012 年以来的中国经济增速下滑以供给面因素的影响为主。

（二）“老龄化”抑制经济增长

从供给角度看，根据新古典经济增长模型，经济增长的动力主要来自于资本和劳动等要素投入以及技术进步或全要素生产率的提高。在过去几年中，我国人口出生率明显下降，老龄化问题严重，人口红利逐渐消失。

有研究显示，人口老龄化在当今中国已经对经济增长产生了负面影响。老龄化会降低家庭储蓄率和教育投资率，而成年子代向老年父代的代际转移比例越高，家庭储蓄率、教育投资率以及经济增长率就越低，当前的生育政策调整虽然能够在一定程度上减缓但无法根本扭转人口老龄化对经济增长的不利冲击[②]。孟令国等同样认为，如果“全面二孩”政策导致的人口数量增长水平有限，很可能难以改变我国老龄化以及劳动力供给下降的问题。[③] 进一步地，谭海鸣等将人口迁移因素纳入分析范畴。他们预测，受到人口老龄化的影响，中国经济增速在 2021 ~ 2025 年可能会出现台阶式下行，并触发房价下跌和“逆城镇化”现象。[④]

郭凯明等还从生育率下降改变整体社会企业家精神的角度分析了人口因素对中国经济增长的影响。他们认为，以生育率下降为特征的中国人口转变不利于形成创新和创业的企业家精神，这会扩大企业家和工人间的收入差距。而当收入差距较大时，将会对经济增长产生抑制作用。[⑤]

---

① 林建浩、王美今：《新常态下经济波动的强度与驱动因素识别研究》，载《经济研究》2016 年第 5 期。

② 汪伟：《人口老龄化、生育政策调整与中国经济增长》，载《经济学（季刊）》2016 年第 4 期。

③ 孟令国、李丽冰：《全面两孩政策对社会经济可持续发展影响的辩证思考》，载《经济学家》2016 年第 11 期。

④ 谭海鸣、姚余栋、郭树强、宁辰：《老龄化、人口迁移、金融杠杆与经济长周期》，载《经济研究》2016 年第 2 期。

⑤ 郭凯明、余靖雯、龚六堂：《人口转变、企业家精神与经济增长》，载《经济学（季刊）》2016 年第 2 期。

党的十八届三中全会以来，党中央决定开始研究制定渐进式延迟退休政策，以应对人口老龄化问题。延迟退休政策一旦开始实施，将会从两个途径影响内生人口出生率。一方面，延迟退休使得老年时期收入增加，进而减少年轻时的储蓄，年轻时就可以投入更多的时间抚育子女，这使得出生率上升；另一方面，延迟退休使得资本存量减少，为实现年轻时期的消费，个体必须提供更多的劳动，这使得人口出生率下降。严成樑研究发现，延迟退休对人口出生率的正向影响大于负向影响，而其进一步对经济增长的影响依赖于经济增长模式。在新古典经济增长模式下，延迟退休通过提高人口出生率使得经济增长率上升；而在内生经济增长模式下，延迟退休通过人口出生率渠道对经济增长的正向影响不足以弥补其通过资本积累渠道对经济增长的负向影响。①

（三）全要素生产率持续下降

增加劳动参与率和全要素生产率都能提高中国的潜在增长率。不过，提高劳动参与率只能获得短期的增长效应，在长期将出现递减现象；而提高全要素生产率产生的增长效应呈现单调递增的趋势。未来中国的经济增长将越来越依赖全要素生产率的提高，而不是传统的要素投入②。然而，近年来中国全要素生产率增速却不断下滑。有学者测算发现，2008年以来，我国技术引进速度和自主创新速度开始在波动中双双下降，且自主创新增长速度不足以填补技术引进速度的降低，进而导致我国技术进步速度放缓，TFP增长率由2007年的11.6735%大幅下降到2009年的6.0614%和2011年的3.8361%③。

具体来看，在过去几年间，国企改革、扩大民营企业市场进入程度等市场化改革进度过慢，以及政府主导的大规模投资导致过剩产能不断扩大是导致全要素生产率增速加速下滑的重要因素④。另外，徐晔等还分析了金融资源配置效率对中国全要素生产率的影响。他们以一个改进的三部门

① 严成樑：《延迟退休、内生出生率与经济增长》，载《经济研究》2016年第11期。

② 陆旸、蔡昉：《从人口红利到改革红利：基于中国潜在增长率的模拟》，载《世界经济》2016年第1期。

③ 方福前、马学俊：《中国经济减速的原因与出路》，载《中国人民大学学报》2016年第11期。

④ 赖平耀：《中国经济增长的生产率困境：扩大投资下的增长下滑》，载《世界经济》2016年第1期。

内生增长模型为基础，通过构建金融资源扭曲度与全要素生产率关系的非线性动态面板回归模型，研究发现，我国金融资源错配通过直接效应引致全要素生产率减损0.8021%，并分别通过对人力资本市场、外商直接投资市场和对外贸易市场产生抑制作用，间接带来全要素生产率的减损。[①]

（四）民间投资大幅下滑

目前，投资依然是保证中国经济稳定增长的最有效手段。2016年，中国全年全社会固定资产投资606466亿元，占GDP总量的81.5%。不过，民间投资增幅严重下滑问题愈发严重，2016年，中国全年民间固定资产投资额为365219亿元，增速仅为3.2%。[②] 具体来看，首先，盈利预期是影响民间投资的重要因素，在市场上弥漫着悲观的盈利预期时，民营企业既没有意愿去投资，也没有好的项目用来投资，这导致民间投资萎靡不振[③]；其次，近些年来非金融企业通过金融渠道获利占比日益上升，这种经济金融化行为显著影响了企业的决策，进而导致企业的实体投资率降低[④]。

在民间投资增速下滑的同时，为了完成稳增长的任务，政府投资一直保持在高位。例如，2016年全社会基础设施投资总额118878亿元，增速高达17.4%。但值得注意的是，增加政府投资的同时也带来了潜在的债务风险。按照债务率高低，可将经济运行分为债务正常状态和债务非正常状态。在债务正常状态下，经济运行对债务具有反馈作用，即在一定条件下，债务随经济增长而不断积累，从而会使经济体从债务正常状态转向非正常状态。当经济进入非正常状态时，高负债开始反过来对经济运行产生负反馈作用，进而导致经济危机[⑤]。因此，我国在通过政府投资保证经济稳定增长的同时，一定要注意高债务率可能导致的经济危机。

消费在经济增长中扮演的角色也越来越重要。2016年，最终消费对

---

① 徐晔、宋晓薇：《金融资源错置会带来全要素生产率减损吗?》，载《产业经济研究》2016年第2期。

② 数据来源：《中华人民共和国2016年国民经济和社会发展统计公报》。

③ 刘树成：《民间投资增速严重下滑与宏观经济波动》，载《中国工业经济》2016年第11期。

④ 张成思、张步昙：《中国实业投资率下降之谜：经济金融化视角》，载《经济研究》2016年第12期。

⑤ 龚刚、徐文舸、杨光：《债务视角下的经济危机》，载《经济研究》2016年第6期。

中国经济增长的贡献率为64.6%，比上年提高4.9个百分点，这有助于缓解经济过度依赖投资的局面。如果我们探寻日本经济20世纪从高速增长期到中速增长期、再到经济低迷期两次增速换挡过程中需求动力变化趋势，并与现在的中国进行对比，可以预期消费作为经济增长的稳定性力量，将逐渐成为中国经济的首要贡献因素；投资仍然是中高速增长的重要贡献因素，但基础设施业对投资的重要性将下降；而出口对中国经济的重要性将有所回调，仍具有较大成长空间①。

二、供给侧结构性改革与增长动能转换

（一）从需求管理转向需求侧与供给侧双向管理

改革一直是过去三十多年来中国经济高速发展的重要动力来源。一般来说，改革通过要素投入和全要素生产率两种渠道，通过效率改善、技术提升和要素投入增加等三种效应促进经济增长。有研究表明，改革开放以来，呈现出改革对经济增长的贡献大于技术进步、改革所带来的效率提升效应大于要素增加效应、改革对资本积累的影响大于劳动投入的影响等经验事实和典型特征②。吕朝凤等从市场潜力的角度分析市场化改革对经济增长的影响机制，他们利用1999~2009年间中国各省份的38个工业行业数据检验发现，市场化改革可以通过扩大市场潜力对经济增长率产生正向影响，市场化程度越高的省份市场潜力越大，对经济增长的带动作用也更明显。③

然而，随着时间的推移，原有改革政策带来的红利正在逐步弱化，一些新的问题也开始显现。一方面，我国的下游行业基本实现了市场化改革，民营企业可以自由进出，市场在资源配置中的作用越来越大。但在煤炭等上游行业，仍然存在着明显的国有企业垄断现象。在一定程度上，国

---

① 魏杰、白成太：《日本增速换挡过程中需求结构变迁对中国的启示》，载《经济理论与经济管理》2016年第9期。

② 郭春丽、曾铮、王蕴：《改革影响经济增长的机理、经验事实和情景预测》，载《经济学家》2016年第5期。

③ 吕朝凤、朱丹丹：《市场化改革如何影响长期经济增长？——基于市场潜力视角的分析》，载《管理世界》2016年第2期。

有企业垄断上游行业阻碍了整体的技术进步，恶化了资源配置效率，使得低效率的国有企业进入市场，并挤出了高效率的非国有企业①。另一方面，在经济新常态的背景下，经济增长速度的回落是由许多结构性原因造成的，此时需求管理政策短期内虽然可能会起到较好的刺激作用，但仍然无法挽救经济的下行趋势，甚至可能由于刺激政策使结构性问题暂时掩盖，导致未来爆发更严重的经济危机，这就要求加深供给端的改革力度②。

为了解决上述问题，在2015年11月的中央财经领导小组第十二次会议上，习近平提出：在适度扩大总需求的同时，着力加强供给侧结构性改革，着力提高供给体系质量和效率，增强经济持续增长动力，推动我国社会生产力水平实现整体跃升。“供给侧改革”的概念正式提出。供给侧改革的主要任务可以概括为“三去一降一补”，即去产能、去库存、去杠杆、降成本、补短板。洪银兴对供给侧改革的目标进行了详细的阐述。首先，要寻求供给侧的经济发展动力，这既包括物质资源和低成本劳动力的供给能力，也涵盖了创新驱动、结构调整等方面；其次，要建立有效供给的长效机制，有效供给不足实际上是结构性短缺，现有供给在质量和数量上都不能满足消费者的需求。与此同时，低端和无效产能又占用资源，造成库存和积压，这就要求通过供给侧改革推动产业优化升级、提高产品的技术档次；最后，要注意充分释放企业活力，包括减轻企业负担，减少对企业的行政干预，建立激励性体制，克服影响供给质量和效率的道德风险之类的机会主义行为。③

（二）供给侧结构性改革是注入经济增长新动能的关键

提高全要素生产率是供给侧结构性改革的核心。正如前文所述，我国近些年来全要素生产率增速逐年下滑，是导致经济增速放缓的重要原因之一。一般来说，提升全要素生产率的途径包括技术进步（技术变化）、技术效率提升以及产业结构转换。所以，政府制定政策时应该从加快科技创新步伐、助力企业提质增效、引导产业结构转换三方面着手，以提高全要

① 王永进、刘灿雷：《国有企业上游垄断阻碍了中国的经济增长？——基于制造业数据的微观考察》，载《管理世界》2016年第6期。

② 刘志国、李丹：《供给侧改革与我国经济的有效增长策略》，载《马克思主义研究》2016年第3期。

③ 洪银兴：《准确认识供给侧结构性改革的目标和任务》，载《中国工业经济》2016年第6期。

素生产率[①]。

为此，国家制定“普惠互联网”、“互联网+”等战略。郭家堂等基于2002～2014年中国省级面板数据进行实证分析发现，互联网对中国的技术进步具有促进作用，而对中国的技术效率提升具有抑制作用。[②] 综合来看，互联网的普及对属于技术进步推动型的中国全要素生产率有着显著的促进作用。

提升全要素生产率的另一种有效措施是增加人力资本投资。曹翔等测算了2000～2012年中国四大区域供给侧要素投入的阻尼效应及其变化趋势，结果显示，劳均人力资本对中国四大区域供给侧要素投入的“增长红利”起着决定性作用，并且已经出现了增速放缓的趋势。[③] 这说明，在供给侧结构性改革过程中要关注劳均人力资本的积累速度，避免出现人力资本投资增速下滑而抑制生产率提升的现象发生。

供给侧结构性改革另一重要方针是减轻企业税负，而增值税改革正是财政减税的重要手段之一。自1994年分税制改革引入增值税以来，为了实现减税的目的，中国的增值税改革先后经历了两个阶段：首先，在2004年，中国开始从生产型增值税逐步转向消费型增值税，并于2009年1月1日将改革范围推广至全国；其次，2012年开始，在上海地区针对部分行业进行营业税改征增值税改革，并进一步在2016年5月1日起在全国范围内全面推开“营改增”。为了研究增值税改革的效果，申广军等利用财政部和税务总局“全国税收调查”微观数据，实证检验了2009年生产型增值税转为消费型增值税这一政策的经济效应。结果显示，减免增值税有利于促进企业增加固定资产投资，不仅可以提升短期总需求，还可以在长期内改善供给效率。[④] 不过，针对2016年开始的全面推行“营改增”将如何影响企业的生产经营和宏观经济运行，仍需要进一步的讨论。

推进供给侧结构性改革，还要通过提升制度质量来释放市场活力。一国短期经济增长的动力主要来自于要素的重新配置，而长期经济增长一大

---

① 李平：《提升全要素生产率的路径及影响因素——增长核算与前沿面分解视角的梳理分析》，载《管理世界》2016年第9期。

② 郭家堂、骆品亮：《互联网对中国全要素生产率有促进作用吗?》，载《管理世界》2016年第10期。

③ 曹翔、傅京燕：《供给侧要素投入的“增长红利”与“增长尾效”研究》，载《经济学家》2016年第9期。

④ 申广军、陈斌开、杨汝岱：《减税能否提振中国经济？——基于中国增值税改革的实证研究》，载《经济研究》2016年第11期。

动力来源便是制度质量。在制度质量没有显著提高的经济体中，要素在不同效率部门之间的转移完成的时候就是经济出现新常态的时候。在目前的中国，制度质量对经济增长的作用在不断地加强，是中国跨越“中等收入陷阱”的关键因素①。

（三）深化供给侧结构性改革需要解决的问题

从2016年中国经济实际运行情况来看，供给侧结构性改革的着力点还没有完全找到。例如，2016年煤炭价格一路走高，钢铁价格也多次出现剧烈波动，给相关行业去产能造成了负面影响；大量高负债国有企业开始大规模进军土地市场、海外并购市场和金融投资市场，为整治“僵尸企业”带来了难度；“去杠杆”各类举措开始布局，但宏观债务率加速上扬；“降成本”如火如荼地展开，但各类宏观税负指标却在持续上扬。这些扭曲现象也说明了在2017年继续实施供给侧结构性改革的急迫性②。

三、基于新发展理念的新发展模式

在2015年10月的十八届五中全会上，党中央提出了“创新、协调、绿色、开放、共享”的新发展理念，为未来经济发展提供了基本方向。新发展理念集发展方向、发展方式、发展条件、发展维度、发展路径、发展目标为一体，高度概括和综合了社会主义基本经济规律多维度加深扩展的内涵，丰富了马克思主义的科学发展观，将对我国经济的持续健康发展起到重大指导作用③。

（一）通过创新发展，重振经济增长的潜力和质量

近年来，我国人口红利消失、资本边际报酬下降和对外开放带来的技

---

① 韩其恒、李俊青、刘鹏飞：《要素重新配置型的中国经济增长》，载《管理世界》2016年第1期。

② 中国人民大学宏观经济分析与预测课题组、刘元春、闫衍、刘晓光：《供给侧结构性改革下的中国宏观经济》，载《经济理论与经济管理》2016年第8期。

③ 吴宣恭：《五大发展理念是社会主义基本经济规律内涵的深化拓宽和高度概括》，载《马克思主义研究》2016年第8期。

术赶超空间收窄，导致我国潜在产出增速持续下滑。这就要求我国将以技术模仿为动力的赶超型模式转变为促进前沿创新的经济治理模式①。

我国目前对技术创新的政策支持仍有待调整，这可以从无形资产投资水平上体现。无形资产是决定创新的关键因素，其影响着中国经济增长、结构转型升级和全球价值链攀升。总体来说，我国无形资产对经济增长贡献率约为30%。从数量来看，2012 年中国无形资产投资规模已达 46600 亿元，2001 ~2012 年年均现价和不变价增长率分别为 25.28% 和 21.81%，快于全社会固定资产投资增速，但投入强度仍低于世界发达国家水平；从结构上看，我国无形资产投资结构呈现出高计算机化信息资产和创新资产比重、低经济竞争力资产比重的“两高一低”特点，反映出了我国对经济竞争力无形资产的支持政策不足②。

专利保护政策对无形资产投资及创新发展起着重要作用。正常情况下，专利资助政策可有效保护产权，起到激励创新和技术进步的作用。但在中国，各省份为激励创新所制定的政府专利资助政策导致了专利授权数量的快速增加。同时，考虑到中国当前制度不完善和监管机制的缺位，专利资助政策激励了大量低质量专利以及缺乏产业运用价值专利的产生，导致了专利“泡沫”现象的发生，使得专利对中国经济增长速度以及质量的促进作用呈现弱化甚至扭曲效应③。

（二）坚持协调发展，解决经济运行中的结构性矛盾

首先，农村劳动力向城镇流动一直是中国经济增长的动力之一。伍山林研究发现，农业劳动力流动对中国 1985 ~2011 年经济增长的贡献具有递减趋势，与经济增长具有相似波动特征，其关键原因是非农劳动部门的制度异质性被固化和农村劳动力教育增速放缓。为了提升农业劳动力流动对经济增长的促进作用，应该推进城乡一体化，建立统一的劳动力市场。④

其次，工农业发展关系的协调对现阶段中国经济转型升级尤为重要。

---

① 中国人民大学宏观经济分析与预测课题组、刘凤良、于泽、闫衍：《全球技术进步放缓下中国经济新动能的构建》，载《经济理论与经济管理》2016 年第 12 期。

② 田侃、倪红福、李罗伟：《中国无形资产测算及其作用分析》，载《中国工业经济》2016 年第 3 期。

③ 张杰、高德步、夏胤磊：《专利能否促进中国经济增长——基于中国专利资助政策视角的一个解释》，载《中国工业经济》2016 年第 1 期。

④ 伍山林：《农业劳动力流动对中国经济增长的贡献》，载《经济研究》2016 年第 2 期。

一方面，工业部门不仅对农业增长具有乘数效应，还因为其生产率优势、溢出效应，具有明显的资源配置优势，资源配置工业化能够提高全社会边际投入产出；另一方面，农业发展滞后也会限制工业资源配置优势的扩大。因此，工农业之间的协调发展是实现全社会经济可持续增长的必要条件[①]。

最后，值得注意的是，随着服务业的比重逐步上升，其必然取代工业成为未来国民经济的支柱产业。在这一转型进程中，一定要注重服务业与工业的协调推进，工业份额的减少应以工业效率提高为前提，而服务业比重增加同样不能抑制整体经济效率的改进。如果对工业化时期的资源配置方式不做任何调整，而只是一味强调服务业规模的扩大，中国经济很有可能陷入类似于拉美的长期调整和经济震荡[②]。

（三）走绿色发展道路，提高资源环境的承载力

中国在保持30余年经济高速增长的同时，环境污染问题也愈发严重。为了实现绿色发展，中国的环境规制政策力度不断加强。黄清煌等利用2001～2013年中国30个省的面板数据，运用联立方程组模型进行实证研究证明，环境规制会影响不同地区的经济增长数量和质量。具体来说，环境规制会抑制各地区经济增长数量，但其对经济质量的影响存在地区性差异，东部地区环境规制倒逼经济增长质量提升，而中西部环境规制却导致经济增长质量下滑。[③] 类似地，陈菁泉等利用2001～2012年各省份工业行业面板数据，实证检验了环境规制与全要素生产率的关系，结果显示，随着环境规制强度不断增强，全要素生产率先下降后上升，且东部地区要早于中西部地区达到拐点。在达到拐点以后，东部地区的全要素生产率对环境规制变动的反映要强于中西部地区。[④]

除了宏观的讨论环境规制对经济发展的影响。也有学者开始分析某项

---

① 徐飞、李强谊：《后金融危机时期我国工农业乘数效应研究》，载《经济理论与经济管理》2016年第10期。

② 袁富华、张平、刘霞辉、楠玉：《增长跨越：经济结构服务化、知识过程和效率模式重塑》，载《经济研究》2016年第10期。

③ 黄清煌、高明：《环境规制对经济增长的数量和质量效应——基于联立方程的检验》，载《经济学家》2016年第4期。

④ 陈菁泉、刘伟、杜重华：《环境规制下全要素生产率逆转拐点的空间效应——基于省际工业面板数据的验证》，载《经济理论与经济管理》2016年第5期。

具体环境保护政策的经济效应。汤维祺等就从供给侧和需求侧两方面分析了碳排放交易市场的建立对高耗能产业转移的作用机制。他们认为，不同的排放权分配方式会对不同生产者产生差异化的激励作用。我国目前按照历史排放强度分配排放权，这种机制弱化了减排政策对中西部能源大省经济产出的影响，实际上并不利于中国经济的平稳增长。而以拍卖的方式分配排放权由于不偏向于高耗能、低效率的行业和生产者，能够有效地推动产业升级和技术进步。①

环境税的征收是否会增加企业税收负担，进而加大经济的下行压力？范庆泉等对此进行了讨论。研究发现，在不征收环境税时，能源过度消耗不能得到有效抑制，环境污染产生了较高的生产效率损失与社会福利损失；如果征收过于严格的环境税，则有可能导致投资不足，造成产出增长乏力以及社会福利长期处于较低水平；最后，渐进递增的动态环境税政策通过对能源过度使用的矫正，不仅能够促进经济增长与降低污染水平，还实现了社会福利最大化的目标。②

（四）推进开放发展，构建更高层次开放型经济

过去30多年，我国坚持对外开放基本国策，实施“引进来、走出去”战略，在经济全球化的进程中受益较多。不过，中国对外开放越来越具有垂直专业化分工的性质，其本质是利用别国的市场用足本国的低端生产要素，且出口导向特征明显。这种分工模式虽然使中国在未掌握核心环节的情况下能够进入高新技术产业，从而改善产业结构和贸易结构，但因为我国以土地和廉价劳动力等为基础的比较优势正逐步消失，传统的开放模式面临着巨大的转型压力③。在经济新常态的新背景下，中国对外开放面临“三期叠加”，即金融危机后世界经济的深度调整修复期、全球经济治理变革与新一轮经贸规则构建期、中国对外经济关系特别是比较优势的转换期。为此，新时期中国对外开放战略需要作出重大调整，要从以往以“出口创汇”为核心目标，调整为“新兴大国的竞争力升级战略”，以加速推

---

① 汤维祺、吴力波、钱浩祺：《从“污染天堂”到绿色增长——区域间高耗能产业转移的调控机制研究》，载《经济研究》2016年第6期。

② 范庆泉、周县华、张同斌：《动态环境税外部性、污染累积路径与长期经济增长——兼论环境税的开征时点选择问题》，载《经济研究》2016年第8期。

③ 安礼伟：《战略性资产缺失、结构性矛盾与开放型经济发展模式转型》，载《经济学家》2016年第7期。

进国际竞争力升级、积极参与全球经济治理等为重点，以提升我国在全球价值链中的地位[①]。

（五）通过共享发展，缩小收入差距

我国在经历了大规模脱贫和财富总量迅猛增长两个阶段后，现已进入既要提升生产总值和人均收入，又要缩小贫富差距的共享发展阶段。发展中国特色共享经济，关键在于把握好社会主义市场经济所蕴含的公平分配的内在逻辑，完善和落实公平分配的体制和机制[②]。实现共享发展，一定要建成合理的收入分配格局，因为这不仅关系到社会公平，还会影响经济的发展。居民收入差距通过改变消费需求分布，为工业化中前期新兴产业的崛起和工业化中后期产业结构的转型升级提供需求支撑[③]。因此，对于正处于工业化后期的中国来说，缩小收入差距、扩大中等收入群体、实现共享发展，是未来稳定经济增长的必然选择。

四、宏观政策变革新方向

（一）宏观经济政策体系的重构

过去十年间，面对经济下行的压力，中国宏观经济政策在不断地调整与应对，既包括2008年“四万亿”计划的强刺激政策，也有近年来推出的注重结构性调整的微刺激政策。但一方面强刺激政策带来了严重的后遗症，例如政府债务风险的扩张；另一方面近几年微刺激政策效果不断减弱。针对这一问题，国内多位学者就如何重构中国宏观经济政策体系进行了探讨。曹远征等从经济新常态背景入手，认为我国目前对高GDP具有强烈偏好的宏观经济政策框架已经无法适应经济新常态的特征以及大调

---

① 隆国强：《新兴大国的竞争力升级战略》，载《管理世界》2016年第1期。

② 庞庆明：《中国特色共享经济：本质特征与关键路径》，载《马克思主义研究》2016年第7期。

③ 张来明、李建伟：《收入分配与经济增长的理论关系和实证分析》，载《管理世界》2016年第11期。

整、大变革和大开放战略的要求。在重构宏观政策框架时，要将宏观经济及金融的稳定与国际收支平衡设定为显性目标，财政政策应主要指向结构调整期的短期阵痛，货币政策要侧重于宏观经济及金融稳定。① 陈彦斌等则进一步指出了中国目前宏观经济政策框架存在的三点明显缺陷，包括宏观调控与微观干预的关系未能厘清，常出现以宏观调控之名行微观干预之实的现象；宏观调控目标过于宽泛，难以使公众形成稳定预期；货币政策处于从属地位，弱化了宏观经济政策的逆周期调节能力等。为此，他们认为，未来宏观经济政策应大幅简化宏观调控目标，并构建以货币政策为核心的新政策框架。②

在重构宏观经济政策体系时，要尤其注意政策不一致性导致的经济效应。

张玉鹏等选取我国 1991 年 1 月至 2014 年 7 月的月度宏观经济数据，基于 VAR 模型和反事实分析实证考察了中国政策不确定性的经济效应及其作用机制。研究发现，在经济低迷时期，政策不确定性对产出增长存在显著的正向冲击效应，此时政策不确定性会通过提振消费者信心和刺激企业投资需求对产出增长产生正面影响；而在经济繁荣时期，政策不确定性对产出增长存在显著的负向冲击效应，因为消费者信心和银行信贷渠道对政策不确定性的产出增长效应几乎无影响。因此，在经济繁荣时期，中国政府在采取抑制经济过热的宏观调控政策时，需明确考虑政策不确定性对产出增长率的负向冲击效应；而在经济低迷时期，政府应及时进行政策调整，无须担心政策调整过程是否会产生很高的政策不确定性，但需考虑宏观调控工具选择和具体实施过程对政策不确定性性质的影响，尽量使政策调整过程产生“好的”政策不确定性。③

田磊等进一步分析了政策不确定性的产出效应和通胀效应。他们利用 2001 年 1 月至 2013 年 3 月间的宏观经济数据实证分析发现，面对经济政策不确定性冲击，实际产出只呈现出微弱的负向反应，而价格水平则呈现出强度和持续性均显著的负向脉冲响应。他们将这一现象归因于经济运行方式，只有在市场经济运行机制下，政策不确定性带来的“实物期权效

---

① 中国人民大学宏观经济分析与预测课题组、曹远征、于春海、阎衍：《新常态下我国宏观经济政策框架的重构》，载《经济理论与经济管理》2016 年第 4 期。

② 陈彦斌、刘哲希：《中国宏观经济政策体系面临的困境与改革方向》，载《中国人民大学学报》2016 年第 9 期。

③ 张玉鹏、王茜：《政策不确定性的非线性宏观经济效应及其影响机制研究》，载《财贸经济》2016 年第 4 期。

应”才能充分发挥作用。① 未来随着中国深化改革的不断深入，政策不确定性对宏观经济周期的影响会变得日益重要。

（二）宏观审慎与金融深化

从货币政策角度看，我国央行新创设了定向降准、再贷款和常备借贷便利等结构性货币政策工具，以促进产业结构优化升级。彭俞超等对此研究后发现，再贷款利率、再贷款比例、存款准备金率和准备金存款利率四种结构性货币政策均能够有效促进产业结构升级和经济稳定，且相对于对称结构性货币政策，非对称结构性货币政策更为有效。因此，中国可以在必要时通过使用非对称结构性货币政策促进产业结构升级转型。②

此外，面对急剧上升的经济杠杆率，中央银行试图通过放缓货币增长率的政策达到降杠杆的目的。然而，随着货币增长率放缓，中国经济杠杆率却越来越高。对于这一现象，刘晓光等认为，降低货币供应量会带来投资和消费增长的下滑，进而带来产出更大幅度下降，最后反而会提高经济杠杆率。货币政策“稳增长”和“降杠杆”并非两难选择，而是具有一致性，简单采取紧缩性货币政策来降杠杆的做法很可能适得其反。③

随着经济发展，利率管制政策对中国经济的负面作用越来越大，推进利率市场化已经成为学术界的共识。陈斌开等从中国经济长期以来呈现出的多重失衡现象入手，认为要实现中国经济的“再平衡”，需要从金融市场改革开始。只有让利率充分反映市场信息，经济主体才能在价格机制的引导下做出最优的生产和消费决策，中国多重失衡才能逐步缓解，经济效率才能稳步提高。④

中国近年来逐步提高资本市场开放程度，但同时仍坚持较为严格的资本管制。实际上，资本管制一方面可以防范金融风险，但另一方面却可能带来资源错配，进而损害一国长期经济的增长。游宇等利用 78 个国家从

---

① 田磊、林建浩：《经济政策不确定性兼具产出效应和通胀效应吗？来自中国的经验证据》，载《南开经济研究》2016 年第 4 期。

② 彭俞超、方意：《结构性货币政策、产业结构升级与经济稳定》，载《经济研究》2016 年第 7 期。

③ 刘晓光、张杰平：《中国杠杆率悖论——兼论货币政策“稳增长”和“降杠杆”真的两难吗》，载《财贸经济》2016 年第 8 期。

④ 陈斌开、陆铭：《迈向平衡的增长：利率管制、多重失衡与改革战略》，载《世界经济》2016 年第 5 期。

1995～2010年的资本管制数据，检验了资本管制对经济增长的影响。结果显示，对债券进行管制能够促进经济增长，对股票进行资本管制阻碍了经济增长，而对直接投资进行资本管制对经济增长的影响不显著。[①] 这说明我国应该尽量简化或解除对股票和直接投资类资本的过度管制，而坚持对债券类资本的管制。

最后，还有学者就利率市场化和开放资本市场的先后顺序进行了研究。黄志刚等采用动态随机一般均衡框架建立了一个小国开放经济模型，他们通过模拟分析发现，金融自由化改革的不同次序对于宏观经济的稳定具有重要影响，其重要程度取决于一国经济的主要波动根源。如果经济只面临国内扰动，不同改革路径对经济波动性的影响差别不大；如果经济同时还面临明显的国外扰动时，资本账户开放先行的经济波动性显著高于利率市场化先行。因此，对于中国这样面临多种扰动的开放经济，只有先实现完全灵活的市场利率制度，再推进资本账户开放改革，才能使得宏观经济平稳过渡。[②]

---

① 游宇、黄宗晔：《资本管制对融资结构和经济增长的影响》，载《金融研究》2016年第10期。

② 黄志刚、郭桂霞：《资本账户开放与利率市场化次序对宏观经济稳定性的影响》，载《世界经济》2016年第9期。

第三章　资本市场问题研究新进展

2016年开年后，熔断机制实施导致股市剧烈波动，股市继2015年“股灾”后再次大幅调整，学术界关于股价崩盘的研究大量涌现，在2015年“股灾”中被认为发挥了重要作用的卖空机制也得到了众多瞩目。如果说熔断制度的实施是中国证券市场制度创新的一道败笔，那么2016年伊始实施的IPO打新规则，则是一项令市场鼓舞的制度创新。新规实行后小盘股IPO被低估的可能性下降，打新预期收益率或降低，这对于许多学者所关注的IPO抑价问题的解决和我国证券市场新股发行制度的完善起到了重要的推动作用。此外，上市公司管理层行为与公司绩效的关系可以说是一个长盛不衰的话题，如何解决所有权和经营管理权分离后产生的代理问题一直是学术界讨论的热点。媒体作为监督上市公司行为的“第三只眼”，覆盖面和影响力日益增强，在信息披露领域备受关注。最后，关于资本市场的另一个主战场——债券市场能否持续稳步发展的问题，受部分信用事件发生的影响，关于债券信用利差的研究也日益增多。总之，2016年的中国资本市场，注定会在资本市场发展史上留下浓墨重彩的一笔。

一、影响股价崩盘的因素分析

股价崩盘，俗称“股灾”，是指股价在短时间内大幅下跌的现象。相比于国外市场，中国股票市场中存在价格时滞现象严重（胡聪慧等）[①]、

---

① 胡聪慧、张勇、高明：《价格时滞、投机性需求与股票收益》，载《管理世界》2016年第1期。

羊群效应突出（马丽）[①]、谣言加剧股价过度波动（雷震等）[②] 等特征，从而导致股价暴跌事件频发。股价崩盘作为资本市场的极端现象，会动摇市场参与者的信心，进而影响到实体经济的健康发展。因而股价崩盘风险成为监管者、社会公众和广大学者关注的焦点，相关研究主要可分为内部治理和外部监督两个角度。前者主要是指公司自身的经营风险，包括公司现行的治理结构、实行的盈余管理和期权激励等行为，后者主要指信息披露的风险，包括独立审计、社会监督、政府监管等。

（一）内部治理视角

梁权熙等丰富了对公司内部治理机制影响的研究。他们通过巧妙运用证监会独立董事制度改革这一政策性外部冲击，采用面板双重差分估计发现，独董制度的正式引入显著降低了公司股价发生崩盘的风险。进一步地，对我国上市公司特有强制披露数据的研究发现，相比于不存在异议独立董事的公司，存在异议独立董事公司的股价发生崩盘的风险明显较低，从而表明独立董事的监督行为有助于缓解代理问题，遏制管理层的坏消息窖藏行为进而降低股价崩盘风险。[③]

李栋栋则利用固定效应模型实证检验了公司债务期限结构对股价崩盘风险的影响。研究表明，公司股价崩盘风险与短期债务比例成正比，这说明短期借款并没有发挥积极的治理作用，从而抑制借款偿还流动性风险而导致的管理层盈余管理等负面信息隐藏行为。进一步研究发现，短期借款占比与股价崩盘风险之间的正相关关系在国有企业和信息不对称程度高的公司更加显著。[④]

（二）外部监督视角

褚剑等研究了公司外部与其存在紧密商业关系的利益相关者——客户

---

① 马丽：《中国股票市场羊群效应实证分析》，载《南开经济研究》2016 年第 1 期。

② 雷震、杨明高、田森、张安全：《股市谣言与股价波动：来自行为实验的证据》，载《经济研究》2016 年第 9 期。

③ 梁权熙、曾海舰：《独立董事制度改革、独立董事的独立性与股价崩盘风险》，载《管理世界》2016 年第 3 期。

④ 李栋栋：《公司债务期限结构与股价崩盘风险——基于中国 A 股上市公司的实证证据》，载《经济理论与经济管理》2016 年第 11 期。

对于股价崩盘风险的影响。研究结果表明，客户集中度越高，公司股价崩盘的风险越低。客户集中度对于公司的外部治理作用主要源于供应链整合而非客户议价能力，进而通过供应链整合降低了公司的经营风险和信息披露风险，缓解了其股价崩盘的风险。①

权小锋等则实证检验和分析了投资者关系管理影响股价崩盘风险的效应及机理。研究发现，作为上市公司一种自愿性的信息披露和反馈机制，投资者关系管理的信息职能和组织职能具有显著的市场稳定效应。进一步的机理分析表明，前者抑制了股价崩盘风险生成的内因（管理层信息披露操纵倾向）和外因（信息环境的不透明度），而后者抑制了股价崩盘风险生成的内因；另外就稳定市场而言，内部控制质量与投资者关系管理的组织职能具有互补关系。②

刘宝华等则考察了非正式制度——地区社会信任水平与股价崩盘风险的内在联系及其与正式制度的关系。研究结果表明，地区社会信任水平与个股未来股价崩盘风险呈显著负相关关系，因为社会信任可以抑制管理层隐藏利空消息的动机和能力。另外，企业所在地的市场化程度和法律环境所起的互补效应大于其替代效应，即社会信任作用的发挥依赖于运行良好的制度环境。③

林乐等则研究了退市监管对股价崩盘风险的治理作用。他们利用2012年交易所推出的“退市新规”作为准自然实验，采用双重差分方法研究发现，退市监管可以通过业绩提升而非信息披露操纵和盈余管理来降低上市公司的股价崩盘风险。进一步地，企业代理成本、信息透明度和外部治理监督的改善有助于退市监管更好地发挥降低股价崩盘风险的作用，进而提高市场定价效率和企业价值。④

（三）结构与制度视角

吴晓求专门就2015年的市场性股价崩盘事件进行了研究。他从结构

① 褚剑、方军雄：《客户集中度与股价崩盘风险：火上浇油还是扬汤止沸》，载《经济理论与经济管理》2016年第7期。

② 权小锋、肖斌卿、吴世农：《投资者关系管理能够稳定市场吗？——基于A股上市公司投资者关系管理的综合调查》，载《管理世界》2016年第1期。

③ 刘宝华、罗宏、周微、杨行：《社会信任与股价崩盘风险》，载《财贸经济》2016年第9期。

④ 林乐、郑登津：《退市监管与股价崩盘风险》，载《中国工业经济》2016年第12期。

和制度的角度分析了此次“股灾”的主要原因，包括市场对中国经济改革和转型的预期错误所带来的极度投机；对大力发展资本市场政策本意的严重误读；高杠杆配资；交易机制如 T+1 制度、停牌机制、程序化交易的结构性缺陷；股票市场多空动能结构失衡、衍生品如股指期货和现货市场在交易制度和投资者结构上的重大差异；监管滞后及监管独立性的缺失；一些重要媒体的过度渲染等舆情因素。因而，推进制度改革和规则完善是降低股价崩盘风险的重中之重。①

二、卖空机制的深入探讨

随着股票市场改革的不断深入，2010 年 3 月末融资融券交易试点的启动成为我国“单边市”结束的开端。随后，被认为具有分散系统性风险和促进价格发现双重功能的股指期货于同年推出。从理论上来说，卖空机制的引入可以减轻股市对正面信息的放大作用，从而提高股票的定价效率、抑制股市大幅波动。然而卖空机制也可能会减少市场流动性、放大市场风险。现阶段，中国正处于经济转型期，金融体系尚不完善，以融资融券和股指期货为代表的卖空机制究竟对我国股票市场起到了怎样的作用？大量学者就此进行了研究。

（一）对融资融券的深化探讨

唐松等利用我国逐步推出融资融券交易的自然实验机会，通过双重差分的方法，以 2007～2012 年沪深主板和中小板的股票为样本检验了融资融券的卖空机制对股价反映负面消息效率的影响。研究发现，相对于非标的股票，融资融券标的股票吸收负面信息更加及时且充分，其价格对市场正负向波动之间的不对称性显著降低，从而其暴跌风险显著降低。②

卖空机制除了影响市场上的价格形成，还可以通过有效约束经理人的行为、缓解委托代理问题直接影响公司治理机制。张璇等基于此以财务重述的可能性为代理变量考察了卖空机制对于上市公司盈余质量的影响。结

① 吴晓求：《股市危机：结构缺陷与规制改革》，载《财贸经济》2016 年第 1 期。

② 唐松、吴秋君、温德尔、杨斯琦：《卖空机制、股价信息含量与暴跌风险——基于融资融券交易的经验证据》，载《财经研究》2016 年第 8 期。

论表明卖空机制通过增加经理人激励合约的有效性和吸引更多的分析师跟踪显著减少了融券标的公司发生财务重述的概率，对公司治理机制的改善具有重要作用。这种作用在地区金融市场欠发达、治理水平较差的公司更加明显。[①] 顾琪等对于卖空机制与盈余管理的研究也得出了类似的结论。[②]

另一方面，融资融券交易机制的启动也可能引发某些负面效应，比如张俊瑞等对内幕交易行为进行了深入研究。结果表明，两融业务启动后标的公司发生内幕交易的概率显著上升，且这种刺激作用在规模较小、机构持股比例较高的公司中更为明显。而外部法制水平的提高可对其产生一定的遏制作用。[③]

褚剑等还研究了两融制度在 2015 年“股灾”中所起到的负面影响。研究表明，与政策制定者的初衷相反，整体上融资融券制度的实施不仅没有降低反而恶化了相关标的股票的股价崩盘风险。但是，股价崩盘的原因并非卖空交易者在股价下跌时所采取的操纵行为，而是由于融资融券标的股票的选择标准集中于风险较低的股票，以及融资和融券两种机制的同时实施为投资者提供了跟风追涨的渠道从而导致了股价崩盘风险的恶化。[④]

（二）对股指期货的深化研究

窦泽群等采用事件分析法、回归分析法和面板数据模型等方法研究了股指期货的推出对沪深 300 指数的波动性影响，结果表明，长期来看，卖空约束的放松可以有效降低市场的波动性。具体来说，在股指期货刚刚推出后的市场适应阶段，波动率有短暂提升，但随着时间的推移，市场波动率会逐渐下降。[⑤]

李政等则首次采用 2015 年 4 月刚刚上市的上证 50、中证 500 两个新品种股指期货，结合沪深 300 股指期货通过协整分析、广义差分分解、信

---

① 张璇、周鹏、李春涛：《卖空与盈余质量——来自财务重述的证据》，载《金融研究》2016 年第 8 期。

② 顾琪、陆蓉：《金融市场的“劣汰机制”——基于卖空机制与盈余管理的研究》，载《财贸经济》2016 年第 5 期。

③ 张俊瑞、白雪莲、孟祥展：《启动融资融券助长内幕交易行为了吗？——来自我国上市公司的经验证据》，载《金融研究》2016 年第 6 期。

④ 褚剑、方军雄：《中国式融资融券制度安排与股价崩盘风险的恶化》，载《经济研究》2016 年第 5 期。

⑤ 窦泽群、李永建、程富强：《卖空约束对市场波动性的影响研究——来自中国沪深 300 指数的经验证据》，载《经济学动态》2016 年第 10 期。

息份额模型等方法，考察了股指期货的价格发现功能。发现我国股指期货市场正在逐步走向成熟，整体上三个品种的期货与现货之间均具有较稳定的长期均衡关系，且在长期期货价格引导现货价格，在价格发现中处于主导地位。然而“股灾”期间，沪深300和中证500股指期货在每个时间点上价格发现贡献度都高于现货，但在部分子样本中上证50指数现货却发生了反超期货的结构性变化，反映出上证50指数对应的大盘股在稳定市场情绪和投资者心理预期方面具有举足轻重的影响。[①]

三、IPO抑价问题研究

随着中国证券市场进入新的发展阶段，研究新股发行制度改革具有重要意义。由于注册制在我国还没有正式实行，证券市场的发行价格管制长期存在于发行市场。受此影响，上市公司在IPO时不得不把发行价格压低至政策允许的范围内。因而与其他国家和地区相比，我国的股市存在较高的IPO抑价率。此外，关于IPO抑价问题产生的原因中，信息不对称假说是主流解释。近些年来风险投资的快速发展不仅为公司提供了资金支持，在IPO领域也被认为提供了IPO经验、社会网络等增值服务，从而有助于改善IPO抑价问题。IPO抑价问题一方面严重损害了原始股东的利益，另一方面限制了成长性公司的资金需求，抑制了公司的进一步发展，从而影响到实体经济的增长。作为反映市场资源配置水平和金融市场运行效率的重要标准，影响IPO抑价率的因素一直是学者们广泛关注的热点话题。

（一）传统因素对IPO抑价程度的影响

胡志强等以市盈率差动衡量新股发行制度变化、运用多元偏t－Copula模型就发行制度对IPO抑价程度的影响进行了研究。结果表明，在新股发行制度逐渐由行政审批、审核制度到询价制度过渡的过程中，IPO平均抑价率逐渐降低，表明我国证券市场新股发行制度市场化改革渐显成效。

---

① 李政、卜林、郝毅：《我国股指期货价格发现功能的再探讨——来自三个上市品种的经验证据》，载《财贸经济》2016年第7期。

另外，进一步的研究显示，创业板市场与主板和中小板市场相比具有较低的抑价水平，更适合领先一步推行注册制的改革。①

由于 IPO 抑价严重损害了原始股东的利益，张岩等就发行价格受限的公司是否会出于利益防御的动机来操纵会计盈余以提高发行价格进行了研究。结论表明，价格管制会提高 IPO 的盈余管理程度、降低会计信息质量，且盈余管理的程度随着受限公司的期望市盈率、大股东持股比例以及外部融资需求的提高而上升。子样本回归的研究结果表明，上述情况仅存在于民营企业样本中，国有企业中并不显著。进一步地，发行价格受限的公司会通过聘请声誉较低的承销商和会计师事务所为其盈余管理创造条件。②

黄张凯等则基于信息不对称的传统理论，从企业地理位置的角度对 IPO 抑价问题进行了研究。结论表明，在控制了公司基本面和市场因素后，位于北上广三大城市的公司与其他公司相比，具有显著较低的 IPO 抑价率；且公司距离这三大城市越近，其折价率越低。进一步地，历史业绩波动越大、行业内部业绩差异越明显，即对于外部投资者而言信息不对称程度越高的公司，距离效应和地理位置因素在 IPO 抑价中发挥的作用越大。交通条件的改善如高铁的开通带来的信息沟通便利有助于缓解地理因素的影响，提高资本市场定价效率。③

（二）风险投资对 IPO 抑价程度的影响

冯慧群以 2006 ~ 2012 年在沪深两市 IPO 的民营企业为样本，考察了风险投资的介入对于企业上市的影响。研究发现，有风险资本介入的民营企业不仅具有更快的上市速度和更优的上市机会，而且其盈余管理程度也较高，从而降低了 IPO 抑价率，提高了融资效率。④

徐子尧通过区分仅追求财务目标的独立风险投资（IVC）和更看重战略回报的公司型风险投资（CVC）进行研究发现，相比于传统的 IVC，CVC 并没有给被投资企业带来更高的 IPO 时的估值乘数，这一异于国外大

① 胡志强、赵美娟：《多元偏 t – Copula 模型下新股发行制度与 IPO 抑价研究——基于主板、中小板和创业板的实证分析》，载《经济评论》2016 年第 3 期。

② 张岩、吴芳：《发行价格管制下的 IPO 盈余管理》，载《财贸经济》2016 年第 9 期。

③ 黄张凯、刘津宇、马光荣：《地理位置、高铁与信息：来自中国 IPO 市场的证据》，载《世界经济》2016 年第 10 期。

④ 冯慧群：《风险投资是民营企业 IPO 的“救星”吗》，载《财贸经济》2016 年第 8 期。

部分研究成果的结论是由于我国大多数 CVC 母公司在运行机制和人才储备等方面都存在明显的短板。①

关于风险投资如何影响了公司 IPO 时点的市场表现，李曜等重点研究了风险投资为企业所带来的社会资本，特别是风险投资与券商的联盟关系对 IPO 首发抑价率的影响。研究发现，存在与承销券商联盟关系的风险投资相比于其他风险投资及无风险投资持股的公司会吸引更多的询价机构和网下获配投资者，从而降低了新股的信息不对称程度，使得 IPO 发行价格更接近于公司的内在价值，表现为内在折价率最低。②

张学勇等则以公司创新能力为研究视角，印证了风险投资注入的公司较好的 IPO 市场表现是受内在创新能力所驱动。具体而言，一方面风险投资对公司创新能力具有显著的正向影响，另一方面同样受风险投资支持，在 IPO 之前拥有专利的公司相对于那些缺乏创新能力的公司而言，IPO 抑价率更低。③

四、上市公司管理层与公司绩效的关联性研究

所有权和经营权两权分立后，如何从约束与激励两个方面减少代理人的机会主义行为成为学界研究的重点。首先，高层管理团队的结构和相互作用的过程与公司绩效之间的关系在文献中得到了大量的研究，董事会的独立性、管理者的异质性等问题受到了广泛关注；其次，自 2003 年起，证监会强制性要求上市公司董事会成员中独立董事的比例不低于 1/3，独立董事制度能否降低及如何降低委托代理成本、完善公司治理一直是理论界关注的焦点；最后，作为一种长效机制，通过股权激励平衡高管长短期收益之间的冲突、确保其利益与股东利益趋于一致的做法得到大量推广，很多学者研究了股权激励下的管理层行为。

---

① 徐子尧：《公司型风险投资增加了新创企业的价值吗》，载《经济理论与经济管理》2016 年第 4 期。

② 李曜、宋贺：《风险投资与券商联盟对创业板上市公司 IPO 首发折价率的影响研究》，载《财经研究》2016 年第 7 期。

③ 张学勇、张叶青：《风险投资、创新能力与公司 IPO 的市场表现》，载《经济研究》2016 年第 10 期。

（一）董事会与高管的关系对公司绩效的影响

陆瑶等通过分析 1999～2012 年所有 A 股上市公司的数据，研究了 CEO 对董事会的影响力，以及对公司违规犯罪行为的影响。结果表明，CEO 对董事会的影响力越强，公司违规的可能性越高。进一步地，CEO 可能通过阻碍和延长稽查时间来影响公司违规行为。此外，公司所在地人与人之间信任程度越高，CEO 对董事会的影响力对公司违规倾向的影响越弱；而所在地的风险偏好越高，这一影响则越强。①

张建君等则基于董事长和总经理之间的异质性、权力差距和融洽关系三方面研究了高层管理团队结构与关系对组织绩效的影响。结果表明，董事长与总经理之间年龄和职能背景的异质性对公司绩效有积极的影响；二者之间的权力差距（包括任期差异、创始人地位和政治地位差异）对公司绩效也产生积极影响，任期差异和政治地位差异的正效果尤其显著；融洽关系与公司绩效也显著正相关。从而表明高效的管理团队必须兼具差异性和相似性，既有建设性冲突又要保持融洽关系。②

单就管理者异质性这一要素而言，葛永波等就管理者异质风格对公司投融资决策的影响效应及作用机制进行了研究。结果表明，我国上市公司中的管理者风格效应是显著存在的，即管理者风格对于企业重要的经营决策如投融资决策具有显著影响。在作用与形成机制方面，实证结果支持“企业主导风格假说”。另外，国有控股和非国有控股企业在管理者风格的选择方面存在差异，国有控股公司进行高管选择时并未严格按照市场化逻辑进行。③

黄再胜选择从薪酬水平入手来探讨董事长与总经理之间的关系，研究了高管同酬及其经济后果。结果表明，在部分私营控股上市公司中，高管薪酬多由公司政治因素或内部薪酬比较所决定，而并非遵循最优契约观所寓示的“效率逻辑”；与高管异酬的公司相比，高管同酬公司的董事长薪酬激励缺乏效率，对公司未来财务绩效产生了显著的负面影响，与薪酬制

---

① 陆瑶、李茶：《CEO 对董事会的影响力与上市公司违规犯罪》，载《金融研究》2016 年第 1 期。

② 张建君、张闫龙：《董事长—总经理的异质性、权力差距和融洽关系与组织绩效——来自上市公司的证据》，载《管理世界》2016 年第 1 期。

③ 葛永波、陈磊、刘立安：《管理者风格：企业主动选择还是管理者随性施予？——基于中国上市公司投融资决策的证据》，载《金融研究》2016 年第 4 期。

度市场化改革的要求相悖。①

（二）独立董事制度对公司绩效的影响

周建等从理论上分析了独立董事个体有效监督的形成机理。从微观视角出发，提出了独立董事监督潜能的概念，构建并证明了独立董事高监督潜能形成所具备的动机、灵活工作时间、独立性、专长四属性特征，及其相互整合而形成独立董事个体监督潜能“异质性”的过程。而董事会中只有存在这样的高监督潜能独董，才能提高董事会监督的有效性进而提高公司治理水平。②

为确保独立董事制度的治理效应，证监会同时要求独董具备法律或财务相关专业背景。黄海杰等从会计专业独董的视角实证研究了独立董事声誉对盈余质量的影响。结果证实了高声誉的会计专业独董在公司治理方面的积极作用，即会计专业独董的声誉对企业盈余质量有着显著的正向影响，并且这种影响在其受聘于大股东掏空严重、低市场化进程地区企业和担任审计委员会主席时更为明显。③

高凤莲等则研究了独立董事的个人社会资本对代理成本的影响。研究表明，独立董事的社会资本越丰富，两类委托代理成本（股东与管理者之间、控股股东与中小股东之间）越低。在法律保护环境或地区信任水平薄弱的地方，这种治理效应更为显著。④

邓晓飞等则研究了独立董事的政治关联对公司的经济后果，结果表明，官员独董所带来的政治关联的突然丧失会对上市公司股价产生显著的负面冲击，且在非国有企业中表现更为明显。进一步地，在治理环境越差的地区，这种冲击越强烈。这在一定程度上表明，部分公司设立独董并非是为了公司治理结构的改善，而是为了满足制度监管需要。⑤

---

① 黄再胜：《高管同酬、激励效率与公司绩效》，载《财经研究》2016 年第 5 期。

② 周建、罗肖依、张双鹏：《独立董事个体有效监督的形成机理——面向董事会监督有效性的理论构建》，载《中国工业经济》2016 年第 5 期。

③ 黄海杰、吕长江、丁慧：《独立董事声誉与盈余质量——会计专业独董的视角》，载《管理世界》2016 年第 3 期。

④ 高凤莲、王志强：《独立董事个人社会资本异质性的治理效应研究》，载《中国工业经济》2016 年第 3 期。

⑤ 邓晓飞、辛宇、滕飞：《官员独立董事强制辞职与政治关联丧失》，载《中国工业经济》2016 年第 2 期。

（三）股权激励对管理层行为的影响

醋卫华实证检验了上市公司在实施股票期权激励中管理层的择机行为。研究发现，单日定价样本存在择机披露信息的行为，区间定价样本既存在择机授予期权的行为，也存在择机披露信息的行为。进一步地，管理层权力越大、公司治理水平越低、最终控制人为国有，则管理层同时发生两种择机行为的概率较高，而无形资产占比越高、公司规模越大，同时发生两种择机行为的概率则较低。①

汝毅等研究了股权激励下高管对外直接投资的行为。实证结果显示，股权激励总体上提高了高管对外直接投资的速率。进一步地，企业的内部约束机制会强化高管股权激励与对外直接投资速率，二者呈正向关系；外部约束机制则起到了相反的作用。另外，由于国有企业实施股权激励的动机与民营企业不同，高管股权激励及上述约束机制的潜在效果在这两种不同类型的企业中呈现差异性。②

五、对信息披露的深入研究

一般认为，信息披露机制具有减少市场信息不对称、防止内幕交易等违规行为的作用，使企业接受更多的外部监督，因而在各国资本市场运行机制完善、风险防控和投资者保护等领域备受关注。我国证券市场经过二十多年的发展，已经建立起一系列信息披露的规则与制度。但是，我国上市公司的信息披露中仍然存在非主动性、不充分性、滞后性甚至虚拟性等问题，针对这些问题，一方面需要不断完善我国信息披露的监管体制；另一方面也需要发挥媒体、公众等外部监督的功能。这其中证券分析师能否通过充分挖掘市场信息减少信息非对称性、以“研究创造价值”引导市场理性投资，成为当前中国资本市场关注的重点热点问题。另外，媒体作为专业的信息收集者、处理者与传播者，对上市公司的信息披露起着重要的作用。随着计算机网络的迅速发展，媒体尤其是微博等新网络媒体得到了

① 醋卫华：《期权激励与管理层择机：中国的经验证据》，载《财经研究》2016 年第 4 期。

② 汝毅、郭晨曦、吕萍：《高管股权激励、约束机制与对外直接投资速率》，载《财经研究》2016 年第 3 期。

迅猛的发展，在信息分享中扮演了越来越重要的角色，为资本市场的信息传播带来了重大影响和变革。

（一）公司信息披露质量的重要性

张程睿通过将信息披露各要素与披露整体水平纳入信息披露机制的同一框架，实证研究了我国上市公司 2001 ~ 2013 年的信息披露实践及其对投资者保护的有效性。研究发现，虽然上市公司信息披露整体质量逐年得到改善，但盈余管理程度仍然严重，年报披露仍存在滞后性等特征，且市场“跟风”特征明显；披露要素中可靠性对抑制股价被操纵的作用更显著，及时性在抑制“跟风”上更有效。公司信息披露机制对投资者的保护效用在前进中螺旋式上升，提高我国上市公司信息披露质量可以改善对投资者的保护效用。①

上市公司发布的业绩预告是上市公司信息披露的重要组成部分，罗玫等首次系统地分析了我国独特的业绩预告制度下的各类业绩修正原因如何影响股市投资者对业绩修正的判断。研究结果表明，管理层更倾向于用不受公司控制的宏观因素和会计错误等因素解释业绩预期变差的坏消息，相对地用公司可以控制的因素解释好消息。而股市会依据业绩变更原因对业绩预告修正中不同的未预期盈余做出不同的反应，因而业绩预告修正公告中的非财务信息对于投资者的判断至关重要。②

倪娟等则单就环境信息披露进行了研究，因为环境信息披露是银行评估企业或项目环境风险的重要信息来源。研究发现，重污染行业上市公司是否披露环境信息与银行信贷决策之间呈现出显著正相关关系，同时与企业债务融资成本显著负相关。因此，重污染行业上市公司积极进行环境信息披露可以在一定程度上降低银企之间的信息不对称程度，从而帮助企业获取更多的银行贷款并降低其债务融资成本。③

---

① 张程睿：《公司信息披露对投资者保护的有效性——对中国上市公司 2001 ~ 2013 年年报披露的实证分析》，载《经济评论》2016 年第 1 期。

② 罗玫、魏哲：《股市对业绩预告修正一视同仁吗？》，载《金融研究》2016 年第 7 期。

③ 倪娟、孔令文：《环境信息披露、银行信贷决策与债务融资成本——来自我国沪深两市 A 股重污染行业上市公司的经验证据》，载《经济评论》2016 年第 1 期。

（二）证券分析师在信息披露中的作用

李春涛等认为，分析师是重要的公司治理机制，能够降低投资者和经理人之间的信息不对称性。然而从盈余管理的角度来看，虽然分析师对应计盈余管理具有监督效应，能够减少应计盈余管理，但是由于真实盈余管理具有较高的隐蔽性，从而跟踪分析师越多，企业真实盈余管理越多。①

谢珺等则进一步探究了分析师预测活动的影响因素，丰富了市场竞争和信息不对称领域的相关研究。结果表明，企业层面的产品市场势力和行业层面的行业集中度都与分析师跟踪数量、分析师预测精准度呈正相关关系。进一步区分股权性质后发现，前者的影响在国有企业中较非国有企业更为强烈；而后者的影响只在国有企业中显著成立。②

张宗新等以构建券商研究报告信息量化指标为基础，从证券分析师声誉和挖掘基本面信息出发，探索了中国证券分析师影响市场的路径和机制。结果表明，分析师能通过声誉模式和信息挖掘模式直接影响市场。投资者的信息需求强化了这两种机制的影响，而机构持股增强了信息挖掘模式但没有放大声誉模式的作用。进一步地看，明星分析师“光环”只能在中短期内被市场强化，而长期仍需依靠基本面信息的挖掘。③

吴偎立等则进一步研究了这种声誉模式，即基于《新财富》分析师评选这个重要的外部激励机制对分析师与其信息披露质量进行了研究。结果表明，在评选之前，《新财富》获奖分析师与未获奖分析师的整体水平差异在经济和统计上均不显著。也就是说，决定分析师能否获奖的主要因素是分析师的曝光率和所属机构的市场地位，而非反映其研究水平的信息质量。④

---

① 李春涛、赵一、徐欣、李青原：《按下葫芦浮起瓢：分析师跟踪与盈余管理途径选择》，载《金融研究》2016 年第 4 期。

② 谢珺、陈航行：《产品市场势力、行业集中度与分析师预测活动——来自中国上市公司的经验证据》，载《经济评论》2016 年第 5 期。

③ 张宗新、杨万成：《声誉模式抑或信息模式：中国证券分析师如何影响市场?》，载《经济研究》2016 年第 9 期。

④ 吴偎立、张峥、乔坤元：《声信息质量、市场评价与激励有效性——基于《新财富》最佳分析师评选的证据》，载《经济学》2016 年第 2 期。

（三）媒体、网络监督对信息披露质量的影响

周开国等从中国上市公司违规频率的角度，研究了媒体监督能否对公司治理产生影响及其影响机制。实证结果表明，媒体监督能够显著降低公司违规的频率，媒体监督确实可以起到外部治理的作用，即媒体监督的治理效果与公司违规频率成反比。另外，媒体监督的治理效果逐年呈上升趋势，说明我国媒体对上市公司的外部治理作用日益增强。①

杨玉龙等探讨了异质性媒体对中国资本市场信息效率的差异化影响。研究发现，中央媒体既可以处理和传播上市公司的特质性信息，又可以削弱政治关联对资本市场信息整合的不利影响，从直接和间接两个渠道提高资本市场信息效率；而间接渠道对地方媒体并不起作用。这是由于相对于地方媒体，中央媒体在信息透明度较低时信息获取和处理的能力以及面对政治关联时保持客观报道的独立性都更强。②

谭松涛等则基于深交所“互动易”网络交流平台的推出研究了新媒体对市场信息效率的影响。研究发现，该平台设立后，深交所上市公司股价非同步性的提升幅度以及分析师盈余预测绝对偏差的降低幅度都大于上交所。从而表明，网络平台的设立提升了市场信息效率水平。③

除了上述专门的证券信息披露网络平台，很多学者也研究了其他网络新媒体如微博在信息分享和传播中所扮演的重要角色。何贤杰等的研究表明，上市公司通过微博披露的信息内容非常广泛，其中公司经营类信息的披露比例最高。另外，公司治理水平越高的公司越倾向于开设微博，且发布越多与公司密切相关的信息，尤其是未经公司正式公告披露的信息以及经营活动策略类信息。④ 徐巍等则发现，微博披露会带来当日公司股票的超额回报和超额交易量显著增加，其程度不仅受到披露强度及信息密度的影响，也受到微博中噪音信息的干扰。此外，同样是已公告的信息，经过

① 周开国、应千伟、钟畅：《媒体监督能够起到外部治理的作用吗？——来自中国上市公司违规的证据》，载《金融研究》2016年第6期。

② 杨玉龙、吴明明、王璟、吴文：《异质性媒体与资本市场信息效率》，载《财经研究》2016年第3期。

③ 谭松涛、阚铄、崔小勇：《互联网沟通能够改善市场信息效率吗？——基于深交所“互动易”网络平台的研究》，载《金融研究》2016年第3期。

④ 何贤杰、王孝钰、赵海龙、陈信元：《上市公司网络新媒体信息披露研究：基于微博的实证分析》，载《财经研究》2016年第3期。

微博传播会产生更强的市场反应。同时，微博披露对受关注较少的小公司、新公司的影响更大，对个人投资者的交易行为影响更为显著。[①] 胡军等的研究还发现，上市公司开通微博后对分析师的盈余预测也会产生影响，分析师会使用并挖掘普通投资者难以发现的微博信息，预测的修正频率增加，且其平均盈余预测偏差和盈余预测分歧度都显著下降。另外，公司股价对分析师盈余预测修正的反应更大。[②] 上述结论均表明，微博已经成为一种有效的信息披露机制，深刻地冲击并改变了上市公司的信息环境。

六、影响信用利差因素的探讨

随着我国资本市场的快速发展，债券市场作为除股市外直接融资的另一主要渠道越来越受到关注。自 2008 年开始，债券市场的融资规模超越股票市场，而且两者间的差距仍在不断扩大。截至 2015 年末，中国债券市场规模已达到 48.5 万亿元，在规模上成为仅次于美国和日本的全球第三大债券市场。信用债券规模的高速扩张可以缓解我国企业对间接融资的过于依赖，完善资本市场的资源配置功能。另一方面，在债券市场发展的同时，信用风险事件也时有发生，因而，信用利差作为衡量企业信用风险的重要指标，也成为大量学者关注的热点问题。

（一）企业融资中的债务选择

曾雪云等从战略承诺的角度考察了债券市场的资源配置功能。研究发现，对于所在地市场化进程较高、最终控制人为国有性质、内部资本市场活跃的融资优势类上市公司，其战略承诺越高时，越可能采用债券融资方式；而承受较高融资约束的企业的债券融资方式对战略承诺的敏感性则不稳健，或者敏感系数低于前者。这说明债券市场的资源配置功能受到了融资约束的限制，而非缓解了融资约束，“强者恒强、弱者恒弱”的金融资

① 徐巍、陈冬华：《自媒体披露的信息作用——来自新浪微博的实证证据》，载《金融研究》2016 年第 3 期。

② 胡军、王甄、陶莹、邹隽奇：《微博、信息披露与分析师盈余预测》，载《财经研究》2016 年第 5 期。

源配置规律在债券市场仍然成立。[①]

（二）债券信用利差的影响因素

史永东等研究了债券的契约条款对于公司债价格影响的途径和程度。结果表明，债券契约条款由于能够保护债权人的未来权益，减少债权人承担的风险，从而能够有效降低债券的信用价差和非信用价差，并且债券契约条款对前者的影响程度更大。通过信用价差和非信用价差两种影响效应的叠加，债券契约条款能够显著降低债券到期收益率的总价差。[②]

郭晔等则围绕存贷款基准利率、法定存款准备金率调整这两类货币政策事件研究了未预期货币政策对企业债券市场信用利差所产生的动态影响与非对称效应。结果表明，未预期货币政策对企业债券信用利差的影响比预期部分更为显著。且在经济周期的繁荣时期，这种作用更大。另外，对于不同期限的企业债，货币政策对中长期企业债信用利差的作用更为显著，而对短期企业债信用利差的影响较小。[③]

钟辉勇等则以中国地方政府融资平台公司发行的“城投债”作为研究样本，考察了债券市场的评级机构和机构投资者对“城投债”的“名义担保”与地方政府的“隐性担保”所做反应的异质性。研究发现，债券的发行担保和地方政府公共财政收入的增加虽然均有助于提高债券的发行评级，但对债券信用利差的降低却无显著影响。这在一定程度上反映了债券市场的虚假担保和评级市场“发行人付费”模式带来的评级失真问题。[④]

---

① 曾雪云、王裕、贺浩淼：《战略承诺、融资约束与债务选择——债券市场支持了谁的战略发展》，载《经济理论与经济管理》2016 年第 10 期。

② 史永东、田渊博：《契约条款影响债券价格吗？——基于中国公司债市场的经验研究》，载《金融研究》2016 年第 8 期。

③ 郭晔、黄振、王蕴：《未预期货币政策与企业债券信用利差——基于固浮利差分解的研究》，载《金融研究》2016 年第 6 期。

④ 钟辉勇、钟宁桦、朱小能：《城投债的担保可信吗？——来自债券评级和发行定价的证据》，载《金融研究》2016 年第 4 期。

第四章　收入分配与收入差距问题研究新进展

收入分配与收入差距问题仍然是学者们关注的重点，并持续深化该方面的研究，2016年，学者们主要从国民收入分配格局、收入差距、收入流动性和减贫政策效果评估四个方面进行了深入研究，取得了新的研究进展。

一、国民收入分配格局

关于国民收入分配格局的研究逐渐深入到具体层面，一是丰富了劳动收入占比影响因素研究的角度；二是不断扩展工资变动的影响因素研究。

（一）劳动收入占比的影响因素

劳动收入占比的影响因素一直是学者们关注的重点，2016年学者们从新的角度深化了劳动收入占比的影响因素研究，这主要有：

1. 综合考虑企业、行业和产业结构三个层面

之前关于劳动收入占比影响因素的研究往往仅集中于企业、行业或产业中某一层面的影响，杜玖月从生产函数形式的选择开始，首先从企业层面纳入影响劳动份额的诸项内外部因素，形成理论模型的微观基础，进而考虑在行业和产业层面补充影响劳动份额的经济变量，最终构建了经济总体劳动要素份额决定的综合理论模型。通过综合分析总体劳动份额在企业、行业和产业结构三个层次的影响因素，证实了前期学者在三个层面所得出的结论。即影响劳动收入占比的因素中，企业微观层面主要包含要素

投入的基本技术结构、要素产出比、市场扭曲等因素；行业层面包含垄断竞争性、基础进步偏向性、要素替代弹性、企业规模分布特性等要素；产业结构层面主要是引起产业变迁的一系列因素的总和。①

2. 全球价值链嵌入程度

刘胜利用40个国家和地区的跨国数据，检验全球价值链嵌入程度与要素禀赋结构对劳动收入占比的影响，实证结果表明，全球价值链嵌入加深将会导致劳动收入占比下降，且影响程度与国家在全球价值链分工体系中所处的地位有关。全球价值链嵌入对劳动收入占比的负向效应，会随着要素禀赋结构转换、资本积累进程的加深不断减弱。全球价值链嵌入对不同技能类型的劳动者收入占比产生差异化的影响，对高技能劳动者收入占比的负向影响相对更小。不同价值链嵌入结构对劳动收入占比具有异质性的作用，服务嵌入结构较之于产品嵌入结构对劳动收入占比的负向效应更弱。②

3. 劳动者工资议价能力

盛丹等运用1998～2007年中国工业企业数据库数据，对中国企业层面劳动者工资集体议价能力进行了测算，考察了出口贸易对中国劳动者工资集体议价能力从而对劳动收入占比的影响。研究结果显示，出口贸易对劳动者的工资集体议价能力起到了正向作用，说明出口贸易能够通过提高劳动者的工资集体议价能力，增加其与资本的利润分配比率，从而有利于劳动收入占比的提高。③

4.《劳动合同法》实施

2008年实施的《中华人民共和国劳动合同法》可显著提高我国劳动收入占比。《劳动合同法》的实施可以有效促进工资水平上涨，抵消法规对劳动者相对就业水平的不利影响，为劳动者带来正向的收益效应。《劳动合同法》实施后短期内大幅提高了劳动者的工资水平与企业要素投入中

---

① 杜玖月：《劳动要素份额决定——一个综合理论模型》，载《经济科学》2016年第1期。

② 刘胜、顾乃华、陈秀英：《全球价值链嵌入、要素禀赋结构与劳动收入占比》，载《经济学家》2016年第3期。

③ 盛丹、陆毅：《出口贸易是否会提高劳动者工资的集体议价能力》，载《世界经济》2016年第5期。

的资本劳动比，2008 年之前劳动收入份额持续下降的趋势也得到一定程度的扭转。[①]

5. 要素市场发育程度

王宋涛等指出，要素市场分割会加剧资源错配程度，使得不同区域的资本集约度存在差异，加剧中国工业企业的资源错配，在资本—劳动呈替代关系时，会降低劳动收入份额[②]。

西部地区资源开发战略带来的要素市场变化也加大了资本和劳动收入的差距。由于资源产业属于资本密集型产业，且西部地区劳动力较为丰裕，西部地区的资源开发战略导致资源产品价格上升，而由于劳动报酬调整较为缓慢，所以资源价格的上升带来的资源收益冲击更多的是被资本所获得，导致资本收益增加的速度要快于劳动报酬增加的速度[③]，两类收入之间的差距不断扩大。

6. 企业风险水平

当企业风险降低时，最优的工资合同会要求较低的固定工资和较高的可变工资激励，这会使劳动者的生产激励提升，产出水平和工资都有所提高。同时，由于产出增长更快，劳动收入份额将会下降。在工资结构中，固定工资与企业风险正相关，而可变工资与企业风险负相关。贾珅等利用滞后一期同地区同行业内亏损企业的比例衡量企业风险，实证结果显示 1998 ~2007 年我国工业部门劳动收入份额下降的 14% ~25% 可由企业风险的降低加以解释。[④]

（二）工资的影响因素

由于工资是劳动收入的主要来源，对提高劳动收入占比十分重要。

---

① 姜伟：《论〈劳动合同法〉对劳动者的收益效应》，载《西北大学学报（哲学社会科学版）》2016 年第 4 期。

② 王宋涛、温思美、朱腾腾：《市场分割、资源错配与劳动收入份额》，载《经济评论》2016 年第 1 期。

③ 孙永平、徐恒宇、汪博：《资源开发对要素收入分配的影响研究》，载《经济评论》2016 年第 4 期。

④ 贾珅、申广军：《企业风险与劳动收入份额：来自中国工业部门的证据》，载《经济研究》2016 年第 5 期。

2016 年，学者们继续深化工资影响因素的研究，不断增加新的解释要素。

1. 人民币汇率

汇率升值会通过加大进口产品竞争、影响出口收益和降低进口中间品成本三种渠道影响员工收入。徐建炜等利用 2000～2006 年我国工业企业数据库与海关数据库进行验证，研究表明，人民币汇率升值 1% 将导致员工工资下降 1%，其中，进口竞争效应导致下降 0.6%，出口收益效应导致下降 0.5%，进口成本效应造成上升 0.1%。[①]

2. 个人禀赋

学者们关于个人禀赋对工资的影响不仅包括受教育状况、家庭状况等传统因素，而且进一步拓展至是否就读重点中学、相貌和普通话能力等方面。

第一，是否就读重点中学。吴斌珍等依据大学毕业生就业调查 2010 年、2013 年的数据，估算就读重点高中对大学毕业生初始工资的影响。研究表明，毕业于省重点高中的大学毕业生比其他大学毕业生起薪水平高出了约 17%。重点高中起作用的主要渠道是重点高中的学生取得了更高的高考成绩并上了更好的大学和专业，这解释了约 10 个百分点的重点高中回报率。高中阶段和大学期间的其他人力资本变量（如成绩排名等）贡献都很小，加起来不到 1 个百分点。[②]

第二，相貌。关于相貌对工资收入的研究存在争议。郭继强等利用流动和常住人口家计调查（SASS1996）和中国家庭动态跟踪调查（CFPS）2012 数据，以调查员主观评价作为控制相貌的主要变量，研究发现，相貌与收入呈现类似“高跟鞋曲线”的关系，而并非越漂亮收入越高，漂亮总体上有助于提升收入，但最漂亮那一类人的漂亮溢价却没有次美者高[③]。但是，刘一鹏等基于中国家庭追踪调查（CFPS）2010 年数据，利用相貌高于平均水平和低于平均水平两个亚变量作为控制相貌的主要变量，结果却发现相貌高于平均水平不会有统计上显著的工资升水，但相貌低于平均

---

① 徐建炜、戴觅：《人民币汇率如何影响员工收入?》，载《经济学（季刊）》2016 年第 4 期。

② 吴斌珍、赵心妤、钟笑寒：《重点高中带来的工资溢价：来自大学生就业调查的证据》，载《世界经济》2016 年第 12 期。

③ 郭继强、费舒澜、林平：《越漂亮，收入越高吗？——兼论相貌与收入的“高跟鞋曲线”》，载《经济学（季刊）》2016 年第 1 期。

水平使男性劳动者工资率显著降低 17.8%，女性劳动者工资率显著降低 9.5%①。两者产生分歧的原因可能是选择了不同的代表相貌的变量。

第三，普通话能力。普通话以及单项能力（听和说）可以有效提高劳动者收入，这一效果主要集中于服务业、城镇劳动者以及南方地区。这主要是由服务业需要与各类人群交流的性质决定的，城镇相对于农村而言语言结构复杂，普通话更便于交流；南方地区相对于北方地区而言方言差距较大，普通话对跨方言流动人口的影响要大于对方言区内人口的影响②。

3. 薪酬抵税改革

2008 年我国薪酬抵税改革将原来在税前扣除限额内的薪酬变为薪酬支出进行全额税前扣除，其直接效果就是降低了薪酬的税收成本，提高了员工的总薪酬，总薪酬提高具体体现为员工平均薪酬的提高，而非员工人数的增加。薪酬抵税改革提高了普通员工的薪酬水平，并降低了企业高管与普通员工之间的薪酬差距。这一效应在工资水平较低的企业、非国有企业和股利支付率较低的企业中更为明显。因此，薪酬抵税改革有效调节了劳动收入分配③。

4. 经济集聚度

吴晓怡等利用中国 2004 ~ 2009 年制造业企业微观数据和 286 个地级以上城市数据，以就业密度作为主要解释变量研究经济集聚度对制造业企业工资水平的影响，结果表明，就业密度对制造业企业职工工资的影响呈倒“U”型，当就业密度低于门槛值时，其对工资的影响是正向的，但超过门槛值之后，拥塞效应使其对工资产生负面影响。这一影响主要存在于东部地区，而对中西部地区企业的工资水平未见显著影响，原因在于中西部地区经济活动的空间密度较低，经济集聚的积极作用未能得到充分发挥④。

吴明琴等以产业集聚为例研究产业集聚对工资的影响机制发现，在产

① 刘一鹏、郑元、张川川：《长得好有高收入？——中国劳动力市场的相貌歧视问题研究》，载《经济评论》2016 年第 5 期。

② 陈媛媛：《普通话能力对中国劳动者收入的影响》，载《经济评论》2016 年第 6 期。

③ 韩晓梅、龚启辉、吴联生：《薪酬抵税与企业薪酬安排》，载《经济研究》2016 年第 10 期。

④ 吴晓怡、邵军：《经济集聚与制造业工资不平等：基于历史工具变量的研究》，载《世界经济》2016 年第 4 期。

业集聚水平高的地区，同行业企业数量较多，劳动力市场竞争程度高，技能娴熟的劳动力供不应求，为了吸引高技能的员工，企业愿意提供更高的薪酬给员工；在产业集聚程度低的地区，同行业企业数量较少，劳动力市场竞争程度低，劳动力的选择有限，企业缺乏提供更高薪酬的动力①。

5. 劳动力流动

梅新想等基于2003～2013年31个地区的省级面板数据的实证分析发现，增加本地劳动力流入量会引起该地区的就业人员流向低附加值产业，同时会引起该地区相对劳动力供给量的减少，在一定程度上抵消外地劳动力流入对本地工资的负面压力。邻近地区劳动力流入量在提高该地区低附加值产业就业比重的同时也会引起相对劳动力供给量的增加，对本地工资水平具有恶化作用②。

6. 最低工资制度

最低工资仅对部分低收入群体，如女性群体有一定的正面影响③。尽管最低工资制度提高了农民工工资水平，但也显著增加男性及非国有企业农民工的工作时间，考虑了工作时间后，最低工资的增加仅对女性农民工的收入有显著的促进作用，但由于最低工资的调整会显著降低女性农民工的就业，因此在考虑就业的负效应后，最低工资标准的调整对流动人口收入的增加没有显著作用④。

7. 婚姻

王智波等发现，婚后妻子协助可使得丈夫获得工资溢价。在同等条件下，在婚状况的男性工资收入比非在婚男性要高出34.3%，在控制其他变量的情况下，在婚男性工资溢价为6.8%。家庭内部分工、婚后责任感、婚前选择均无法对这一工资溢价现象作出解释。妻子的“相夫效应”是导

---

① 吴明琴、董志强：《产业集聚如何影响员工薪酬：基于制造业的实证研究》，载《经济评论》2016年第4期。

② 梅新想、刘渝琳：《劳动力流动和政府保护的工资上涨效应》，载《经济科学》2016年第1期。

③ 王湘红、汪根松：《最低工资对中国工人收入及分配的影响——基于CHNS数据的经验研究》，载《经济理论与经济管理》2016年第5期。

④ 杨娟、李实：《最低工资提高会增加农民工收入吗?》，载《经济学（季刊）》2016年第4期。

致男性婚姻溢价的原因，妻子受教育程度与收入水平越高，则妻子“相夫”能力越强，男性婚姻溢价也越高①。

二、居民收入差距

收入差距一直是学者们关注的热点问题，而且近些年来呈上升趋势，特别是2016年我国的基尼系数在过去几年连续下降的情况下出现一定程度的反弹，更引起了学者们的高度关注。

（一）居民收入差距变动趋势判断

学者们基于库兹涅茨曲线拐点的测算对我国收入差距未来的变动趋势进行了判断和预测，但由于研究的方法不同得出的结论也存在明显分歧，主要观点有：

1. 我国尚未到达库兹涅茨拐点

基于经济发展水平与收入差距的关系测算库兹涅茨拐点，邵宜航等认为，我国经济发展水平与收入差距的倒“U”拐点位于人均GDP8.98万元处，而我国目前的人均GDP为4.19万元，② 我国尚未到达库兹涅茨拐点，从而揭示了未来较长一段时间我国收入差距仍然处于不断扩大的趋势之中。

2. 我国已经跨过库兹涅茨拐点

认为我国已经跨过库兹涅茨拐点的研究主要从两个角度展开：

第一，基于产业结构和城市化水平与收入差距的关系。学者们通过测算认为，我国已经越过库兹涅茨拐点，从而收入差距进入下降阶段，但对于到达拐点的时间，存在不同意见。邵红伟等实证估算认为，我国非农产业占比的拐点在80%左右，城市化水平拐点在50%以上。我国大致在

---

① 王智波、李长洪：《好男人都结婚了吗？——探究我国男性工资婚姻溢价的形成机制》，载《经济学（季刊）》2015年第3期。

② 邵宜航、汪宇娟、刘雅南：《劳动力流动与收入差距演变：基于我国城市的理论与实证》，载《经济学家》2016年第1期。

2011年以后进入库兹涅茨拐点区，收入差距会在一定时期内维持稳定。[①]穆怀中等研究认为，当城镇化水平达到49.26%～54.12%时，城镇化水平与城乡收入差距将处于倒“U”型的右侧下降阶段，当产业结构优化指标达到0.6390～0.7836时，城乡收入差距出现缩小趋势。但从达到拐点的时间来看，他们认为，从城镇化角度看，2009年以后我国进入城镇化水平上升和收入差距缩小的阶段；从产业结构角度判断，2006年之后我国进入产业结构优化而城乡收入差距缩小的阶段。[②]

第二，基于金融发展与收入差距的关系。张昭等认为，我国当前金融发展对城乡收入不平等的影响呈现显著的负向作用，即随着金融发展程度的提高，收入不平等程度会有所降低，说明中国目前已经跨越金融发展与收入不平等的倒“U”型关系的顶点，开始走向良性发展阶段。[③]

（二）居民收入差距的影响因素

学者们不断从新的视角拓展对居民收入差距影响因素的研究，丰富居民收入差距的理论分析框架，为缩小居民收入差距提供新的思路。

1. 区域性因素

江春等根据八大经济区产业模式的耦合程度进行有效划分，将我国30个省份分为4个综合经济区，即大西北、大西南、中北和中南综合经济区。研究发现，大西南综合经济区城乡收入差距的平均水平高于大西北综合经济区、中北综合经济区和中南综合经济区，意味着大西南综合经济区收入分配不平等的程度整体较大，其中对于该经济区中的个体地区而言，云南的泰尔指数平均值最大，达到0.164，表明云南收入分配严重不公，而新疆城乡收入差距的平均值最小，为0.016，表明新疆收入分配相对公平。[④]

---

① 邵红伟、靳涛：《收入分配的库兹涅茨倒U曲线——跨国横截面和面板数据的再实证》，载《中国工业经济》2016年第4期。

② 穆怀中、吴鹏：《城镇化、产业结构优化与城乡收入差距》，载《经济学家》2016年第5期。

③ 张昭、王爱萍：《金融发展对收入不平等影响的再考察——理论分析与经验数据解释》，载《经济科学》2016年第5期。

④ 江春、司登奎、苏志伟：《中国城乡收入差距的动态变化及影响因素研究》，载《数量经济技术经济研究》2016年第2期。

何宪以公务员工资为例研究也发现，不同地区公务员之间也存在巨大的收入差距。他指出，1952～1993 年，工资区制度的建立，先缩小地区间公务员的收入差距，后随着改革开放的实施，地区之间的经济发展差距逐步增大，地区之间的工资差异也开始增加。1993 年国家对机关事业单位工资制度实施改革，将地区工资关系分为艰苦边远津贴和地区附加津贴，但是地区附加津贴制度至今一直没有建立起来。1993～2005 年间，地区公务员工资差距逐步扩大。2006 年，我国实行工资制度改革和清理规范津贴补贴，地区间公务员收入差距过大的状况取得了明显改善。①

2. 收入分配政策

第一，税制改革。倪红福等利用 CFPS 微观数据考察了“营改增”前后增值税与营业税对收入差距的影响，“营改增”前增值税和营业税两类税收均恶化了收入分配，增值税的累退性较强，因此其恶化程度远大于营业税。“营改增”后，若维持现行征管能力，新税收制度略微改善了收入分配状况，一旦税收征管能力大幅提升，由于增值税的累退性较强，将进一步加剧居民税收负担，恶化收入分配。②

第二，社会保障制度。现行的社会保障制度在一定程度上起到了缓解收入差距扩大、调节收入分配的作用，但是由于存在政策宣传不到位、覆盖面不足、发展不均衡、设计不完善等问题，其效果还不理想。③ 同时，现行养老保险制度也存在缴费率偏高和养老保险基金缺口较大的双重问题，而划拨国有资本收入补充养老保险和提高社保费率是解决这一双重问题的重要举措。高奥等研究发现，提高划拨国有资本收入补充养老保险会加剧收入不平等，但同时也显著提升了社会人均福利水平，而提高社保费率降低了收入不平等，但也降低了人均福利水平，通过配合实施划拨政策和调整社保费率能够同时实现改善社会福利水平和降低收入不平等的政策目标。④

第三，再分配政策。与发达国家的经验对比发现，我国与发达国家之

---

① 何宪：《公务员地区之间工资关系研究》，载《经济理论与经济管理》2016 年第 2 期。

② 倪红福、龚六堂、王茜萌：《“营改增”的价格效应和收入分配效应》，载《中国工业经济》2016 年第 12 期。

③ 王延中、龙玉其、江翠萍、徐强：《中国社会保障收入再分配效应研究——以社会保险为例》，载《经济研究》2016 年第 2 期。

④ 高奥、谭娅、龚六堂：《国有资本收入划拨养老保险、社会福利与收入不平等》，载《世界经济》2016 年第 1 期。

间市场收入基尼系数的差距并不大，但我国可支配收入基尼系数明显高于发达国家。因此，政府收入再分配政策效果不明显是导致我国居民收入分配不平等状况较发达国家严重的主要原因。通过增加对低收入群体的转移性支出并且提高个人所得税平均税率等财税政策才是解决我国收入分配不平等问题的关键所在[①]。郭庆旺等实证研究发现，政府转移性支出可使居民整体、城镇居民和农村居民的收入不平等程度分别缩小 10.53%、21.1%和2.37%，政府转移性支出对城镇居民收入的再分配效应大于农村居民，主要原因在于社会保障制度在城镇地区的覆盖范围和保障水平远超过农村地区。政府转移性支出对中等收入群体的收入再分配效果最为明显，其效果大大强于个人所得税，而在政府转移性支出中，养老金或离退休金的作用效果又明显强于社会救济。[②]

3. 金融发展

张昭等指出，金融发展与城乡收入不平等之间也呈现倒“U”型关系：金融发展的初级阶段，大多数个体信贷约束相对较高，总体信贷规模较低，因而个体收入会收敛到较低的均衡（即贫困陷阱），此时收入不平等程度较低，但大多数并未通过金融市场受益；金融发展的高级阶段，大多数个体信贷约束相对较低，总体信贷规模较高，大多数个体通过融资能力的扩大而从金融市场受益，因而个体收入收敛到较高均衡，收入不平等程度也较低；金融发展的中级阶段，投资领域分割和信贷约束将个体分为不同群体，信贷规模并不是很高，个体收入趋向于收敛到多重均衡，因而收入不平等程度较高。[③]

从农村来看，金融发展有利于降低农村收入不平等程度。张晓云等指出，放宽农村地区金融准入条件带来了农村金融包容程度的增加，有效改善了中低收入群体的收入状况，显著降低了农村地区收入不平等程度。新增金融包容通过放松具有企业家才能的农村居民所面临的金融约束，促使其选择具有比较优势的职业或行业，特别是选择从事具有较低资金准入门

① 蔡萌、岳希明：《我国居民收入不平等的主要原因：市场还是政府政策?》，载《财经研究》2016 年第 4 期。

② 郭庆旺、陈志刚、温新新、吕冰洋：《中国政府转移性支出的收入再分配效应》，载《世界经济》2016 年第 8 期。

③ 张昭、王爱萍：《金融发展对收入不平等影响的再考察——理论分析与经验数据解释》，载《经济科学》2016 年第 5 期。

槛的产业，从而提高其收入水平，进而降低了农村地区的收入不平等程度①。

4. 人力资本和户籍歧视

王静等运用2013年全国流动人口动态监测数据研究发现，除人力资本差距外，户籍歧视也是造成本地工人与农民工工资差距的原因。与本地工人相比，农民工在教育回报和职业分布上存在劣势：一方面，相对好的职业对就业者人力资本水平要求较高，本地工人占据优势；另一方面，农民工在职业选择上存在劣势，如许多工作要求“本地户口”就是户籍歧视的很好证明。② 歧视导致的城镇户籍与农村户籍劳动力工资差异中不可解释部分所占比例在国有企业最高，在民营企业最低，也就是说对农村户籍劳动力的工资歧视在国有企业中表现最为严重。③

在人力资本方面，邵宜航等研究发现，流动劳动力受教育程度对城市内部收入差距的影响存在门槛效应。流动劳动力对城市内部收入差距的影响以教育素质0.5为临界值，当流动劳动力中接受高等教育的比例未达到0.5时，劳动力流动会导致城市收入差距扩大，当流动劳动力中接受高等教育的比例超过一半时，劳动力流动则可能缩小城市内部收入差距，由于目前我国流动劳动力的整体受教育水平较低，劳动力流动仍然会扩大城市内部收入差距。④

5. 出口和服务外包

第一，企业对高收入目的国市场出口行为拉大了工资差距，杜威剑等利用2000～2007年工业企业与中国海关的匹配数据研究发现，为了拓宽高收入国家出口市场，对与我国文化差异较大的高收入国家出口会提高企业服务成本，并刺激企业加大研发投入，提高企业新产品的占比，从而增

① 张晓云、范香梅、辛兵海：《机构准入、金融包容与收入分配》，载《中国农村观察》2016年第6期。

② 王静、张卓、武舜臣：《双重分割视角下城市劳动力市场工资差异比较分析——基于2013年八城市流动人口动态监测数据》，载《南开经济研究》2016年第2期。

③ 常进雄、赵海涛：《所有制性质对农村户籍劳动力与城镇户籍劳动力工资差距的影响研究》，载《经济学（季刊）》2016年第2期。

④ 邵宜航、汪宇娟、刘雅南：《劳动力流动与收入差距演变：基于我国城市的理论与实证》，载《经济学家》2016年第1期。

加对技术工人的需求，扩大出口企业内部工人的工资差距。[①]

第二，承接离岸服务外包扩大了工资差距。郭沛等利用世界投入产出数据库数据研究发现，中国承接离岸服务外包扩大了中国不同技术劳动者的工资报酬差距，中国承接服务行业离岸服务外包对中国不同技术劳动者工资报酬差距的作用大于其所承接的货物贸易行业离岸服务外包。[②]

6. 垄断

垄断除直接引起的工资差距外，还通过提高分配的不公正性和垄断高价间接影响收入分配。垄断性企业与竞争性企业间工资差距中的不合理部分比重将近50%，且不合理部分的比重随着收入分位点的提高而增加。[③]此外，垄断产品高价所导致的广大消费者的福利减少也是当前中国行业垄断收入分配效应的重要组成部分。垄断高价直接增加了消费者的消费支出、降低了消费者的福利水平，从而间接影响了居民的收入分配。垄断高价导致消费者消费支出增加，产生额外负担，垄断行业所提供的产品和服务多为居民基本消费品，导致垄断对消费者产生的额外负担偏向低收入人群，额外负担占低收入家庭收入的比重较高，导致收入越低的家庭为垄断付出的相对代价越大。[④]

7. 发展战略导向下的政策倾斜

不同发展战略下的异质性政策使得政策出现倾斜，导致居民群体收入差距扩大。获得政策优惠的居民群体在劳动工资收入或资本利息收入等初次分配收入以及转移支付收入等再分配收入上或者综合起来进账更多；相反，承担政策成本的居民群体在这些方面或者综合起来进账更少。如果政策异质性过大，即政策倾斜过度，则会导致不同群体之间的两极分化。付才辉研究发现，政策倾斜程度存在一个警戒线，当政策倾斜程度不触及警戒线时就可以避免群体之间的两极分化，一旦触及警戒线必将引致两极分

---

① 杜威剑、李梦洁：《出口与企业内部工资的“剪刀差”：目的国市场的影响》，载《产业经济研究》2016年第5期。

② 郭沛、李亚成：《中国承接离岸服务外包的工资差距效应——基于世界投入产出数据库数据的再检验》，载《经济学家》2016年第2期。

③ 聂海峰、岳希明：《对垄断行业高收入合理性问题的再讨论——基于企业—职工匹配数据的分析》，载《财贸经济》2016年第5期。

④ 聂海峰、岳希明：《行业垄断对收入不平等影响程度的估计》，载《中国工业经济》2016年第1期。

化。改革开放之前，我国的政策倾斜程度触及警戒线，引发了城乡收入分布和消费分布的长期两极分化。而改革开放之后二十年的发展战略的政策倾斜程度比改革开放之前轻微很多，通过先富带动后富的涓滴效应，缓和了城乡两极分化，但是由于没有进行动态调整，收入群体出现固化，恶化了公平分配。①

8. 财产性收入

财产性收入不平等保持上升趋势，是扩大收入差距的主要原因，收入结构中财产性收入份额越高，越不利于收入不平等程度的下降。② 这是因为，家庭财务杠杆使得财富增长存在“马太效应”，总资产较高家庭的资产收益率更高且负债成本更低，因此财务杠杆使得富裕家庭财富增长更快，而由于信息不对称，总资产较低家庭的融资成本更高，无法通过家庭财务杠杆的作用获得较高的资产收益率，导致家庭财富差距不断扩大。尤其是在房地产和股票等资产价格快速上涨的阶段，充分利用住房抵押贷款、融资等财务杠杆手段的家庭财富增长地更加迅速，不同家庭之间的财富差距进一步扩大。③ 财产性收入差距对整体收入不平等的贡献率已经接近或达到10%，其中租金收入和金融资产投资收益作为居民财产性收入的主要来源，也是推动财产性收入差距扩大的主要因素。④ 另外，要素市场扭曲显著提高了城镇居民的财产性报酬水平，但是抑制了城镇居民获取财产性收入的机会。总之，要素市场扭曲对我国目前城镇居民收入分配不平等产生了不利影响。⑤

同样，在农村地区，财产性收入也拉大了农户收入差距。2003～2010年间，农户收入差距持续扩大的趋势虽有所收敛，但除工资性收入的增加会降低农户总收入不平等外，经营性收入、财产性收入和转移性收入的增

---

① 付才辉：《市场、政府与两极分化——一个新结构经济学视角下的不平等理论》，载《经济学（季刊）》2016年第1期。

② 杨天宇、曹志楠：《中国的基尼系数为什么下降——收入来源角度的分析》，载《财贸经济》2016年第11期。

③ 吴卫星、邵旭方、陶利斌：《家庭财务不平等会自我放大吗？——基于家庭财务杠杆的分析》，载《管理世界》2016年第9期。

④ 宁光杰、雒蕾、齐伟：《我国转型期居民财产性收入不平等成因分析》，载《经济研究》2016年第4期。

⑤ 蒋含明：《要素市场扭曲如何影响我国城镇居民收入分配——基于CHIP微观数据的实证研究》，载《南开经济研究》2016年第5期。

加均会扩大农户总收入不平等。①

9. 收入流动性

一般认为，代际流动性越高则不平等程度越低，但这一结论本身指的是经济体处在稳态时代际流动性与不平等程度之间的关系，在我国则存在代际流动性和不平等程度同时上升的矛盾现象。徐俊武等通过区分代际流动性的长期值和短期值，并引入人力资本积累过程中的不确定性后发现，短期内我国人力资本积累不确定性的剧烈上升，造成代际流动性与收入不平等程度短期内同时上升。②

三、收入流动性

（一）收入流动性的新变化

第一，城镇家庭代际流动水平不断下降，高低收入群体固化现象更为严重。丁亭亭等运用中国家庭收入项目调查（CHIP）1988 年、1995 年、2002 年及 2007 年独生子女样本，使用 Jorgenson - Fraumeni 未来终生收入法估算我国城镇的代际收入流动性。研究发现，中国城镇代际收入流动水平不断下降，也就是说中国城镇的社会利益结构趋于固化，并且与其他国家相比，代际收入流动水平相对较低。不同收入水平的群体代际收入流动水平差别较大，收入水平分布两端尾部的群体的代际收入流动水平较低，且高收入群体的代际流动性可能因为高收入居民的统计遗漏而被高估，实际流动水平可能更低。③

第二，农村家庭低收入阶层流动性增强，高收入阶层稳固其地位的能力增强。申云以 1997 年重庆成为直辖市和 2006 年全面免除农业税为节点，采用五分位数法计算不同收入阶层的收入流动水平变化。研究发现，

---

① 程名望、JinYanhong、盖庆恩、史清华：《中国农户收入不平等及其决定因素——基于微观农户数据的回归分解》，载《经济学（季刊）》2016 年第 3 期。

② 徐俊武、黄珊：《教育融资体制对代际流动性与不平等程度的动态影响：基于 OLG 模型的分析》，载《财经研究》2016 年第 8 期。

③ 丁亭亭、王仕睿、于丽：《中国城镇代际收入流动实证研究——基于 Jorgenson - Fraumeni 未来终生收入的估算》，载《经济理论与经济管理》2016 年第 7 期。

1986～2007年收入最低的20%的农户收入惯性率为0.468，1997～2006年降至0.442，之后进一步降至0.396，这表明最低收入阶层的农户流动性在增强。而收入最高的20%农户三个时期的惯性率分别为0.371、0.392、0.523，高收入阶层农户家庭流动性恶化，固化自身收入的能力不断增强[①]。

第三，贫困存在严重的代际传递现象。卢盛峰等利用中国营养与健康调查（CHNS）数据，采用ArcGIS地图和收入流动矩阵等技术分析中国贫困代际传递在时间上的动态趋势和地理上的空间分布，研究发现我国贫困的代际传递性严重，这一现象主要分布于中部、西部等经济落后地区[②]。

（二）代际收入传递机制

1. 代际收入传递机制类别

杨新铭等指出，代际收入传递主要有三种机制：直接传递，即父母将收入直接向子女转移；人力资本传递，即父母通过对子女进行教育等人力资本投资，提高子女能力，从而提高子女收入；工作选择传递，即父母通过影响子女工作选择影响子女收入。在传递路径选择上，父亲和母亲的选择存在差异。父亲主要是通过人力资本传递机制影响子女的收入，此外还可以影响子女的工作选择；母亲则主要是通过直接传递和人力资本传递两种机制影响子女的收入，其中更倾向于通过直接传递的方式[③]。

卓玛草等将社会资本扩展到代际收入传递的途径中，认为代际收入传递的主要途径是人力资本，其次是社会资本。而对于父代外出务工的农民工家庭，代际职业传递和社会资本传递加强了代际间收入传递，其中代际职业传递路径的贡献率最高。[④]

---

① 申云：《农户家庭收入流动水平的结构差异及其影响因素分析——基于“远亲”与“近邻”的视角》，载《经济理论与经济管理》2016年第6期。

② 卢盛峰、潘星宇：《中国居民贫困代际传递：空间分布、动态趋势与经验测度》，载《经济科学》2016年第6期。

③ 杨新铭、邓曲恒：《城镇居民收入代际传递现象及其形成机制——基于2008年天津家庭调查数据的实证分析》，载《财贸经济》2016年第11期。

④ 卓玛草、孔祥利：《农民工代际收入流动性与传递路径贡献率分解研究》，载《经济评论》2016年第6期。

2. 人力资本传递机制

虽然一般都认为人力资本传递是收入代际传递的主要机制，然而，人力资本的水平不同，其收入传递效应却存在差异。

第一，高等教育。作为人力资本最主要的体现，高等教育的代际收入传递效应并不高。张明等基于2013年中国综合社会调查（CGSS2013）数据的研究发现，接受过高等教育的居民，确实拥有更高的社会阶层评估，但若剔除家庭背景带来的接受高等教育机会的差距，高等教育促进社会阶层流动的能力明显弱化。高等教育变量的贡献率不到10%，撇去高等教育的代际传递效应后，净效应更低。东部地区有微弱的证据显示，高等教育带来的社会阶层提升效应正在展现，说明随着经济发展和市场化改革的推进，高等教育打破社会分层的效果有可能会强化。①

第二，金融知识。王正位等利用2014年中国消费金融调查（CSCF）数据研究发现，较高金融知识水平的个体往往在金融市场上表现更好，国内居民金融知识水平差异较大，金融知识的提高有助于低收入家庭跃迁至高收入阶层。随着金融行业的蓬勃发展以及许多投资决策权从中央向个人的转移，个体对其家庭资产负债表的管理与金融市场的联系变得愈发紧密，那些拥有足够金融知识储备的家庭更可能有效地把握住新的投资机会，实现其收入水平的相对上升。②

四、减贫政策效果评估

2016年是五年脱贫攻坚的开局之年，未来更有效地实现2020年全面脱贫，学者们重点关注了减贫政策效果，对各项减贫政策效果进行了评估，为提高减贫政策效果提供完善建议。

（一）“八七扶贫攻坚计划”减贫效果

王艺明选取贵州、甘肃、内蒙古和河北四省区158个县1978～2012

---

① 张明、张学敏、涂先进：《高等教育能打破社会阶层固化吗？——基于有序probit半参数估计及夏普里值分解的实证分析》，载《财经研究》2016年第8期。

② 王正位、邓颖惠、廖理：《知识改变命运：金融知识与微观收入流动性》，载《金融研究》2016年第12期。

年的样本数据，考察1994年实施的“八七扶贫攻坚计划”对各贫困县的政策效应。研究结果发现，“八七计划”对约61%的贫困县产生了长期政策效应，这些贫困县的农民人均纯收入不但会在短期内发生激增，而且该效应在长期内依然显著，能够实质性缓解贫困状况。而对于政策效应不显著的贫困县，由于其地理环境更为恶劣，自然资源更为短缺，经济发展更为缓慢，使得“八七计划”的扶贫资金仅能在一定程度上缓解其贫困现状，无法从根本上消除贫困根源。①

（二）联合国国际农业发展基金减贫效果

帅传敏等指出，联合国国际农业发展基金（IFAD）项目对中国农村贫困人口减贫的作用显著，9省份项目实施期内有387646人摆脱了贫困。该项目通过土地改良、林业及草场畜牧业和自然资源的养护等活动，有效提高了农业生产率，强化了贫困户的风险抵御能力，并通过教学设施、技能培训等投入，以及妇女协会和妇女信贷等措施，提高了贫困人口的社会资本水平与妇女赋权。②

（三）公共教育投资减贫效果

公共教育投资对消除贫困具有显著影响，但会随着经济发展而趋向减弱。林迪珊等利用61个发展中国家1988~2012年的面板数据，研究公共教育投资对缓解人口贫困的影响。研究发现，公共教育投资对消除贫困具有显著作用，但在缓解贫困深度方面，其效力显然不如缩小贫困广度，说明与贫困广度问题相比，贫困深度问题更为根深蒂固，更加难以破解。随着一国经济发展水平的提高，公共教育投资对消除贫困的作用将减弱。因此，当经济发展到一定水平时，反贫困的思路、战略和措施也应适时调整，教育扶贫必须同其他政策工具相配合，以期形成更加有效的合力。③

---

① 王艺明、刘志红：《大型公共支出项目的政策效果评估——以“八七扶贫攻坚计划”为例》，载《财贸经济》2016年第1期。

② 帅传敏、李文静、程欣、帅竞、丁丽萍、陶星：《联合国IFAD中国项目检品效率测度——基于7省份1356农户的面板数据》，载《管理世界》2016年第3期。

③ 林迪珊、张兴祥、陈毓虹：《公共教育投资是否有助于缓解人口贫困——基于跨国面板数据的实证检验》，载《财贸经济》2016年第8期。

（四）部分精品扶贫项目减贫效果

1. 社会众筹扶贫模式的扶贫效果

虽然我国农村贫困人口近期面临总体数量下降的趋势，但是贫困人口在地理位置的分散，为政府扶贫工作带来了新的困难。通过互联网向社会募资，定向发起扶贫项目的社会众筹扶贫模式可精确定位贫困对象，有效扶持扶贫项目，全面实现城乡资源之间的流动和互补。通过将社会众筹扶贫纳入到精准扶贫的工作体系，建立社会众筹扶贫的动员和参与机制，利用众筹平台引导社会富裕资源向贫困地区流动，建立健全社会众筹扶贫的法律制度和监管机制，运用产品（服务）式、公益式、股权式和债权式扶贫模式，有利于实现社会众筹扶贫模式。①

2. 链式融资模式的扶贫效果

链式融资对农户产业扶贫的益贫效果整体较好。贫困农户组参与产业扶贫和使用链式融资的比例都比非贫困农户组高。四川、重庆、江西三省2013年和2015年贫困县的调研数据显示，与农户直接向金融机构获取信贷资金相比，农户在产业扶贫的基础上进行链式融资的减贫效果更好。其中，采用“金融机构信贷→龙头企业（产业支撑）→农户”和“金融机构→专业合作社（生产服务）→农户”模式的在基期贫困户和非贫困户中都存在显著的益贫效果；“金融机构→农户”模式对贫困户和非贫困户的减贫效果都不明显，说明商业性金融机构“嫌贫爱富”的存在，纯粹依靠单独松散式农户信贷扶贫是无效的。②

---

① 毕娅、陶君成：《基于城乡资源互补的社会众筹扶贫模式及其实现路径研究》，载《管理世界》2016年第8期。

② 申云、彭小兵：《链式融资模式与精准扶贫效果——基于准实验研究》，载《财经研究》2016年第9期。

第五章　对外贸易与贸易政策问题研究新进展

2016 年是我国对外贸易发生巨大变化的一年，虽然世界经济低增长局面没有发生根本性改变，但随着“一带一路”合作倡议的各项政策逐步得到落实，国际产能和装备制造合作进入实施阶段，对外贸易与对外投资相互促进的格局正在形成，为加快对外贸易新业态发展、进一步优化贸易结构增添了新的动能。学界对当前我国对外贸易中的热点问题进行了深入分析，取得了如下一些新的进展。

一、中国对外贸易进出口的测算和分析

2016 年，我国对外贸易进出口情况主要表现为：一方面进出口逐季回稳，第四季度进、出口均实现正增长；另一方面一般贸易进出口增长，比重提升，贸易方式结构有所优化。我国对外贸易发展在主要产品结构、出口地区、市场业态、贸易方式、市场主体等方面继续优化和改善，正在由贸易大国向贸易强国迈进。学界对我国对外贸易进口和出口状况从各方面进行了测算和分析。

（一）中国对外贸易进口状况评估

1. 中国进口商品结构变化的估算

魏浩等通过构建新的国际贸易商品结构分析框架分析认为：（1）2000 ~ 2014 年，非农业型初级产品、高技术产品在中国进口总额中所占份额大幅度增加，进口整体技术水平表现为先下降、后上升态势，2007 年以后

整体进口技术水平逐步提高。（2）高技术产品一直占据世界进口市场份额的20%左右，但中国直到2012年才基本达到世界整体水平。（3）除农业型初级产品进口外，发展中国家在中国其他各类产品进口中所占比例之和基本上都低于25%；发达国家在中国的中高、高、特高技术产品等进口中所占比例之和一直都在50%以上。①

2. 中国进口需求弹性的再计算

顾振华等借助凯（Kee et al.，2008）提出的半弹性超越对数GDP函数分析法，对中国各产品和行业的进口需求弹性进行了不同于以往研究的再计算。结果表明：中国的大多数进口产品并不缺乏弹性；最终产品无论是消费品还是资本品都较初级产品和中间产品更富有弹性；贸易限制指数和无谓损失都呈现出先低后高走势，2008年金融危机是趋势改变的转折点，贸易保护宽度是影响它们最主要因素。②

3. 中间品进口对企业的影响

中间品进口对企业的影响逐渐成为学界关注的热点问题。许家云等指出，中间品进口显著延长了企业的经营持续时间，中间品进口对企业经营持续时间的正向作用与进口中间品的质量水平呈正比，并且中间产品进口对双向贸易企业生存持续期的影响大于单向贸易企业，对加工贸易企业生存持续期的影响大于一般贸易企业。相比于异质性产品行业的企业，中间产品进口对同质性产品行业中企业生存的积极影响更大，而高质量的中间品进口和双向贸易模式可以进一步强化上述作用。③ 马述忠等指出，一般贸易中间品进口不具有促进作用，与来料加工中间品进口相比，进料加工中间品进口促进作用更加显著和稳健。④ 李秀芳等认为，理论上，进口中间品多元化可以通过边际成本、固定成本等渠道影响出口产品质量，并受限于企业自身的吸收能力。⑤

---

① 魏浩、赵春明、李晓庆：《中国进口商品结构变化的估算：2000~2014年》，载《世界经济》2016年第4期。

② 顾振华、沈瑶：《中国进口需求弹性的再计算》，载《国际贸易问题》2016年第4期。

③ 许家云、毛其淋：《中国企业的市场存活分析：中间品进口重要吗?》，载《金融研究》2016年第10期。

④ 马述忠、吴国杰：《中间品进口、贸易类型与企业出口产品质量——基于中国企业微观数据的研究》，载《数量经济技术经济研究》2016年第11期。

⑤ 李秀芳、施炳展：《中间品进口多元化与中国企业出口产品质量》，载《国际贸易问题》2016年第3期。

（二）中国对外贸易出口状况

1. 中国出口的增加值

韩中通过测算中国各行业的增加值出口规模指出，中国总出口中国外成分（VS）所占比例为21.77%，高于美国、日本等发达国家；中国传统出口规模较小的农业、狩猎业、林业及渔业、采掘业和服务行业，通过将行业产出用于制造业行业产品的生产，从而实现本行业的增加值出口，其增加值出口规模位居行业前列；北美地区、欧盟地区是中国增加值出口的主要吸收地，发达国家（如美国、日本、德国）和金砖国家（如印度）的国内最终需求对中国GDP的拉动效应显著。①

苏庆义在全球价值链基础上考虑国内价值链，首次构建了一国内部地区出口增加值的分解框架，并据此框架进行中国省级出口的增加值分解及应用研究。结果表明：（1）各省出口价值来源中，本地增加值份额最高，回流增加值份额最低，国内垂直专业化份额和国际垂直专业化份额居中；各省经济发展水平和本地增加值份额及国际垂直专业化份额分别呈很强的负相关和正相关关系。（2）以增加值出口衡量的各省出口差距明显缩小；具有比较优势的省份——产业往往也更有优势为其他省份提供出口增加值；中国出口的低本地增加值率主要源于沿海省份制造业的增加值出口和总值出口之比较低。（3）以增加值出口和以总值出口衡量的显性比较优势呈现差异，对于许多省份——产业而言，比较优势甚至发生了逆转；对于大部分省份而言，以增加值出口衡量的出口专业化程度要低于以总值出口衡量的出口专业化程度。②

2. 中国出口产品的质量阶梯

陈丰龙测算了中国27个制造业行业的出口产品质量指数及其质量阶梯后指出：一方面中国制造业出口产品的质量指数总体相对较低，技术密集型行业的出口产品质量指数略高于资本密集型行业和劳动密集型行业；另一方面中国制造业出口产品质量阶梯整体平均较长，其中技术密集型行

---

① 韩中：《全球价值链视角下中国总出口的增加值分解》，载《数量经济技术经济研究》2016年第9期。

② 苏庆义：《中国省级出口的增加值分解及其应用》，载《经济研究》2016年第1期。

业最长，资本密集型行业和劳动密集型行业略短。[①]

3. 中国高技术产品出口比较

钟建军对“中国超越日本成为亚洲最大高技术产品出口国”这一现象进行了深入探讨，指出中国高技术产品出口仅仅在数量边际上超过了日本，价格边际抑或产品质量仅为日本的四成；中国高技术产品出口高速增长主要由集约边际推动，扩展边际贡献接近于零。降低出口固定成本，积极参与区域贸易规则的建设和全球经济合作，对提高中国高技术产品出口价格边际和数量边际具有重要意义。[②]

二、中国对外贸易的影响因素

从以上进出口贸易的情况可以看出，我国对外贸易正处于增速的换挡期和结构转型期，从高速增长阶段进入到中高速增长区间。2016 年学界对影响中国对外贸易的诸多因素进行了详细探讨。

（一）贸易自由化

余淼杰等利用中国进口中间品关税豁免的特性，创新性地运用倍差法，提出了中间品关税下降显著地提高了一般贸易中进口中间品的质量这一结论。进口关税下降一方面通过提升中间品质量提升了企业生产率，另一方面贸易自由化引起我国进口中间品质量提升，这势必引起国内产品以及出口品的质量提升，这将对我国在全球价值链上向上提升有重大影响。在政策上进一步加大贸易开放，对我国制造业转型升级，经济可持续发展发挥关键性作用。[③]

自由贸易园区是对外开放政策的核心载体，解释自由贸易园区对腹地对外贸易的促进作用，已成为当今国际贸易领域学者们探究的重点。叶修

---

① 陈丰龙、徐康宁：《中国出口产品的质量阶梯及其影响因素》，载《国际贸易问题》2016 年第 10 期。

② 钟建军：《中国高技术产品出口真的超过日本了吗——基于三元边际分解的实证分析》，载《国际贸易问题》2016 年第 11 期。

③ 余淼杰、李乐融：《贸易自由化与进口中间品质量升级——来自中国海关产品层面的证据》，载《经济学（季刊）》2016 年第 3 期。

群指出，我国自由贸易园区的设立对出口贸易的促进作用显著且呈强化趋势，其功能的多元化将有利于进口贸易的发展。对于东部地区，自由贸易园区功能的多元化将有利于对外贸易发展，其功能的多元化和管理的便利化将增大其出口贸易效应，但对进口贸易没有显著影响。对于中部地区，自由贸易园区的大量设立会导致其贸易效应不显著，其功能的多元化和管理的便利化作用尚未显现。对于西部地区，自由贸易园区的贸易效应显著，但具有明显弱化趋势。因而东中西部自由贸易园区的建设和发展应因地制宜，在“一带一路”倡议中发挥出各自的特色和优势。①

（二）贸易便利化

吴小康等指出，进口国通关成本越高，中国对其出口越少。通关成本的作用在不同环节、国家和产品层面表现出差异性，且其对出口扩展边际有负面影响，对出口单价有正面影响。除了依靠多边贸易规则协调，中国也应借助双边或区域自由贸易协定，共同推进贸易便利化改革，加强货物通关手续简化和境内交通基础设施方面的合作。②

谭晶荣等通过运用引力模型分析了贸易便利化程度对中国农产品出口产生的影响，指出“一带一路”经济带沿线贸易伙伴国的国内生产总值、人口规模、市场开放程度、是否同为中亚区域经济合作组织（CAREC）成员等是影响中国对丝绸之路经济带沿线国家农产品出口贸易的重要因素，推动贸易便利化是促进丝绸之路经济带沿线国家贸易共同发展的重要途径。③

（三）知识产权保护

魏浩认为，从整体上看，中国国内专利保护程度的提升会增加高新技术产品的进口，但是这种效应对于从专利保护指数较低国家、发展中国家的进口更明显。中国国内专利保护强度提升对高新技术产品进口的促进效

---

① 叶修群：《“一带一路”战略下我国自由贸易园区的贸易效应研究》，载《广东财经大学学报》2016 年第 2 期。

② 吴小康、于津平：《进口国通关成本对中国出口的影响》，载《世界经济》2016 年第 10 期。

③ 谭晶荣、潘华曦：《贸易便利化对中国农产品出口的影响研究——基于丝绸之路沿线国家的实证分析》，载《国际贸易问题》2016 年第 5 期。

应高于世界平均水平。中国专利保护强度提升会显著提高进口产品广度和进口产品数量。中国国内产权保护程度提升对中国从发达国家进口航空器材、电子通信设备、医药制品、科学设备、电力机械、化学材料、武器与军用设备的促进作用是显著的正效应。①

杨珍增指出，东道国知识产权保护不足会导致跨国公司倾向于将简单的生产环节安排至该国，从而形成东道国垂直专业化水平偏高现象；而知识产权保护水平提高会吸引跨国公司将更多复杂生产环节安排至该国完成，促进本国增加值在出口中的比重上升，垂直专业化比率下降；对于那些对知识产权保护依赖度较高的行业，完善知识产权保护对解决垂直专业化比率偏高问题具有更好的效果。②

（四）融资约束

许明通过研究测度验证了市场竞争、融资约束对企业出口产品质量的影响效应后认为：第一，市场竞争和融资约束的相互作用最终导致实际出口产品质量低于有效出口产品质量达20.36%；第二，企业的实际出口产品质量不同程度地低于有效出口产品质量，这一局面并未随着企业特征分组而明显改善；第三，在市场竞争和融资约束共同作用下，IV和OLS估算的实际出口产品质量分别偏离有效出口产品质量边界20.39%和26.09%。解决出口产品“中国制造”困局，要充分发挥市场在资源配置中的决定性作用，着力解决初创期企业的“融资难”“融资贵”问题。③

（五）产业集聚

张国峰等通过研究发现：产业集聚的沟通外部性会显著影响出口的集约边际和扩展边际，而且越是依赖沟通和社交的行业，其作用效果越强；沟通外部性对企业出口的作用随地理距离的增加而递减；与加工贸易相

① 魏浩：《知识产权保护强度与中国的高新技术产品进口》，载《数量经济技术经济研究》2016年第12期。

② 杨珍增：《知识产权保护与跨国公司全球生产网络布局——基于垂直专业化比率的研究》，载《世界经济文汇》2016年第5期。

③ 许明：《市场竞争、融资约束与中国企业出口产品质量提升》，载《数量经济技术经济研究》2016年第9期。

比，沟通外部性对一般贸易出口的促进作用更显著。①

刘洪铎指出，产业集聚对出口技术复杂度具有重要影响。他用2002～2011年我国的省际面板数据进行实证检验后发现，产业集聚通过降低厂商的出口成本及其进入出口市场的生产率门槛，进而促进出口技术复杂度升级。因此，提升地区的产业集聚水平对该地区出口技术复杂度的升级具有正面的促进作用，通过提升地区的产业集聚水平来助推我国出口技术复杂度升级进而实现外贸发展方式的转变升级十分必要。②

（六）环境规制

王杰等认为，环境规制对企业出口具有显著的促进作用，并且能够有效提高出口产品的质量和价格，而对出口数量和产品种类的作用恰恰相反。研究结果表明，在环境规制压力下，企业更倾向于提升现有出口产品的质量和价格，而不是追求出口产品种类的多元化和数量的扩张，这种“精—瘦”的产品组合更有益于企业出口竞争力的提升，在一定程度上扭转了“低价竞争、数量取胜”的“中国制造”印象。③

（七）信息化密度

刘军借助世界银行提供的2012年中国企业调查数据进行实证检验指出，总体上信息化密度较高的企业倾向于选择出口。产品价值链中各环节信息化密度较高的企业也倾向于选择出口，且从边际效应来看：首先是与下游企业或消费者之间以及市场营销和销售过程中较高的信息化密度带来的较大海外市场空间，对企业出口决定的正向边际效应最大；其次是与上游企业或供应商之间和生产过程中的较高信息化密度使得企业克服出口额外成本的能力增强；边际效应最小的是在产品改进上的信息化投入导致的产品多样性和较高的产品质量。分行业估计结果显示，制造业企业和服务企业的信息化密度变量以及边际效应规律与总体样本基本上是一致的，表

---

① 张国峰、王永进、李坤望：《产业集聚与企业出口：基于社交与沟通外溢效应的考察》，载《世界经济》2016年第2期。

② 刘洪铎：《产业集聚对出口技术复杂度的影响研究——基于外贸发展方式转变视角》，载《中国社会科学院研究生院学报》2016年第4期。

③ 王杰、刘斌：《环境规制与中国企业出口的表现》，载《世界经济文汇》2016年第1期。

明没有行业上的差异。①

（八）文化认同

近年来文化认同对中国对外贸易的影响日益受到关注。施炳展指出，文化认同应该会通过降低贸易成本、提升出口数量影响国际贸易。他以韩剧《来自星星的你》的热播对中韩贸易的影响为例分析指出，该剧的热播促进了韩国出口增长，提升了中韩贸易增长速度，这一促进作用对于差异化产品尤为显著。因此，文化认同是促进对外贸易发展的一个积极力量，在新形势下推进中国文化传播有利于中国企业和产品国际化。②

杨连星借助1996～2013年联合国贸易统计数据库，通过构建文化贸易出口品质和出口持续期指标，实证分析发现：由于文化消费的“理性成瘾”和消费惯性特征，文化贸易出口持续期对出口品质提升具有显著的促进效应。在不同文化产品类别和出口持续期样本中，上述影响效应存在显著差异，在“退出”“进入”和“只存在一年”等样本呈现显著的负向抑制效应。此外，文化产品的进口规模、出口目的国文化差异与经济发展水平等因素均与文化出口品质存在显著的影响。如何有效提升中国文化贸易的出口持续期，发挥其对出口品质的促进效应，可能是提高中国文化产品国际竞争力的关键所在。③

三、国际分工下的全球价值链

近年来全球价值链成为对外贸易研究的一个重要问题。随着通讯运输成本的逐渐降低，全球各国参与国际分工的模式从专业化生产特定产品向专业化从事产品的特定生产环节转变，全球价值链（GVC）分工由此形成。不同国家在全球价值链中所处的相对地位取决于其参与国际分工与贸易的程度，主要体现在对外贸易的获利能力方面。中国在全球价值链中的

① 刘军：《信息化密度与中国企业出口决定：基于产品价值链视角》，载《国际贸易问题》2016年第6期。

② 施炳展：《文化认同与国际贸易》，载《世界经济》2016年第5期。

③ 杨连星：《文化贸易出口持续期如何影响了出口品质》，载《国际贸易问题》2016年第12期。

地位，嵌入全球价值链对中国经济的影响，以及如何提高我国在全球价值链分工中的获利能力，成为当前学者关注的主要方面。

（一）中国在全球价值链中的地位

1. 全球价值链结构分析

董也琳等基于总出口价值分解模型，分析代表性国家参与国际贸易的特征、嵌入 GVC 的方式及变化。研究发现：以美、日、欧为代表的发达国家依靠知识科技竞争力优势嵌入 GVC 上游环节，但金融危机后，随着美国 RDV 比重逐渐下降和美、德 NEI 缓慢上升，意味着发达国家嵌入 GVC 位置处于下降通道；而以中国为代表的发展中国家以劳动力成本优势嵌入 GVC 下游环节，金融危机后中国 VAX 比重和 NEI 逐年下滑，但 RDV 比重小幅上升，说明中国正逐渐实现出口产业结构优化升级，在发展动力上正由外需拉动转向内需替代。进一步地，通过比较双边总贸易和增加值贸易进出口差额，分析了五国参与全球出口贸易特征，勾画了五国线性全球价值链模型。①

2. 中国加工贸易的升级演进

受制于“两头在外”的嵌入弊端，加工贸易的转型升级一直颇受学界和政策制定者的关注。彭水军等利用 OECD - ICIO 提供的投入产出数据库，基于 MRIO 模型测算了中国加工贸易的要素含量及其变化趋势。结果表明：通过不断提升国内服务含量，1995 ~2011 年期间的出口利润实现了由 22% ~42% 的快速攀升；并且这种价值攀升路径并非单纯的微笑曲线或哭泣曲线，而是以制造为支撑、以服务为动力，逐步实现由哭泣曲线到微笑曲线的转型变迁。不过受限于知识密集型服务嵌入不足，当前中国加工贸易的转型升级可能陷入“低端服务—低端制造”的恶性循环。因此，未来价值攀升必须迈向链条上游并兼顾制造环节，才能真正“微笑”于全球价值链两端。②。

---

① 董也琳、陈东：《基于总出口价值分解的全球价值链结构分析》，载《产业经济研究》2016 年第 3 期。

② 彭水军、袁凯华：《全球价值链视角下中国加工贸易的升级演进》，载《经济学家》2016 年第 10 期。

3. 中国制造业在全球价值链中的地位

尹伟华按出口产品的最终吸收地及吸收渠道的不同对中国制造业的全球价值链进行分解分析指出：（1）1995～2011年中国制造业出口的国内增加值比例呈下降趋势，且以最终产品出口为主，表明中国制造业在全球价值链中所处位置不高；（2）中国制造业出口中返回增加值比例的不断上升，意味着中国制造业正向全球价值链中上游攀升；（3）中国制造业出口中蕴含越来越多的国外增加值，意味着中国参与全球价值链分工的程度不断提高，但主要从事加工组装的低端生产环节；（4）中国制造业参与全球价值链环节越来越多，但国内价值链的构建和发展却相对薄弱；（5）技术水平越高的中国制造业融入全球价值链的程度也相对越高；（6）中国中低技术制造业在全球价值链中具有优势地位，较为成功地融入到了全球价值链中。①

（二）对嵌入全球价值链的评价

1. 嵌入全球价值链有助于中国经济发展

近年来，中国外贸增速大幅下滑引起了学界和实际部门的极大关注。戴翔等认为，实际上，在全球价值链分工模式下，外贸增速变化既与全球价值链分工深化趋势有关，也与一国嵌入全球价值链分工方式及其升级有关。中国外贸从超高速增长转向低速增长其实正是反映了中国融入全球价值链分工体系的阶段性特征，是在全球分工深化趋势减缓背景下中国价值链升级的结果，是价值链升级后贸易统计“虚高”弱化的结果。更为重要的是，由于在全球价值链分工条件下，对外贸易的内涵、外延、性质、功能和作用等均发生了深刻变化，从而发展对外贸易的意义更多在于融入“全球生产”以获取经济发展红利，并使得国与国之间关系实现真正意义上的“互利共赢”。因此，从全球价值链视角出发，中国外贸增速下降并非意味着其作用式微或重要性渐减，相反，基于全球价值链分工条件下对外贸易的本质内涵及其作用，中国应继续抓住国际分工演进新趋势带来的

---

① 尹伟华：《中国制造业产品全球价值链的分解分析——基于世界投入产出表视角》，载《世界经济研究》2016年第1期。

新机遇，在融入、扎根乃至主导全球价值链中，利用全球资源和全球智慧，加快推动从贸易大国向贸易强国的转变，从而更好地服务于新阶段经济创新驱动和转型发展的现实需要。①

2. 全球价值链对国家价值链的影响

黎峰在借鉴全球价值链研究思路及方法基础上，构建了国家价值链的理论分析框架。研究发现，融入全球价值链一定程度上阻碍了国家价值链分工整体发展，但同时推动了各区域国家价值链参与度的提升。中国大体形成了西部地区占据上游、中部地区位居中游、沿海地区位居下游的国家价值链分工格局。沿海地区的国家价值链参与度、国家价值链定位及国家价值链收益率均低于内陆地区，只是通过大规模生产进行较为低级的国内资源整合。因而，构建和提升国家价值链的重点在于经济发展模式的调整转型和沿海地区的优势重塑，包括更加重视国内市场的培育，更加重视民营企业的成长，更加重视外资结构调整，更加重视国内资源的优化配置。②

3. 嵌入全球价值链有助于企业生产率提升

孙学敏等在分析嵌入全球价值链影响企业生产率机理的基础上，从微观层面测算了企业嵌入全球价值链的程度，并实证检验了参与全球价值链对企业生产率的影响。研究结果显示：参与全球价值链有益于提高企业生产率，说明全球价值链嵌入的生产率效应显著存在。另外，通过对企业所有制、资本密集度、贸易方式以及产品多样性等异质性特征的考察发现，国有企业在全球价值链嵌入过程中的生产率效应最高，外资企业次之，民营企业最低；高资本密集度企业融入全球价值链的生产率效应要高于低资本密集度企业；一般贸易企业以及多元化的产品策略更有利于企业在参与全球价值链的过程中进一步提升企业生产率。③

---

① 戴翔、张二震：《全球价值链分工演进与中国外贸失速之“谜”》，载《经济学家》2016年第1期。

② 黎峰：《增加值视角下的中国国家价值链分工——基于改进的区域投入产出模型》，载《中国工业经济》2016年第3期。

③ 孙学敏、王杰：《全球价值链嵌入的“生产率效应”——基于中国微观企业数据的实证研究》，载《国际贸易问题》2016年第3期。

4. 全球价值链与收入差距的关系

随着衡量全球价值链方法的不断改进和更新，全球价值链与收入差距的关系再次引起关注。刘瑶系统描述了1995~2011年56个国家18个行业的价值链参与度和地位指数，并以此重新考察各国参与全球价值链对本国熟练劳动与非熟练劳动工资差距的影响。研究发现：相对于技术进步，一国的全球价值链参与度和全球价值链位置指数是显著影响工资差距的主要因素，且参与度越高、参与位置越是处于下游，其工资差距越大。在控制了工资差距与全球价值链嵌入的内生性问题后，发现价值链参与度对工资差距的影响更大。通过对子样本回归分析进一步揭示，参与全球价值链对发展中国家工资差距的影响大于发达国家，对制造业的影响大于服务业；而价值链位置指数对制造业工资差距的影响为负，对服务业工资差距的影响为正。[①] 林玲等通过测算各国的全球价值链参与度和国内工资收入差距水平，指出各国全球价值链后向参与度与本国高低技术工人工资收入差距之间存在稳定的负相关关系，即各国积极参与全球价值链的分工合作有助于缩小本国国内的收入差距，且这一负向关系并不随着出口产品类别的不同或出口国家发展程度的差异而有所改变。此外，在产品类别上，相较最终产品而言，各国中间产品后向参与度的提高对于缩小收入差距的作用更大；在不同国家间，发达国家最终产品后向参与度的提升带来的影响更大，而发展中国家的这一负向关系则更明显地体现在中间产品的后向参与度上。[②]。

（三）中国攀升全球价值链的发展策略

1. 增加资本积累

容金霞等认为，物质资本和人力资本的积累、金融信贷规模与创新能力的增强对于提高一国全球价值链分工地位具有显著的促进作用。其中，金融信贷和创新力水平的贡献在发达国家表现的较为突出，而物质资本和

① 刘瑶：《参与全球价值链拉大了收入差距吗——基于跨国跨行业的面板分析》，载《国际贸易问题》2016年第4期。

② 林玲、容金霞：《参与全球价值链会拉大收入差距吗——基于各国后向参与度分析的视角》，载《国际贸易问题》2016年第11期。

人力资本积累对发展中国家优化升级的推动作用更大，但是制度环境改善带来的推动作用仅在发达国家中较为显著。[①]

2. 缓解融资约束

吕越等提出，融资约束是决定我国产业在全球价值链中嵌入度的关键因素。当融资约束较少时，可以带动产业在全球价值链中地位的升级；如果融资约束较大，则会引致产业向价值链低端偏移。此外，出口目标市场的金融发展水平越高，会一定程度上阻碍我国产业在全球价值链中的跃升，实施出口“地区多元化”的贸易战略将更有利于我国制造业产业的转型升级。[②]

3. 创新生产模式

徐建伟等通过构建全球价值链分工演变的动力机制，并结合大量最新的实际案例分析发现：全球价值链分工呈现出不同于以往的新变化，即个性化需求、新型生产模式变得越来越重要。在依赖传统优势参与国际分工的空间被压缩的同时，我国向先进制造模式转变、围绕需求变化实现创新发展的难度很大。不加选择地盲目跟从欧美国家的制造业发展战略，可能会陷入新一轮引进发展理念、发展路径和技术设备的追赶陷阱。因此，发达国家倡导的先进制造模式并不完全适应于我国的发展实际，我国需要立足自身产业发展的基础条件和现实需求，确立具有我国特色的技术进步方向和路径，寻求人才、机器、信息的最佳匹配，构建不同于发达国家的新型制造业体系。[③]

4. 提升经济制度质量

李建军等认为，制度质量对丝绸之路经济带沿线国家的经济增长有着显著的促进作用，而经济制度质量的作用更为显著，但“丝绸之路经济带”沿线国家存在整体制度质量不高以及不同区域之间制度质量差异较大等问题，提升制度质量刻不容缓。因此，“丝绸之路经济带”沿线国家应

---

① 容金霞、顾浩：《全球价值链分工地位影响因素分析——基于各国贸易附加值比较的视角》，载《国际经济合作》2016 年第 5 期。

② 吕越、罗伟、刘斌：《融资约束与制造业的全球价值链跃升》，载《金融研究》2016 年第 6 期。

③ 徐建伟、戴俊骋：《全球制造业价值链分工模式变化研究》，载《中央财经大学学报》2016 年第 10 期。

着力完善制度质量，这对加快沿线国家融入全球价值链嵌入度，加快经济增长，有着重要的意义。①

四、“一带一路”沿线国家贸易

目前“一带一路”已进入实质性建设阶段，中国如何充分利用建设丝绸之路经济带战略机遇，与丝绸之路经济带沿线主要国家开展产业分工与贸易合作，并构建由中国主导的制造业全球价值链，是一个亟待研究的前沿课题。2016 年学界从贸易现状、影响因素和贸易转型等方面对“一带一路”沿线国家的贸易合作进行探讨，从嵌入欧、美、日主导的全球价值链转换为自我主导的区域价值链成为未来中国贸易发展的新方向。

（一）“一带一路”沿线国家贸易现状

1. 贸易成本下降

孙瑾等指出，中国与“一带一路”沿线 14 个国家的双边贸易成本在 20 年来总体呈下降趋势，下降幅度最大的前五名国家包括伊朗、哈萨克斯坦、乌兹别克斯坦、俄罗斯和沙特阿拉伯，进一步分析发现，贸易伙伴的铁路密度、电话线路密度以及互联网使用情况等基础设施情况与双边贸易成本负相关，三者中铁路密度的影响系数最大；贸易伙伴与中国的实际 GDP 差额、两国地理距离与贸易成本正相关，而贸易伙伴的贸易开放度、贸易互补性与贸易成本负相关。②

2. 出口频率较低

舒杏等基于 2000 ~ 2006 年海关数据库数据，刻画了中国企业对“一带一路”国家出口频率的分布特征，发现大多数企业出口频率较低，且随着出口频率的增加其所占比重迅速递减。出口频率存在所有制、贸易方

① 李建军、孙慧：《制度质量对丝绸之路经济带沿线国家经济增长作用——基于全球价值链视角的实证分析》，载《国际经贸探索》2016 年第 10 期。

② 孙瑾、杨英俊：《中国与“一带一路”主要国家贸易成本的测度与影响因素研究》，载《国际贸易问题》2016 年第 5 期。

式、区域和收入水平的差异。目的国需求、不确定性和汇率波动会积极地影响出口频率，而双边距离和经济自由度衡量的运输成本会消极地影响出口频率。因此，应深挖贸易互补潜力，提高贸易投资便利化水平，提升我国企业在"一带一路"区域价值链中的地位，通过制定合理的贸易政策来保障出口贸易的平稳发展。①

3. 国际产能合作

赵东麒等认为，制造业是推动我国产业国际竞争力的主要动力，是我国与"一带一路"国家产能合作的切入点。东亚、东南亚、南亚、中欧和东欧地区在一些初级产品部门具有各自的国际竞争力优势，是我国与其合作的主要方向。西亚和独联体地区在资源密集型产品部门具有极强的国际竞争力，这是确保我国能源供应稳定、保障我国经济安全的关键所在。②

（二）"一带一路"沿线国家贸易的影响因素

1. 铁路建设

"一带一路"倡议是我国经济转型与升级的跳板，道路联通与贸易畅通作为主要影响因素备受关注。龚静等利用29个省市1998～2013年的面板数据，通过构建异质性随机前沿模型分析了铁路建设对各省市贸易非效率部分的影响，进而测算出其相应的出口贸易效率。模型回归结果表明，铁路运输时间节省及运输距离减少均能够有效提高出口贸易效率，且铁路里程的缩短还具有稳定出口贸易效率波动的作用；同时，要素禀赋对出口贸易规模影响显著，政府干预度对出口贸易效率及其波动性也有显著影响。经过测算可知，目前我国各省市平均的出口贸易效率约为67.3%，呈现出"东高西低"的地区差异特征，今后仍具有较大的出口贸易潜力空间。③

---

① 舒杏、王佳、胡锡琴：《中国企业对"一带一路"国家出口频率研究——基于Nbreg计数模型》，载《国际贸易问题》2016年第5期。

② 赵东麒、桑百川：《"一带一路"倡议下的国际产能合作——基于产业国际竞争力的实证分析》，载《国际贸易问题》2016年第10期。

③ 龚静、尹忠明：《铁路建设对我国"一带一路"战略的贸易效应研究——基于运输时间和运输距离视角的异质性随机前沿模型分析》，载《国际贸易问题》2016年第2期。

2. 高层会晤效应

郭烨等认为双边高层会晤对中国在“一带一路”沿线国家的对外直接投资有一定影响作用。研究发现：中国国家主席和国务院总理与“一带一路”沿线国家的双边高层会晤对中国对外直接投资具有显著的积极作用。其中，出访的作用最大，也最为显著；接待来访的影响也较为明显，但作用不如出访，而工作会晤的影响则不显著。进一步的研究还发现，在双边高层会晤的直接投资效应中，国家主席与国务院总理的积极影响存在一定差异。①

3. 文化交流

当前文化要素在对外贸易中的重要性日渐突出。谢孟军使用双差分估计方法实证研究了文化输出和商品输出之间的内在联系，认为文化输出是引致商品输出的重要因素。孔子学院促进了我国向“一带一路”沿线国家的出口，文化输出的出口增长效应具有区域差异性、滞后性及波动性等特征。由于我国的文化输出还处于发展阶段，目前对出口的推动作用还表现出不稳定特征。今后应进一步规范管理体制和运营机制，加快孔子学院向内涵式发展方式的转变，增强文化输出的出口增长效应，提高我国的国家软实力。②

李青等从提高文化认同感、降低贸易成本、共享信息三个维度，剖析孔子学院这种文化交流形式对区域贸易合作的影响机理，进而基于1992～2013年“一带一路”沿线64个国家对华贸易数据，检验孔子学院在中国与沿线国家区域贸易合作中所起的作用。研究发现，孔子学院的建设显著推动了中国与“一带一路”区域的贸易增长。相较出口贸易，孔子学院更能推动“一带一路”沿线对华进口贸易的增长。相较“一路”沿线，孔子学院更能促进“一带”国家对华贸易的增长。此结论在多种稳健性检验下依然成立。在“一带一路”进入实质性建设的新阶段，中国应更加注重在政策设计上发挥诸如孔子学院等文化交流因素反哺经济的作用。③

刘洪铎借助霍夫斯泰德（Hofstede，1980，2001）的国家文化维度指

---

① 郭烨、许陈生：《双边高层会晤与中国在“一带一路”沿线国家的直接投资》，载《国际贸易问题》2016年第2期。

② 谢孟军：《文化能否引致出口：“一带一路”的经验数据》，载《国际贸易问题》2016年第1期。

③ 李青、韩永辉：《“一带一路”区域贸易治理的文化功用：孔子学院证据》，载《改革》2016年第12期。

数并结合科古特和辛格（Kogut and Singh，1988）等人的方法构建了文化交融指标，继而利用中国与沿线36个国家的双边微观贸易数据，基于改进的引力模型并从区分贸易的货值和数量两个层面实证考察了1995~2013年间中国与沿线国家文化交融对双边贸易关系的影响。研究发现：在考察期内，各估计样本下中国与沿线国家的文化交融度与双边贸易流量均呈倒U型的非线性关系，在全样本下文化交融指标有超过一半的观测点落在最优值的左侧，这意味着继续提高双边的文化交融程度将有助于进一步推动中国与沿线国家贸易关系向纵深发展；细分地域和收入组别的估计结果表明，除亚洲样本外，欧洲、高等或中等收入子样本同样有一半或超过一半的观测点落在文化交融指标的最优值左侧，这说明中国与欧洲、高等或中等收入的沿线国家双边的文化交融仍存在较大的提升空间。因此，我国在实施“一带一路”倡议过程中应以沿线国家多元文明的群体性差异为着眼点，通过大力促进双边文化的交流、碰撞和融合等方式化解潜在的贸易壁垒。①

4. 第三国效应

中国在对外直接投资过程中面临的国际关系越来越复杂，不仅有中国与东道国之间的关系，还有东道国之间的相互关系，第三国在中国对东道国的OFDI中发挥着越来越重要的作用。马述忠指出，中国在“一带一路”沿线国家的OFDI存在显著的第三国效应，且具体表现为挤出效应：一方面，中国在第三国的OFDI对中国在东道国的OFDI存在显著的挤出效应；另一方面，第三国市场也会对中国在东道国的OFDI产生显著的挤出效应。中国在“一带一路”沿线国家的OFDI呈现出“一动机一导向”特征，即资源寻求动机和贸易导向特征。②

（三）对外贸易发展方式的转变

1. 竞争方式的转变

金碚提出，当前中国的贸易发展方式应从“高增长引领世界经济”转

① 刘洪铎、李文宇、陈和：《文化交融如何影响中国与“一带一路”沿线国家的双边贸易往来——基于1995~2013年微观贸易数据的实证检验》，载《国际贸易问题》2016年第2期。

② 马述忠、刘梦恒：《中国在“一带一路”沿线国家OFDI的第三国效应研究：基于空间计量方法》，载《国际贸易问题》2016年第7期。

变为“善治与活力引领世界经济”。世界正在兴起第三次经济全球化浪潮，进入经济全球化3.0时代。在经济全球化3.0时代，国际竞争的本质是“善治”，而不是武力和霸权。最重要的是成为充满创新活力国度，从而体现出经济体的生命力、竞争力和创造力。在经济全球化3.0时代，世界各类经济体的利益处于相互渗透、绞合和混血的状态，虽然矛盾难以避免，但更具包容性和均势性的全球发展，符合大多数国家利益。尤其是对于利益边界扩展至全球的世界大国，维护经济全球化发展的新均势同各自的国家利益相一致。所以，在利益关系错综复杂和矛盾冲突难以避免的经济全球化3.0时代，深度的结构性变化使得世界主要竞争对手之间的利益相互交叉重合，“共生”“寄生”关系日趋深化，走向更加和平的竞争方式和融通秩序的全球经济一体化时代。①

金中夏认为，中国只有积极主动地拓展以本国为中心的自由贸易圈，才能与美国或欧洲为中心的自由贸易圈比较平衡地博弈。中国倡导的“一带一路”，中国和亚太国家推动的区域全面经济伙伴关系协定（RCEP）谈判、中新自贸区、中瑞自贸区、中韩自贸区和中澳自贸区等的建立都是中国所做出的积极努力。美国主导的跨太平洋伙伴关系协定（TPP）、跨大西洋贸易与投资关系协定（TTIP）、服务贸易协定（TISA）和美式双边投资协定（BIT）（2012年）谈判则代表着发达国家试图引领全球贸易与投资规则发展的主要工具。中国应以全球意识、开放视角和前瞻性眼光看待国家利益，做国际规则制定的参与者和推动者，管理好战略性风险。②

2. 推进价值链转换

长期以来中国都是全球价值链的参与者，“一带一路”倡议的推行对区域价值链的主导权提出了要求。若“一带一路”倡议在经济上可行，中国将从嵌入欧、美、日主导的全球价值链转换为自我主导的区域价值链。魏龙等从价值链转换的条件以及转换后的影响两个视角，探讨这一转换的可行性。研究结果显示：中国与“一带一路”沿线国家在产业间和产业内的互补性均强于竞争性，且中国占据了价值链的高附加值环节，具备主导区域价值链的条件。通过“一带一路”倡议，推进价值链转换后，将产生

---

① 金碚：《论经济全球化3.0时代——兼论“一带一路”的互通观念》，载《中国工业经济》2016年第1期。

② 金中夏：《中国面临全球贸易投资规则重建的重大挑战》，载《国际经济评论》2016年第4期。

实际贸易利得提高、产业高端化发展等积极影响。①

孟祺指出，中国通过承接国际产业转移的形式融入全球价值链体系，但面临全球价值链低端锁定的局面，实现全球价值链升级需要构建新型全球价值链，“一带一路”倡议的实施为此提供了机遇。中国有能力也有必要构建全球价值链，区域内部分国家迫切需要制造业合作以促进经济发展，因此区域内国家制造业可以合作构造全球价值链以打造命运共同体。构建“一带一路”制造业全球价值链，需要优化制造业贸易结构以促进贸易平衡，扩大制造业产能合作以推动共同发展，根据不同国家要素禀赋特征差异化进行制造业产业合作等。②

五、对外贸易中的能源与环境

随着国际贸易的快速发展和自然环境的日益恶化，对外贸易和能源、环境的关系不仅是重要的理论问题，更是重大的现实问题。在创新、协调、绿色、开放、共享的新发展理念下，对外贸易中的能源与环境问题成为 2016 年学界讨论的热点之一。

（一）我国对外贸易中的能源效率问题

1. 对外贸易与能源消费

许秀梅等分析了我国各地区的贸易开放度、对外出口与能源消费之间的关系。研究结果显示，仅从对外出口来看，出口规模越大，能源作为投入要素消耗的就越多。但是，综合贸易开放中的多种因素，在规模效应小于技术效应与结构效应之和的情况下，贸易开放度越高，能源利用效率就越高。因此，大力提升技术与结构效应在对外出口中的作用，对于我国外贸的可持续发展及节能减排政策的落实具有重要意义。③

---

① 魏龙、王磊：《从嵌入全球价值链到主导区域价值链——“一带一路”战略的经济可行性分析》，载《国际贸易问题》2016 年第 5 期。

② 孟祺：《基于“一带一路”的制造业全球价值链构建》，载《财经科学》2016 年第 2 期。

③ 许秀梅、尹显萍：《贸易开放、对外出口对能源消费的影响——基于 2000－2013 年我国省级面板数据的研究》，载《国际商务（对外经济贸易大学学报）》2016 年第 3 期。

2. 东亚贸易结构与碳排放

随着中国在东亚垂直分工体系中的角色日渐凸显，其产业及贸易结构产生了重要的变化，这对中国贸易隐含碳排放的影响不容忽视。钱志权等利用可比价格的全球投入产出表，构建了一个包含中、日、韩、印尼、马、菲、新、泰、中国台湾、越等东亚国家和地区的多区域投入产出（MRIO）模型，对1997～2002年、2002～2007年、2007～2012年中国对东亚地区出口隐含碳进行了跨期比较。研究表明：（1）东亚垂直分工导致了中国隐含碳排放增长，而且虽然中国能源利用效率的提高对隐含碳的增加有缩减效应，但减幅明显收窄。贸易结构恶化与贸易规模扩张是中国对东亚地区出口隐含碳增长的重要因素；（2）由于隐含碳排放区域溢出，中国碳排放受到东亚垂直分工体系影响最大，与东亚垂直分工体系同步性越来越强；（3）2008年世界金融危机对东亚垂直分工体系产生了结构性的影响，东亚垂直分工体系有低碳化的趋势；（4）中国要加强对高能耗贸易品出口的监管，同时要充分利用东亚垂直分工体系区域溢出对减排的正面作用，避免成为国际碳排放倾销的目的地。①

3. FDI降低东道国能源强度

“FDI降低东道国能源强度”假说是能源经济学中的一个重要假说，李锴等对此进行更全面的检验。研究结果表明：FDI对中国工业能源强度产生的总效应是积极的，一方面外资进入度的增加导致工业行业结构的高耗能化，进而使能源强度增加；另一方面外资进入度的增加也促进了能源技术水平的提高，进而减少了能源强度，所以总效应是正面的。具体而言，外资进入度每提高1%，总效应使中国工业能源强度减少0.193%～0.243%，正面的FDI技术效应（0.185%～0.308%）和FDI收入引致的技术效应（0.077%～0.122%）超过了负面的FDI结构效应（0.064%～0.192%）。因此，应强化节能减排的利用外资政策导向，对投资于低耗能、清洁行业的外资企业给予政策上的奖励和扶持，实现引进外资和节能减排的有机结合。②

---

① 钱志权、杨来科：《东亚垂直分工对中国对外贸易隐含碳的影响研究——基于MRIO－SDA方法跨期比较》，载《资源科学》2016年第9期。

② 李锴、齐绍洲：《“FDI降低东道国能源强度”假说在中国成立吗？——基于省区工业面板数据的经验分析》，载《世界经济研究》2016年第3期。

（二）我国对外贸易中的环境污染

1. 外贸加剧环境污染

马翠萍等指出，库兹涅兹曲线显示，1960～2010年中国经济增长与碳排放存在“N”形曲线关系，贸易开放对中国人均碳排放存在正向影响，贸易开放程度每提高1%，人均碳排放量增加0.3%。投入产出模型揭示，2007年中国对外贸易隐含碳排放转移27.1亿吨，占当年碳排放总量的39.76%。其中通信设备、计算机及其他电子设备制造业出口碳排放最高，占出口碳排放21.2%。依次为化学工业（10.7%）、电气机械及器材制造业（9.8%）、金属冶炼及压延加工业（8.68%）、通用、专用设备制造业（7.53%）。①

彭水军等通过相关文献梳理指出，由于当今发达国家已经步入后工业化时代，碳排放逐渐稳定，而中国、印度等主要发展中国家的温室气体排放份额将越来越大，同时这些国家也急需通过国际贸易获得发展和应对气候变化的资源及能力，所以未来全球气候治理和贸易治理对中国等主要发展中国家的影响可能超过对发达国家的影响。这意味着在全球气候规则和贸易规则的制定中，中国等发展中大国需要提高参与度和增强话语权，在积极参与气候治理和贸易治理的过程中，维护自身的发展权利，有效协调国内经济、贸易发展与温室气体减排。②

2. 产业集聚有助于减排

许和连等将反映行业相似性的技术距离矩阵及经济距离矩阵引入空间杜宾模型，实证检验了外商直接投资与产业集聚互动对环境污染的影响。研究结果表明，我国行业污染排放存在一定的策略性竞争，其中经济属性相似的行业间存在减排竞争效应，技术结构相似的行业间却体现出一定程度的排污攀比效应。在控制了FDI与产业集聚的交互作用后，FDI引入明显降低了行业污染排放强度。产业集聚进一步强化了FDI的减排溢出效

---

① 马翠萍、史丹：《贸易开放与碳排放转移：来自中国对外贸易的证据》，载《数量经济技术经济研究》2016年第7期。

② 彭水军、张文城：《国际贸易与气候变化问题：一个文献综述》，载《世界经济》2016年第2期。

应，并带动了邻近行业间的策略性减排竞争。[①]

3. 环境规制具有地域异质性

金春雨等运用空间VAR模型分别对全国整体以及东中西区域环境规制、FDI和对外贸易之间的关系进行实证检验。结果发现，就全国整体而言，环境规制与FDI呈显著负相关关系，“污染避难所假说”是成立的，并且相邻地区间环境规制行为存在明显的“逐底效应”。环境规制效果在我国不同区域具有较强的异质性，在西部地区“污染避难所假说”显著成立，在东部地区却支持“污染光环假说”。[②]

① 许和连、邓玉萍：《外商直接投资、产业集聚与策略性减排》，载《数量经济技术经济研究》2016年第9期。

② 金春雨、王伟强：《“污染避难所假说”在中国真的成立吗——基于空间VAR模型的实证检验》，载《国际贸易问题》2016年第8期。

第六章　产业结构与产业政策研究新进展

在创新驱动产业升级的大背景下，产业结构的优化升级成为我国经济发展的重中之重，因而产业结构自然成为学者们关注的重点。在推进产业结构优化升级中，市场与政府如何更好地发挥作用，引发了学者们对中国产业政策是否有效的大讨论，这成为2016年该热点的一大亮点。

一、产业结构优化升级

（一）产业结构优化升级的影响因素

1. 财政政策

（1）财政结构性调整。安苑等基于产业间关系视角，考察了财政结构性调整对产业结构的影响，认为产业间财政结构性调整显著带动了产业结构调整，并促使产业结构趋向高度化。其主要机制在于财税资源在产业间的差异性配置，及其向更加依赖外部融资的产业部门倾斜。财政结构性调整的绩效受制于制度和市场化水平的约束而呈现出异质性，表现为：基于所受制度约束的差异，补贴结构性调整对于产业结构的影响显著弱于税收结构性调整；基于市场化水平的差异，财政结构性调整对产业结构调整幅度的影响存在西高东低的地区差异，而对产业结构高度化的影响则主要集中于东部地区。① 严成樑等构建了一个包含生产性财政支出和福利性财政

① 安苑、宋凌云：《财政结构性调整如何影响产业结构?》，载《财经研究》2016年第2期。

支出的产业结构模型，研究表明，财政支出是产业结构变迁的重要驱动力，增加生产性财政支出和福利性财政支出，可以加快我国产业结构的优化升级。①

（2）政府补贴。张杰认为当前以政府财政资金补贴为主的产业结构调整政策模式，严重滞后于产业结构转型升级和自主创新能力提升的现实需求，造成“专利泡沫”和“创新假象”等现象的盛行。从中央到地方各级政府积极运用的以政府财政资金补贴为主的产业扶持激励政策，非但没能有效激励微观企业自主创新能力的提升和产业结构的优化升级，相反违背市场公平竞争基本逻辑以及手段落后且腐败利益固化的各种类型产业扶持激励政策，却通过寻租腐败渠道以及各种资源配置扭曲效应，对微观企业自主创新能力的提升以及产业结构的优化升级产生了一定程度的阻碍作用乃至抑制效应。②

（3）税收政策。罗富政等构建了基于税负层次和规模视角的产业结构调整模型，在税收收入效应和支出调节效应的作用下，宏观税负的合理增加可以促进我国产业结构的高级化和合理化，税收的支出调节效应有利于推动产业结构的高级化。③ 孙海波等通过构建一个产业结构变迁模型，数理演绎了政府税收、研发补贴与产业结构变迁之间的耦合过程，发现降低政府税收和增加研发补贴不仅会加快产业结构变迁，还可以提高经济增长率，在改善产业结构方面，降低政府税收要比增加研发补贴效果更明显，若同时采取两种政策，可以大大缩短产业结构变迁时间。④

2. 金融体系

（1）政府干预和控制下的金融体系。张杰认为政府干预和控制下的金融体系发展进程和改革，已经不能满足中国经济结构及产业结构的转型升级对金融体系的内在需求，并且在相当程度上呈现出金融体系对经济发展“低端路径锁定”以及自身的“利益集团俘获”特征。随着产业结构的转

① 严成樑、吴应军、杨龙见：《财政支出与产业结构变迁》，载《经济科学》2016年第1期。

② 张杰：《中国产业结构转型升级中的障碍、困局与改革展望》，载《中国人民大学学报》2016年第5期。

③ 罗富政、罗能生：《税收负担如何影响产业结构调整?》，载《产业经济研究》2016年第1期。

④ 孙海波、林秀梅、焦翠红：《政府税收、研发补贴与产业结构变迁》，载《经济评论》2016年第6期。

型升级以及对微观经济自主创新能力需求的增加，必然会推动金融体系出现由银行体系为主向以金融市场为主逐步转变的动态结构变化趋势。然而，这种动态变化过程并不是必然发生的，尤其是在中国当前的特定背景下，金融体系的改革受到多重体制性机制性改革滞后的严重束缚和强力制约。①

（2）契约执行力。李俊青等认为制造业的发展离不开外部融资，而契约执行力能够影响企业和金融机构之间的合作程度，进而影响制造业内部和金融业与制造业之间的产业结构。契约执行力的提高可以通过降低金融中介和制造业企业结合过程中的“敲竹杠”行为，增加金融部门的贷款激励，使得制造业部门从中受益，从而促进金融业和制造业的共同发展。②

3. 城镇化

（1）新型城镇化。孙叶飞等认为，新型城镇化通过“选择效应”优化产业结构、提升企业生产率，有效实现其经济增长效应，即新型城镇化与经济增长之间存在正相关关系。实现产城联动，发挥新型城镇化与产业结构变迁的“协同效应”，对于缓解经济发展过程中的“结构性减速”问题，促进中国经济增长具有正向效应。③

（2）房地产驱动下的城镇化。张杰认为房地产部门以及房地产驱动下的城镇化成为阻碍中国产业结构优化升级的突出因素，其既通过需求结构的扭曲对产业结构的优化升级造成阻碍作用，又通过提升制造业生产成本对制造业创新研发活动造成了挤出效应。④

4. 经济全球化

（1）汇率水平及其波动。易靖韬等通过协整检验和脉冲响应函数考察了各变量间的长期均衡关系和短期冲击影响。结果表明，汇率升值并没有促进工业部门内的产业结构升级，但是汇率弹性的增加有利于工业部门内的产业结构向有益的方向发生改变。汇率变化通过进出口贸易和国际资本流动等渠道显著地影响一国的物价水平、收入分配、产业结构等经济变

---

①④　张杰：《中国产业结构转型升级中的障碍、困局与改革展望》，载《中国人民大学学报》2016 年第 5 期。

②　李俊青、刘帅光：《契约执行力与产业结构：来自中国工业企业的证据》，载《世界经济》2016 年第 6 期。

③　孙叶飞、夏青、周敏：《新型城镇化发展与产业结构变迁的经济增长效应》，载《数量经济技术经济研究》2016 年第 11 期。

量，形成了金融经济与实体经济、国内经济与世界经济的相互交融和共同发展。[①]

（2）进口技术外溢。陈健等认为，中国的转型发展仍需在重视全球生产合作关系深化与全球创新资源整合利用的同时，进一步将重心落脚于增强本土服务业与制造业关联过程中的创新知识外溢效应。在当前我国深化转型发展过程中，继续顺应创新全球化趋势，坚持将全球创新知识和技术外溢与本土产业关联效应的有机结合，这是进一步推动本土产业部门效率水平提升的必由之路。本土制造与服务部门产业间和产业内关联效应的存在，实质上强化了进口技术外溢对我国各产业部门效率水平的提升作用。通过逆向需求和前向投入关联，制造或服务部门进口技术外溢均显著推动了另一方效率水平的提升。[②]

（3）贸易自由化。周茂等认为，贸易自由化通过进口竞争效应显著促进了产业结构优化，从而推动了中国产业升级。"以开放促改革"被认为是中国经济在过去实现腾飞的重要经验，中国在寻求未来经济发展动力时应致力于打造对外开放升级版，以倒逼国内经济体制改革。贸易自由化促进产业升级的事实证明，政府可以通过推行贸易自由化来纠正国内市场的竞争扭曲。[③] 陈明等认为，服务业开放通过承接国际产业转移等效应推动了我国制造业向全球价值链两端攀升。在实证分析中，服务贸易和服务业FDI对产业结构高级化和产业结构合理化的效应都是正向的，服务贸易对产业结构升级的作用大于服务业FDI的作用。[④]

（4）嵌入全球价值链。黄亮雄等采用工业企业数据库，在兴衰演变的结果考察中，认为"中国制造"在全球价值链中的位置正不断攀升，形成二元结构，通过分析生产率提高和结构变动对产业结构调整的影响效应发现：第一，相比于生产率提高，结构变动效应更为突出；第二，附加值较高的资本与技术密集型行业同时在生产率提高与结构变动两方面引领产业结构调整；第三，东部地区在产业结构调整上处于领先地位。当中西部地

---

① 易靖韬、谷克鉴、门晓春：《汇率水平及其波动性变化对产业结构调整的影响》，载《经济理论与经济管理》2016年第7期。

② 陈健、赵迪、李剑锋：《进口技术外溢关联效应与我国产业部门效率水平提升研究》，载《经济评论理》2016年第3期。

③ 周茂、陆毅、符大海：《贸易自由化与中国产业升级：事实与机制》，载《世界经济》2016年第10期。

④ 陈明、魏作磊：《中国服务业开放对产业结构升级的影响》，载《经济学家》2016年第4期。

区仍主要以传统低附加值产业主导产业结构升级时，东部地区已呈现二元态势，即传统劳动密集型行业逐渐分化，部分行业比较优势得以维持与加强，部分行业则消退，同时，高附加值的资本与技术密集型产业的生产率提高较快，日益获得比较优势。①

（二）产业结构的优化措施

1. 调整财政政策

严成樑等认为，要增加财政支出，尤其要增加生产性财政支出和福利性财政支出，包括基本建设支出、农业支出、教育支出、社会福利支出、医疗卫生支出等有利于提高全要素生产率和改善居民福利的财政支出；适当减少行政管理支出，降低政府对经济的干预程度，以更好地促进我国产业结构变迁。②

罗富政等认为，要降低大口径宏观税负水平，使宏观税负处于合理区间之内。依据我国产业发展的战略目标，根据不同税种对不同产业的影响情况，调节我国不同产业的税负水平，使我国产业结构不断高级化，同时充分发挥我国税收政策对生产要素在产业间流动的作用，使我国产业结构不断趋向合理化。充分发挥税收的收入和支出调节效应，合理调整税收支出的优惠取向，加大税收支出的力度，优化税收支出方式，积极引导我国产业结构的优化升级。同时，应充分发挥城镇化对我国产业结构调整的作用，积极推进我国产业结构的高级化和合理化。③

孙海波等认为，研发补贴作为政府重新配置资源的一种方式，也要尊重市场机制，根据各地区禀赋结构和比较优势，有针对性地投放补贴。对于第二产业来说，优惠税收政策是占优选择，加大对第二产业的税收优惠，减轻第二产业的税收负担，可以极大地激发企业创新活力，促使第二产业向服务业转型，优化产业结构，营造新的经济增长点。要大力提高第三产业所占比重，积极探索多种发展形式，依靠深化改革促进以升级为目

---

① 黄亮雄、安苑、刘淑琳：《中国的产业结构调整：基于企业兴衰演变的考察》，载《产业经济研究》2016年第1期。

② 严成樑、吴应军、杨龙见：《财政支出与产业结构变迁》，载《经济科学》2016年第1期。

③ 罗富政、罗能生：《税收负担如何影响产业结构调整?》，载《产业经济研究》2016年第1期。

标的服务业快速发展。[①]

2. 金融体制改革

张杰认为，要坚持金融体制改革和实体经济部门的科技创新和体制机制创新相融合的产业结构调整方向，要有效推进中国产业结构的转型升级，就必须首先破解金融体制改革滞后及其与实体经济发展以及产业结构转型升级不相兼容的困局。金融体制改革的重点应该包括：第一，金融体系的改革要对以垄断性国有大银行为主的金融体系定位和金融体系改革的方向进行深层次的思考；第二，通过容忍和鼓励中国资本市场的全面发展乃至适度的泡沫化，引导产业结构的转型升级，引导经济结构的调整与升级，引导大众创业、万众创新战略的实施，引导中国宏观经济供给侧和需求侧关系的有机平衡。[②]

3. 推进贸易自由化

周茂等认为，在未来二次开放的契机下，中国政府要根据新的国情采取更有计划有步骤有目标的贸易自由化政策，从而进一步推动中国的产业升级。如深化国有企业改革，进行政企剥离，把可以参与市场竞争的企业进行股权改革，让企业充分参与国内外市场竞争，从而提升企业竞争力，并最终推动整个产业的升级；又如政府继续以沿海地区为改革开放的前沿阵地，推动市场化改革，完善市场竞争机制，进一步确立市场机制在城市间和城市内资源配置的决定性作用。[③]

4. 强化本土产业关联效应

陈健等认为，本土制造业与服务业产业间和产业内关联效应的存在，实质上强化了进口技术外溢对我国各产业部门效率水平的提升作用。强化本土产业关联效应是从根本上扭转我国在利用进口技术外溢方面“名”与“实”不符的不利局面，增强进口技术外溢效应，进而提升我国在国际分

---

① 孙海波、林秀梅、焦翠红：《政府税收、研发补贴与产业结构变迁》，载《经济评论》2016年第6期。

② 张杰：《中国产业结构转型升级中的障碍、困局与改革展望》，载《中国人民大学学报》2016年第5期。

③ 周茂、陆毅、符大海：《贸易自由化与中国产业升级：事实与机制》，载《世界经济》2016年第10期。

工体系中发展主动权的关键。[①] 苏立君认为，产业关联强化促进了制造业和服务业协同发展，使得投资在拉动经济增长方面超过发达国家，依赖投资拉动的经济发展方式会推动制造业发展，制造业是生产力发展的基础，同时制造业会通过直接和间接中间需求带动其他产业发展，与吸收就业较多的服务业部门形成互动融合。[②]

于斌斌认为，中国经济从“结构性加速”的工业化阶段进入“结构性减速”的城市化阶段，服务业尤其是生产性服务业对经济发展的影响也在不断演化变迁，由起初的作为管理功能的“润滑剂”，到促进功能的“生产力”，再到如今的战略功能的“推进器”。大力发展生产性服务业，可以重塑产业结构优化升级的动力，引领产业向价值链高端提升，实现生产性服务业与制造业在更高水平上的有机融合，推动经济提质、增效与可持续增长。生产性服务业的多样化集聚模式能够推动东、西部地区的经济增长，而中部地区的经济增长从生产性服务业专业化集聚和多样化集聚中都能受益。[③]

林春艳等发现，要重视中国产业结构高度化的空间关联特征，宏观产业结构政策的制定和市场机制的构建应充分考虑省际或区域间产业结构高度化发展的空间联动效应，应从整体上推进省际间的协同发展。根据各省份或区域在空间网络中的不同地位以及板块内外的传递机制，因地制宜，出台针对性强、精准性高的差别化产业政策，形成适合各省份或区域产业结构转型升级的有效路径。加强邻近省份或区域间的技术交流，优化人力资本结构，鼓励引进创新型、技术型人才，提高劳动、资本等要素的配置效率，为产业结构高度化的“溢出效应”和“梯度传递”创造更多“管道”。[④]

5. 实施创新驱动

中国正在大力推进经济发展方式的转变，其中最重要的举措之一是通过实施创新驱动发展战略为未来经济发展提供持续的新动能。王海兵等认

---

① 陈健、赵迪、李剑锋：《进口技术外溢关联效应与我国产业部门效率水平提升研究》，载《经济评论》2016 年第 3 期。

② 苏立君：《服务业与工业产业关联的国际比较分析》，载《经济学家》2016 年第 11 期。

③ 于斌斌：《中国城市生产性服务业集聚模式选择的经济增长效应》，载《经济理价与经济管理》2016 年第 1 期。

④ 林春艳、孔凡超：《中国产业结构高度化的空间关联效应分析》，载《经济学家》2016 年第 11 期。

为，中国过去30多年间以全要素生产率及其分解因子为指标的创新驱动对经济增长和产业结构变迁具有差异性影响，作用于创新驱动的因素也十分广泛，在坚持实现产业发展体系自身自洽、稳定和谐演化的基础上实施创新驱动发展战略，在大力引进国外先进技术基础上的消化吸收和再创新，增强中国人力资本存量，尽快缩短与国际尖端人才的差距，要加快国外人才的引进工作，通过合作、交流、共享等措施促进知识的溢出。①

张杰认为，当前中国的国家战略目标就是制造业立国和实施国家创新驱动发展战略，因此，今后中国进行国有企业改革，也要体现国有企业在制造业立国和优先落实国家创新驱动发展战略方面所应具有的核心作用，将国有企业的定位落在发挥其在基础创新、具有显著外溢效应的应用创新、集成创新以及产业的关键技术共性平台等方面的带头作用，鼓励国有企业将基础创新、应用创新以及关键共性技术，通过免费或产业链协作的形式外溢给非国有企业，真正体现国有企业在整体创新能力提升和技术进步方面的核心引导作用。②

二、工业和制造业的转型升级

（一）工业和制造业转型升级面临的挑战

1.“高债务—高税负—通缩”的负面冲击

张杰认为我国实体经济部门遭受了“高债务—高税负—通缩”三种叠加效应带来的负面冲击，造成第二产业中普遍存在利润率下降和工业部门投资增速持续下降的现象，导致中国以制造业为主的实体经济部门“脱实入虚”及泡沫化投资倾向。首先，对中国实体经济部门中微观企业行为造成了扭曲性影响，固化了“出口依赖＋低利润＋低端生产能力”的发展模式；其次，固化了“官商结合＋政府优惠政策依赖型”的微观企业盈利和

① 王海兵、杨蕙馨：《创新驱动与现代产业发展体系》，载《经济学（季刊）》2016年第7期。

② 张杰：《中国产业结构转型升级中的障碍、困局与改革展望》，载《中国人民大学学报》2016年第5期。

发展模式，造成工业部门产能过剩与僵尸企业现象的发生，削弱了推动中国产业结构转型升级以及企业自主创新能力的内生激励机制；第三，造成了实体经济部门中微观企业追求短期化、多元化和泡沫化的投资偏好特征，导致了微观企业转型升级的内生能力不足。①

2. 工业企业无利润扩张

何青等指出，中国近些年来微观企业层而出现了在没有盈利能力支持情况下进行扩张的行为，同时伴随着居高不下的财务杠杆和畸高的融资成本。中国企业在与其盈利能力不相匹配的高融资成本下的迅速扩张，可能与中国经济行为中的扭曲有关。在财政补贴和优惠利率等政策支持下的企业，不顾融资成本盲目扩张，在盈利能力没有保障的情况下，进入典型的“存量”吃“增量”的过程。②

（二）工业和制造业转型升级的政策建议

1. 工业智能化

贾根良认为，我国经济发展战略的首要目标仍是工业化，特别是以智能制造为核心的工业智能化。工农业正在发展中的信息化和“互联网+”，实质是对传统工农业生产过程的再工业化或工业智能化改造，目的在于激发其“潜在生产率的量子跃迁”。因此，坚定不移地推进工业智能化特别是高端装备制造业的智能化，是我国走新型工业化道路的关键选择。抓住迈进工业智能化道路的重大历史机遇，并创造国民经济各产业价值链高端的国内领先市场，我国人力资本所蕴含的巨大科技创新潜力才能喷薄而出，以人民为中心的社会主义制度优越性才能充分展现。工业智能化道路将为我国“一带一路”对外经济发展战略的成功提供根本性物质保障。③

2. 制造业服务化

陈漫等认为，服务转型是制造企业由产品生产商转为服务提供商的重

① 张杰：《中国产业结构转型升级中的障碍、困局与改革展望》，载《中国人民大学学报》2016 年第 5 期。

② 何青、张策、田昕明：《中国工业企业无利润扩张之谜》，载《经济理论与经济管理》2016 年第 7 期。

③ 贾根良：《第三次工业革命与工业智能化》，载《中国社会科学》2016 年第 6 期。

新定位过程，新常态下国内经济增速变缓，产业结构需要优化升级，企业增长的动力也需谋求新的方向。为此“中国制造 2025”以及 2014～2016 年政府工作报告中均明确提出促进服务与制造的融合和互动、推动生产型制造向服务型制造转变，引导和支持制造企业延伸服务链条等。① 徐振鑫等在深入研究欧美发达国家制造业产业升级的过程中发现，自 20 世纪 80 年代以来，欧美发达国家在产业升级的过程中，无一例外地都伴随着制造业服务化的过程。制造业服务化也是新时代背景下产业分工的新趋势，是当下我国制造业产业升级的一条可行道路。②

王玉辉等认为，服务型制造是推动中国制造转型升级的重要途径，是实现经济长期稳定发展的新动力。作为 21 世纪先进的制造模式，服务型制造具有价值链整合、创新增值的特性，是我国传统制造业转型升级的有效途径。伴随全球经济从产品经济向服务经济时代的迈进，产品和服务传递功能间的差异不再那么明显，制造和服务的融合成为产业发展的新趋势。③

刘斌等运用投入产出表、中国工业企业数据和海关进出口企业数据等合并数据，系统考察了制造业服务化对企业价值链升级的影响。结果发现，制造业服务化加深了企业价值链参与程度，提升了价值链分工地位，提升了企业出口的产品质量和技术复杂度，促进了企业产品升级，运输服务化、金融服务化和分销服务化对企业价值链升级具有显著的提升作用，而电信服务化对价值链升级的影响并不明显，资产专用性越高的行业，制造业服务化对企业产品升级影响越大，省际间服务要素投入对于企业价值链升级具有更为重要的影响。④

3. 制造业国际化

黄群慧认为，要积极推进“一带一路”倡议，促进中国工业产能合作和企业“走出去”实现工业生产要素在全球有效配置。从工业化视角看，

① 陈漫、张新国：《经济周期下的中国制造企业服务转型：嵌入还是混入》，载《中国工业经济》2016 年第 8 期。

② 徐振鑫、莫长炜、陈其林：《制造业服务化：我国制造业升级的一个现实性选择》，载《经济学家》2016 年第 9 期。

③ 王玉辉、原毅军：《服务型制造带动制造业转型升级的阶段性特征及其效应》，载《经济学家》2016 年第 11 期。

④ 刘斌、魏倩、吕越、祝坤福：《制造业服务化与价值链升级》，载《经济研究》2016 年第 3 期。

“一带一路”倡议的推出，表明中国的工业化进程正在产生更大的“外溢”效应。中国在“一带一路”沿线国家中工业化水平处于上游的位置，按照“雁阵理论”，中国的工业化经验将对大多数“一带一路”国家具有借鉴意义。在“一带一路”倡议下，中国将与“一带一路”沿线国家开展工业产能合作，形成一批多领域多形式的产能合作项目，形成若干境外产能合作示范基地和工业园区，培育一批工业产能国际合作的骨干企业。这不仅有利于中国工业生产要素的全球有效配置，也促进了“一带一路”沿线国家产业升级、经济发展和工业化水平的进一步提升，对世界工业化进程的推进意义巨大。①

吕越等认为，世界经济已全面进入全球价值链的分工时代，参与全球价值链对制造业效率的影响具有重要的现实意义。制造业企业参与全球价值链会显著提高其生产率，这种效率改善效应在那些嵌入全球价值链程度较高的企业中最为突出，相反那些嵌入全球价值链程度较低的企业，表现为生产率的下降。②

范子杰等认为，中国制造业全球价值链具有较强的全球性，从政策层面加快跨区域双边和多边贸易合作谈判步伐对提升中国制造业全球价值链，增强国际竞争力显得愈加重要。要强化已签订的自贸协定，建立全球价值链对接，同时可以依托“一带一路”，加强 32 个海上丝绸之路国家和 47 个陆上丝绸之路经济带国家的全球价值链关联，尽快启动“一带一路”沿边国家贸易合作谈判，扩展全球价值链嵌入范围和嵌入渠道。③

4. 政府政策差异化

童健等认为，要实施差异化的区域性环境规制政策。中部和西部地区的环境规制强度应进一步加强，多采取命令型的环境规制政策以约束工业行业的生产行为，加大对地方政府的财政转移支付力度。东部地区应重点采用市场激励型环境规制政策，通过排污费、排污许可证交易等市场机制发挥环境规制的外部性效应，并加强对工业行业的专项技术补贴力度，激发环境规制的技术效应，促进工业行业转型升级。此外，我国很多“一刀切”

---

① 黄群慧：《论中国工业的供给侧结构性改革》，载《中国工业经济》2016 年第 9 期。

② 吕越、吕云龙：《全球价值链嵌入会改善制造业企业的生产效率吗》，载《财贸经济》2016 年第 3 期。

③ 范子杰、张亚斌、彭学之：《基于上游延伸的中国制造业 GVCs 地域特征及变化机制》，载《世界经济》2016 年第 8 期。

的环境政策未能合理地反映不同地区的环境治理需求，需尽早转变。[①]

杨智峰等认为，政府在推动技术进步方面应将更多的政策支持、人力资源和物质资源等重点配置于重工业，尤其是基础性或者高科技行业，而不是轻工业；推动重工业的发展相对于轻工业会有较高的技术进步率效果，从而有力地推动工结构的升级和制造业升级。建立统一的国内市场，通过税收减免和补贴等措施，鼓励轻工业企业使用本国的重工业产品。[②]

李欣泽等指出，对于资本与劳动两种要素的再配置，政府应当减少行业垄断和行业壁垒。特别是对于工业制造业中国有企业占比较高的垄断性行业，应当打破行业垄断，提高市场化程度，允许要素在行业间自由流动。具体而言，对于资本再配置，应当加快金融改革进程，鼓励金融产品多元化，增加企业融资渠道，打破行业垄断，允许更多的私有资本在行业间自由流动，优化资本在行业间的再配置效率。应该推进“市场在资源配置中起决定性作用”战略实施，提高要素市场化程度，调整政府在要素市场中的角色，逐步向“监管为主、适度管控为辅”转换。[③]

三、服务业的发展

（一）服务业发展面临的问题

1. 制度的不完善和政策的不连续

许和连等认为，面对我国经济在转型升级中步入中高速发展的“新常态”，实施“创新驱动”发展战略，依靠技术进步有助于改善我国服务业全要素生产率不高的局面，前提是要有与创新战略相匹配的制度环境，制度环境是企业技术创新的基础和前提，是创新主体最重要的生存环境，只有在良好的制度保障下，才能充分释放创新促进服务业生产率提高的潜力。良好的制度环境和创新均能促进服务业企业 TFP 的增长，且制度环境

---

① 童健、刘伟、薛景：《环境规制、要素投入结构与工业行业转型升级》，载《经济研究》2016 年第 7 期。

② 杨智峰、汪伟、吴化斌：《技术进步与中国工业结构升级》，载《财经研究》2016 年第 11 期。

③ 李欣泽、黄凯南：《中国工业部门要素错配变迁：理论与实证》，载《经济学家》2016 年第 9 期。

的改善对服务业企业创新促进 TFP 的增长具有正向调节作用。① 李筱乐也认为，地区契约环境是影响服务业产出的重要因素，在契约环境较为优越的地区，服务业的产出水平更高，较好的契约环境有助于维护契约的正常执行，保证服务企业的生产积极性，并且这种推动作用在契约依赖程度较高的服务行业表现得更为明显。②

扩张的财政政策是近年来应对经济下行的重要政策工具，其对服务业的发展产生负面影响。陈林等指出，财政扩张与金融保险、房地产、批发零售业乃至所有服务业的规模报酬递减，均存在统计意义上的因果关系，财政扩张对服务业规模报酬存在一定的“挤出”效应，尤其对于规模报酬递减阶段的支柱型服务业，应当减少财政扩张政策的刺激。换言之，当规模报酬参数小于 1 时，持续的大规模的财政扩张会使企业规模扩张过度，使社会生产规模不经济，社会资源得不到有效配置。③

刘胜等从地方官员的任期视角探讨了其对服务业发展的影响，认为地方官员变更引发的政策不连续性对服务业可持续性增长具有显著的抑制效应，任期延续，地方官员晋升激励衰退，政策变更减少，趋于平稳的政策环境有利于服务企业稳定市场预期和恢复市场信心，进而推动服务业可持续性增长。新任官员为快速谋求政治擢升，倾向出台和实施大量差异化的赶超新政，导致政府财政赤字扩大，并加剧了资源要素配置及服务业投资—消费结构的扭曲，进而抑制了服务业可持续性增长。④

2. 现代服务业聚集程度不高

段文斌等认为，现代服务业是中国经济发展战略中的重要组成部分，是衡量国家经济发展水平的重要标志。当前中国经济正处于结构调整、产业转型的重要时期，产业转型的关键就是依靠技术效率与市场规模改造传统产业、培育新兴产业，而新兴产业的核心内容是现代服务业与先进制造业。推动现代服务业的壮大已经成为当前中国经济发展的重要目标和关键动力，现代服务业聚集对区域经济发展、经济结构调整与产业转型都产生

---

① 许和连、成丽红：《制度环境、创新与异质性服务业企业 TFP》，载《财贸经济》2016 年第 10 期。

② 李筱乐：《契约环境与服务业发展》，载《财经研究》2016 年第 1 期。

③ 陈林、夏俊：《财政扩张对服务业规模报酬的“挤出”效应》，载《财贸经济》2016 年第 7 期。

④ 刘胜、顾乃华、陈秀英：《制度环境、政策不连续性与服务业可持续性增长》，载《财贸经济》2016 年第 10 期。

极大的带动作用。在整体上，我国现代服务业发展程度或聚集程度不高，聚集度高的城市依然很少。①

3. 服务业 FDI 的作用不明显

张平通过研究发现，制造业 FDI 对于服务业发展的负面影响非常明显，而服务业 FDI 并没有对本部门发展起到有效推动作用。这一负面影响主要是由于外资企业大量进行出口加工贸易，产业关联作用较弱所致。②

4. 服务业绿色发展亟待加强

庞瑞芝等认为，从全国水平来看，中国服务业绿色无效程度呈现增加趋势，这说明我国服务业存在较严重的技术无效问题，服务业整体运行效率低。在资源与环境约束下的服务业有效程度与经济发展水平呈现“U”型关系；以煤炭为主的能源消费结构对我国服务业的绿色发展不利；我国作为发达国家“污染避难所”的假说得到支持；工业和服务业在我国并没有形成很好的融合互动关系。新常态下，我国服务业发展的绿色水平亟待提升，转向以服务业为重心的经济增长依然面临着绿色发展的严峻挑战。③王恕立等认为，传统的全要素生产率测算方法由于忽视了环境污染问题的存在，并不能反映服务业生产率增长的真实绩效，忽视环境因素不仅高估了服务业全要素生产率的增长率，而且高估了其对服务业增长的贡献，环境因素对服务业增长绩效存在影响，适当的环境规制在改善环境质量的同时还可以促进服务业生产率的提升，服务业发展水平、研发资本、禀赋结构和公众的环保意识对服务业环境 TFP 也存在不同程度的影响。④

（二）促进服务业发展的政策措施

1. 完善促进服务业发展的制度体系

（1）良好的制度环境。许和连等认为，实施“创新驱动”发展战略，

---

① 段文斌、刘大勇、皮亚彬：《现代服务业聚集的形成机制：空间视角下的理论与经验分析》，载《世界经济》2016 年第 3 期。

② 张平：《FDI 抑制了中国服务业发展吗?》，载《经济评论》2016 年第 5 期。

③ 庞瑞芝、王亮：《服务业发展是绿色的吗?》，载《产业经济研究》2016 年第 4 期。

④ 王恕立、汪思齐、滕泽伟：《环境约束下的中国服务业全要素生产率增长》，载《财经研究》2016 年第 5 期。

改善我国服务业全要素生产率不高的前提是要有与创新战略相匹配的制度环境，制度环境是企业技术创新的基础和前提，是创新主体最重要的生存环境，只有在良好的制度保障下，才能充分释放创新促进服务业生产率提高的潜力。要进一步转变政府职能，为服务业创新驱动发展提供一个良好的、常态化的制度保障，使服务业全要素生产率提高成为新常态下经济发展的主要动力。①

（2）消除行业进入壁垒。张平认为，我国很多服务行业在对外开放程度较低的同时，对内开放也严重受限。银行业、通信业等具有广泛影响的现代服务业部门基本处于行政管制下的国有垄断状态。因此，在扩大服务业对外开放的同时，也应尽量消除对内的行业进入壁垒，鼓励民间资本进入，由此才能充分发挥 FDI 的外溢效应，提高行业经济效率，实现对国外服务产品的进口替代，推动本国服务业发展。②

（3）改善契约环境。李筱乐认为，应遵循市场规律，充分考虑制度因素对产业发展的重要作用，通过改善地区契约环境，保证契约制度的有效执行，提高服务业产出，促进产业结构的调整。推动司法制度建设，加快政府职能的转变。完善的法律法规和高效的司法体系能够提供稳定的政策环境，有利于市场交易机制的形成。推动地区契约“软环境”建设，建立良好的社会制度环境。③

2. 开放服务业市场

段文斌等认为，对外开放对中国现代服务业聚集产生积极影响。中国应当在开放环境下依托国际产业分工、产业转移的条件发展现代服务业。伴随研发国际化和服务外包的深化，知识密集型、技术密集型产业面临更多发展机遇。基于自身的产业基础与市场需求，凭借产业链的全球配置，中国应当具备在承接国际产业转移的同时实现产业转型的条件，进而逐步从早期的制造业聚集转变为现代服务业聚集，实现先进制造业与现代服务业的优势互补、协同发展。④

陈健等认为，受传统发展战略思路和体制的影响，我国服务业发展的

① 许和连、成丽红：《制度环境、创新与异质性服务业企业 TFP》，载《财贸经济》2016 年第 10 期。

② 张平：《FDI 抑制了中国服务业发展吗?》，载《经济评论》2016 年第 5 期。

③ 李筱乐：《契约环境与服务业发展》，载《财经研究》2016 年第 1 期。

④ 段文斌、刘大勇、皮亚彬：《现代服务业聚集的形成机制：空间视角下的理论与经验分析》，载《世界经济》2016 年第 3 期。

质量始终不高，虽然近年来其增长迅速，但整体技术内涵仍明显偏低。面对本土服务业发展内生动力不足、投入资源有限和一定程度的结构畸形问题，更充分利用开放条件下的服务贸易进口及其知识外溢，应该成为我国服务业效率水平提升的重要途径和服务业综合发展质量改善的有力支撑。重点服务领域零税率政策的逐步实施即标志着服务贸易正在成为外贸领域政策支持的核心，这必将推动中国服务业对外贸易结构的进一步改善。①

3. 绿色发展

王恕立等认为，我国在鼓励大力发展服务业的同时，还需制定相关的资源节约和环境保护政策，提高服务业自身的治污能力，保障资源、环境与服务业生产率增长的协调可持续发展，这不仅需要政府为新清洁技术提供研发支持，还需配以相应的激励措施以促进新技术的推广和应用。②

4. 提升复合效率

段文斌等认为，复合效率优势和市场需求的共同作用对现代服务业发展产生显著的积极影响。复合效率优势的提升可以在一定程度上减弱各类要素成本上升对中国产业成长的不利影响。作为地区的一种整体效率优势，提升复合效率优势依靠生产效率与服务效率的共同改进和相互作用，应通过有效的技术创新、科学的服务管理与合理的市场机制来实现。③

5. 推进生产性服务业集聚

惠炜等认为，从供给侧来看，预计2030年服务业比重会达到65%～70%的水平，中国基本形成以服务业为主的经济形态。在调整产业结构的过程中，生产性服务业已成为引领产业链向高端提升，乃至助推现代经济增长的重要动力。随着信息技术的快速发展和扩散，生产性服务业集聚已成为经济发展过程中的典型事实，也被视为国家加快生产性服务业发展所要坚持的基本原则之一，促进生产性服务业集聚，是有效缓解日益严峻的环境和资源约束，积极推动制造业转型升级的重要突破口。生产性服务业

---

① 陈健、赵迪、李剑锋：《进口技术外溢、关联效应与我国产业部门效率水平提升研究》，载《经济评论》2016年第3期。

② 王恕立、汪思齐、滕泽伟：《环境约束下的中国服务业全要素生产率增长》，载《财经研究》2016年第5期。

③ 段文斌、刘大勇、皮亚彬：《现代服务业聚集的形成机制：空间视角下的理论与经验分析》，载《世界经济》2016年第3期。

集聚对中国劳动生产率的影响不仅仅只是简单的线性关系，而是存在复杂的三门槛效应，即生产性服务业集聚对劳动生产率有着正向非线性影响效应，且这种正向作用呈现出边际效率递减特征。①

在先进制造和互联网的叠加影响下，在知识经济、体验经济、创意经济浪潮推动下，作为一种新兴业态，创意产业在全球范围内蓬勃发展。余文涛认为，创意产业集聚经济的一个重要表现就是促进产业外创新和区域创新，进而带动区域生产效率提高。但中国创意产业高速发展的背后，隐藏着效率低下的现实问题，促进创意产业集聚式发展，能够在一定程度上解决目前中国城市创意产业生产效率普遍不高这一现实问题。②

6. 引导生产性服务业空间集聚

于斌斌通过研究发现，在都市圈和城市群的框架下规划和引导城市生产性服务业的空间集聚，充分发挥生产性服务业集聚在城市之间的空间溢出效应。中小城市生产性服务业发展在充分利用专业化集聚带来的空间溢出效应，同时要与邻近城市形成功能互补、各具特色的生产性服务业分工格局。大城市或中心城市生产性服务业应积极培育多样化的空间集聚模式，为中小城市提供人才和技术支撑，逐渐成为本地区和周边地区经济增长的“技术池”和“市场区”。调整生产性服务业的内部结构，使之与制造业技术水平和城市规模等级相匹配。鼓励生产性服务业多样化集聚，减少影响要素再配置的限制性因素，从产业关联的视角改善生产性服务业空间集聚的外部环境。③

（三）文化产业的发展

1. 文化产业的重要性

“十三五”规划纲要明确提出了文化产业在本规划期发展成为国民经济支柱性产业的目标。文化产业是中国特色文化建设的有机构成部分，是

---

① 惠炜、韩先锋：《生产性服务业集聚促进了地区劳动生产率吗?》，载《数量经济技术经济研究》2016 年第 10 期。

② 余文涛：《创意产业集聚及其生产效率研究》，载《经济学家》2016 年第 6 期。

③ 于斌斌：《中国城市生产性服务业集聚模式选择的经济增长效应》，载《经济理价与经济管理》2016 年第 1 期。

文化体制改革的重要着力点，长期以来政府投入及国有资产运营是文化产业发展的关键保障。魏鹏举认为，在新常态发展格局下，文化产业不仅要起到支撑国民经济增长、推动产业结构升级、实现融合发展的“支柱性产业”作用，更要作为“文化创新”的重要抓手，在市场经济和全球化的条件下，肩负起快速提升中国文化的发展活力、传播力与竞争力的战略使命。在中国特色社会主义市场经济发展进程中，面向全面建成小康社会的总目标，建构由政府主导并服务于国家文化产业发展战略要求的金融支持体系，是新常态语境下文化产业实现“超常态”发展的关键任务之一。①

2. 文化产业发展存在的问题

庄妍认为，文化产业发展中最为常见的侵权行为就是版权受到侵害。尤其是在现代信息时代，网络的普及率不断提高，信息技术也不断提高。这些科技发展犹如一把“双刃剑”，既助推了文化产业发展，也制约了文化产业发展。越来越难的文化产权保护和文化产业的快速发展相矛盾，要实现文化产业的健康发展，就必须有健全的法律保障体系。而当前我国的法律保障体系还不健全，细节性的条款还规定的不明确，这就导致文化产业的发展与法律建设之间存在不相适应性。要从立法层面入手，规范行业健康发展。执行知识产权保护制度，对于侵犯版权的行为必须给予坚决打击，不断提高违法成本，使一些侵权行为得到严惩，在全社会树立起“不敢侵权、不能侵权”的氛围。②

3. 发展文化创意产业

创意经济是当前世界文化经济发展的最新趋势之一，创新创意已经成为推进全球经济与文化实践的核心动力。金元浦认为，我国文化创意产业在经济下行的整体态势中逆势上扬，在“互联网+”的战略实施中成果突出，“创客运动”呈现出众多原创频现、生机勃勃的新形态，展现出跨界、融合、协同、共享的新趋势。从文化产业走向文化创意产业，是调整经济结构、通过创意改变和提升低端制造业水平的需要。从互联网思维到“互联网+”，从理论思辨到实践运行，以互联网为代表的高科技与文化的高度融合，打开了创意、创新、创造的新局面。创客运动的核心是塑造原创

---

① 魏鹏举：《新常态下中国文化产业金融支持体系的学理探讨》，载《中国人民大学学报》2016年第4期。

② 庄妍：《文化产业发展管理研究——以青岛市为例》，载《管理世界》2016年第4期。

力，实现我国文化创意原创力的跨越式发展。与“互联网 +”和创客空间相对应的是“文化 +”，文化、美学与伦理的缺失是目前我国文化创意产业发展面临的突出问题。①

四、战略性新兴产业的发展

（一）我国战略性新兴产业快速发展

任保全等发现，2006～2014 年间，战略性新兴产业发展迅速，市场需求规模逐步壮大。战略性新兴产业上市公司的平均市场总需求规模，由 2006 年的 31.7 亿元增长到 2014 年的 147 亿元，年均增速达到了 21.14%，其中增速最快的是 2007 年，达到了 49.21%，其次是 2010 年的 44.92%。针对出口和本土市场需求而言，在 2006～2014 年间，战略性新兴产业上市公司的平均出口规模和平均本土市场需求规模分别保持 13.21% 和 22.6% 的增速，出口在 2006 年和 2007 年的增速最高，分别为 84.12% 和 76.18%，而本土市场需求在 2010 年的增速最高，达到 52.2%。②

尹响等认为，随着中国工业化率和全要素生产率的持续提升，作为我国战略性新兴产业之一的高端装备制造产业在技术、工艺创新和知识积累上取得了长足进步，随着资本、劳动力结构及要素享赋的进步，我国高端装备制造产业有了在国际市场上获得超额利润和向产业链上下游转型的内生动力。我国高端装备制造产业应融合“互联网 +”、大数据、人工智能、物联网、虚拟现实等新兴技术，通过技术创新、产品创新和模式创新促进产业向价值链高端转移，通过全要素生产率提升扩大有效供给，在“走出去”过程中持续形成技术优势和市场话语权，提升中国高端装备制造产业的全球竞争力。③

---

① 金元浦：《我国当前文化创意产业发展的新形态、新趋势与新问题》，载《中国人民大学学报》2016 年第 4 期。

② 任保全、刘志彪、王亮亮：《战略性新兴产业生产率增长的来源：出口还是本土市场需求》，载《经济学家》2016 年第 4 期。

③ 尹响、杨继瑞：《我国高端装备制造产业国际化的路径与对策分析》，载《经济学家》2016 年第 4 期。

（二）我国战略性新兴产业发展存在的问题

中国已经进入经济发展方式转型的关键时期。培育战略性新兴产业成为各级政府促进经济发展方式转型的重要抓手。于津平等通过研究发现，在实际经济运行中，中国地方政府的产业补贴政策存在逆成本优势选择现象，同时也发现产业集聚度越高、研发强度越大、国有企业比例越大的区域和行业，获得地方政府的产业补贴率越高。产业补贴率与生产成本正相关的成因来自于政绩因素的干扰。不顾区域资源享赋和产业基础过度追求规模的地方政府产业政策违背了战略性新兴产业的成长规律，也损害了战略性新兴产业发展的区域经济利益。①

五、产业转移

（一）产业转移的影响因素

1. 地方政府行为

桑瑞聪等人通过研究发现，对正处于经济转型时期的中国来说，地方政府行为在我国产业转移中扮演着重要角色。从微观层面来说，地方政府行为主要是对企业的投资成本产生影响，从而引发产业在空间上的重新配置。地方政府应以市场运作为基础，既要重视改善硬环境又要加强营造软环境，进而实现产业有序转移。②

2. 区域比较优势

刘新争认为，加快产业转移步伐是实现区域均衡发展、推动经济持续增长的重要路径之一，区域间比较优势的动态变化促使产业结构在空间和

① 于津平、吴小康：《战略性新兴产业发展中的区域竞争与地方政府补贴》，载《经济理论与经济管理》2016 年第 3 期。

② 桑瑞聪、彭飞、康丽丽：《地方政府行为与产业转移——基于企业微观数据的实证研究》，载《产业经济研究》2016 年第 4 期。

层级上发生相应调整，产业区域间转移的步伐不断加快。有效的产业转移应当建立在内生比较优势基础上，而建立在产业关联基础上的产业转移能够增强区际以及区域内部产业间的联动效应，进而推动区域产业的可持续发展，帮助区域经济实现外生比较优势向内生比较优势的转化。区域间的产业级差是导致产业转移的客观基础，承接产业转移的欠发达区域由于产业基础明显落后，使得转入产业并不能与当地已有产业建立良好的合作生产网络。①

3. 国际产业转移

随着全球分工体系的不断深化，各国在全球价值链中的位置也会相应变化，产业转移是实现分工变化的重要途径。魏巍等人认为，从整体产业层次来看，高发达、发达国家的位置在时序上基本固定，发展中国家和低发展国家则变化明显；从分产业层次来看，不同发展水平国家的主要转移产业和转移对象均存在明显差异，特别是发展中国家和低发展国家，时序上转移对象变动频繁。②

4. 劳动力演化

戴翔认为，劳动力演化对工业发展的影响存在转移和转型的双重效应。从数量角度看，人口红利衰减会加速中国工业产业的空间转移，并进一步“倒逼”低技术产业向高技术产业转型；从技能角度看，劳动力技能的提高有利于吸引高技术产业转移和推动低技术产业向中高端转型升级；从技能配置效率看，其对产业转移和转型的作用趋势相反，对产业转移而言，技能配置效率的提高容易形成对产业的“挤出”，对产业转型而言，则会形成对产业转型升级的促进作用。③

5. 产品内分工模式的产业转移

魏旭等人认为，分工模式的演化，使“福特制”的资本积累模式转化为弹性积累模式——全球生产链或服务链的盛行，形成了全球化的分工网

① 刘新争：《基于产业关联的区域产业转移及其效率优化：投入产出的视角》，载《经济学家》2016 年第 6 期。

② 魏巍、吴明、吴鹏：《不同发展水平国家在全球价值链中位置差异分析》，载《产业经济研究》2016 年第 1 期。

③ 戴翔、刘梦、任志成：《劳动力演化如何影响中国工业发展：转移还是转型》，载《中国工业经济》2016 年第 9 期。

络和生产体系。在这一体系下，产业跨国转移的方式也由传统的垂直分工或水平分工模式转向以“生产或工序的片段化”为特征的产品内分工模式，形成了范围广大的代工和分包网络。然而，在全球经济金融化体系下，跨国企业凭借其掌控的全球财务系统，可以轻易地通过资本集中的手段获取后发国家的优质资产或掌控后发国家有潜力的企业股份，轻易地突破生产的地域限制，进而掌控该领域的全球生产链条，保持其产业链上的“链主”地位。①

（二）引导产业转移的对策建议

1. 地方政府的有效合作

刘新争认为，鉴于不同行业需求与供给的不同特征，地方政府应制定差异性的产业政策，同时也要从强化区域产业规划、促进区域市场开放与统一等多方面着手转变地方政府之间的过度竞争意识，优化区域产业的整体布局，避免形成大而全、小而全的区域产业结构，推动资源的集中充分利用和产业联动效应的有效发挥。② 桑瑞聪等认为，政府在产业转移过程中应力图做到各地区间政策协调与有效合作，而不是靠税收竞争来吸引企业投资。通过建立健全法律法规，信息公开透明、程序简便、操作规范等多种手段提高政府办事效率，从而使产业实现有序转移。③

2. 加快基础设施建设

桑瑞聪等认为，完善的基础设施，可以形成统一的国内市场，缩小地区间的时空距离，我国东部地区企业可以充分利用中西部地区劳动力成本优势，将部分生产制造环节转移到中西部地区，而将重点放在产品研发和营销网络建设上，发展总部经济，创造更多的附加值。随着交通基础设施的改善，中西部地区与国内其他省份以及国外市场的联系将得到加强，从

① 魏旭、谭晶：《资本积累、空间修复与产业转移》，载《经济学家》2016年第8期。

② 刘新争：《基于产业关联的区域产业转移及其效率优化：投入产出的视角》，载《经济学家》2016年第6期。

③ 桑瑞聪、彭飞、康丽丽：《地方政府行为与产业转移——基于企业微观数据的实证研究》，载《产业经济研究》2016年第4期。

而吸引更多的国内外资本的进入，同时取得更高的贸易流量因而更容易也会更快实现区域经济的均衡发展。[①]

3. 促进劳动力适度地“回流”

戴翔等通过研究发现，增加劳动力有效供给，是促进劳动密集型产业从沿海地区向内陆沿边地区转移的基本要素。合理地引导产业梯度转移，所需解决的首要问题是如何有效地、适度地促进劳动力“回流”。中央和地方政府都应在完善劳动力市场体系方面多做工作，促进劳动力市场化流动。尤其是要在教育、医疗、社会保障、基础设施、公共服务等方面，适当加大对欠发达地区的倾斜和投入，创造能够吸引劳动力“回流”的发展环境。[②]

4. 优化地区投资软环境

桑瑞聪等认为，地方政府应积极打造信息、物流、税收、融资等服务平台，降低企业投资的交易成本。良好的合同执行机制也可以减少合同执行过程中的机会主义行为和道德风险，降低企业的投资风险。因此要改善包括合约施效率在内的制度环境，降低企业转移过程中的交易费用，增强转移意愿和效率。健全高效灵活的招商引资运行机制，根据产业转移的类型和特点，引导资金在地区间合理流动，实现从“盲目引资”向“合理用资”转变，提高产业转移效率，形成区域竞争力。[③]

5. 培育国家竞争优势战略

魏旭等认为，发展中国家在承接国际产业转移的过程中，必须改变以“比较优势原则”为基础的产业承接战略，代之以培育国家竞争优势战略。要实现这一战略，就必须坚持独立自主自力更生为主、争取外援为辅的产业布局和产业发展战略，充分依靠国家的力量，特别是要发挥我国国有经济的力量，以国家的力量保护和支持本国的企业或产业，构建国内完备的、先进的产业体系，尤其是培育和建立具有独立知识产权的战略性企业

---

①③ 桑瑞聪、彭飞、康丽丽：《地方政府行为与产业转移——基于企业微观数据的实证研究》，载《产业经济研究》2016 年第 4 期。

② 戴翔、刘梦、任志成：《劳动力演化如何影响中国工业发展：转移还是转型》，载《中国工业经济》2016 年第 9 期。

和产业，从而实现技术跨越，形成自己的竞争优势。①

六、产业政策

（一）产业政策的概念

陈永清等认为，产业政策是政府运用经济、行政和法律等方式，根据本国的经济状况特别是产业发展趋势与现状，对特定的产业进行调控、指导和干预的政策体系，产业政策本质上体现为政府对经济的干预。产业政策作为政府干预经济的重要形式，其研究对于促进政府与市场在资源配置中的效率具有重大的现实意义。②

平新乔认为，产业政策有广义和狭义之分。从广义的定义看，凡是跟产业有关的国家政策，包括产业发展、产业规划、产业结构调整等，都是产业政策。广义的产业政策在当今世界上所有国家的政府都在实施，只是实施的程度和方式有所不同而已。狭义的产业政策主要是指世界第一以外的国家尤其是发展中国家政府所实施的，对国家、企业、个人的知识积累和能力积累有影响的产业政策。这种产业政策的特征是，帮助国家、企业、产业竞争力的成长，它影响的不是企业之间的水平关系，而是影响企业和产业垂直的、动态的不同发展阶段之间的关系。③

林毅夫认为，产业政策是指中央或地方政府为促进某种产业在该国或该地区发展而有意识地采取的政策措施，包括关税和贸易保护政策、税收优惠、工业园和出口加工区、研发工作中的科研补贴、垄断和特许、政府采购及强制规定等。④

张维迎认为，产业政策是指政府出于经济发展或其他目的，对私人产品生产领域进行的选择性干预和歧视性对待，其手段包括市场准入限制、投资规模控制、信贷资金配给、税收优惠和财政补贴、进出口关税和非关

---

① 魏旭、谭晶：《资本积累、空间修复与产业转移》，载《经济学家》2016年第8期。

② 陈永清、夏青、周小樱：《产业政策研究及其争论述评》，载《经济评论》2016年第6期。

③ 平新乔：《产业结构调整与产业政策》，载《中国经济报告》2016年第12期。

④ 引自2016年11月9日林毅夫在北京大学国家发展研究院举行的产业政策思辨会上的发言。

税壁垒、土地价格优惠等。①

（二）产业政策有效性的争论

陈永清等通过对文献的梳理发现，产业政策的制定和实施与特定国家及地区的发展阶段、制度约束密切联系，表现出“本土化”的特点；产业政策的绩效评价则与“有效性”指标构建、产业政策的形式以及具体行业等因素有关；产业政策争论在本质上表现为对市场与政府的界限、经济“赶超阶段”和“引领阶段”的界限等相关标准的不同观点。② 林毅夫和张维迎就政府是否应该通过产业政策介入经济发展展开辩论，林毅夫强调“有效市场”和“有为政府”同时作用，张维迎则认为应该重视市场和“企业家精神”。

1. 产业政策的有效性

林毅夫认为，技术创新和产业升级的实现需要有“有效的市场”和“有为的政府”的共同作用。“有效市场”能够很好反映各种要素相对稀缺性的价格体系，并具有充分竞争的市场。在市场之外，为完善技术创新、产业升级所需要的软性和硬性的外部环境，为企业发展提供必要的基础设施，政府产业政策在其中的作用非常关键。发挥好“有效的市场”和“有为的政府”两只手的作用，推动产业转型升级，即使在相对不利的国际外部环境下，我国经济在“十三五”期间也仍然能够保持中高速增长。③

张维迎认为，产业政策是“穿着马甲的计划经济”，是注定会失败的。技术进步和新产业是可以事先预见的假设是完全错误的，创新是不可预见的。产业政策只能阻碍创新，而不可能激励创新。产业政策对于特定产业的扶持不能起到产业升级的作用，反而往往起到反作用。产业政策中激励机制的扭曲，则容易导致企业家和政府官员的寻租行为，从而主张废除任何形式的产业政策，政府不应该给任何企业、任何行业制定任何特殊的

---

① 张维迎：《产业政策是与非》，载《商业观察》2016 年第 11 期。

② 陈永清、夏青、周小樱：《产业政策研究及其争论述评》，载《经济评论》2016 年第 6 期。

③ 林毅夫：《毅夫为产业政策正名：经济发展有产业政策才能成功经济学家不要一概反对》，转载于搜狐财经，http：//business. sohu. com/20160912/n468293666. shtml。

政策。[①]

2. 企业家精神与产业政策

林毅夫认为，政府需要给第一个吃螃蟹的企业家一定的激励，企业家才会有积极性去冒这个风险。以“产业政策”集中有限资源，协助企业家从事那些回报最高的技术创新和产业升级，只有这样才能促进经济最好最快地发展，避免陷入“低收入陷阱”或“中等收入陷阱”。拥有企业精神的人可以是企业家，可以是学者，也可以是政府官员。[②]

张维迎认为，无论是技术分工还是市场都是靠企业家、企业家精神支撑起来的。企业家是市场的主角，发现和创造交易机会是企业家的基本功能；正是通过企业家发现不均衡和套利，市场才趋向均衡；正是企业家的创新，使得市场不断创造出新的产品、新的技术，并由此推动消费结构和产业结构的不断升级。产能过剩是企业家没有用新的财富对接新的市场。不是说人类的需求都得到了满足，而是没有企业家创造出新的市场。过去30多年，中国企业家做的主要就是套利，没有创新。现在我们要从配置效率的增长转向真正的创新驱动的增长，这需要真正的创新型企业家。没有新一代的企业家，中国经济的创新驱动增长就不太可能实现。[③]政府官员对未来技术和产业的判断不会比企业家更敏锐，尽管一些政府官员确实很有企业家精神，但总体来讲政府官员要比企业家在创新方面更为迟钝。[④]

3. 比较优势与产业政策

林毅夫认为，不同国家处于不同的发展阶段，就具有不同的比较优势，符合比较优势而发展的产业生产成本就会低。发展中国家的政府采用产业政策时经常失败，除了执行能力的问题之外，究其原因是发展中国家的政府容易出于赶超的目的，而去支持违反比较优势的产业，结果这些产业中的企业在开放竞争的市场中缺乏自生能力，只能靠政府永无止境地保护和补贴生存。[⑤]

---

①④　张维迎：《为什么产业政策注定会失败?》，载《中国连锁》2016年第11期。

②⑤　林毅夫：《毅夫为产业政策正名：经济发展有产业政策才能成功经济学家不要一概反对》，转载于搜狐财经，http：//business. sohu. com/20160912/n468293666. shtml。

③　张维迎：《企业家在经济增长中的作用不可小视》，载《中国工业经济》2016年第9期。

张维迎认为，比较优势是企业的事情，不是国家的事情。中国这么大的国家各地差距很大，某个地区比较优势有意义，谈整个国家的比较优势是没有意义的。人口密集的地方劳动力不够，这就显示了企业家的重要性，离开了企业家谈比较优势没有意义。如果想利用比较优势，自由市场+企业家就足够了。[①]

① 引自2016年11月9日张维迎在北京大学国家发展研究院举行的产业政策思辨会上的发言。

第七章 “三农”问题研究新进展

2016年，“三农”问题研究排位首次下降至第6位，为历年来最低，之所以出现下降，主要原因在于样本期刊的调整。由于《中国农村经济》在CSSCI2017～2018年来源期刊中的排名有所下降，根据我们保留相同学科排名靠前杂志的原则，《中国农村观察》取代《中国农村经济》进入我们的统计样本。《中国农村观察》是双月刊，与《中国农村经济》相比文章数量大幅减少，由于这两本杂志文章主要以“三农”为主，从而导致“三农”热点排名位次下降。即使在样本期刊调整的情况下，“三农”问题排在第6位，说明了“三农”问题仍然是我国经济社会发展中的重大问题。与以往研究相比，对过去“三农”发展战略和政策进行评估，以及对“三农”领域出现的新问题进行研究成为2016年“三农”问题研究的重点和亮点，反映了学者们基于“三农”发展新阶段对“三农”发展的反思和创新发展模式的新思考。

一、新型城镇化道路

目前，我国的城镇化已经从过去的“数量增加”发展到“数量和质量同步提升”的新阶段，旨在推进人的城市化的新型城镇化成为城市化的发展方向和重点。与此相对应，学界关于城镇化问题的研究，也从过去着重关注如何提高城镇化率，转变到近年来对城市镇化质量的关注，将户籍制度改革和农村居民代际问题纳入新型城镇化研究框架。

（一）将户籍制度改革纳入新型城镇化研究框架

2016 年，随着各地推出并实施积分落户政策，学者们将户籍制度改革纳入新型城镇化的研究框架，并以此为核心探讨了城镇化的新常态。

1. 揭示了户籍制度改革的理论与现实矛盾

长期以来，户籍制度成为横亘在城镇化面前的巨大障碍，导致了常住人口城镇化和户籍人口城镇化的巨大差异，并造成了农民工这一特殊身份和由此带来的一系列问题。因此，提高城镇化质量，加快户籍制度改革成为新型城镇化的必然选择，2014 年，国务院出台《关于进一步推进户籍制度改革的意见》，加快推进人的城镇化。

从理论上来说，户籍制度改革有利于推动真正的城镇化和推进公共服务均等化，实证研究也验证了户籍身份变动带来了农村居民生活满意度提升。比如，赵奉军研究发现，相对于户籍未变动的农民而言，户籍身份有变动（农业户口变为非农业户口）的居民生活满意度显著提高，平均提高 0.181。农村居民户籍身份的变动会显著地积极影响其主观幸福感，从而验证了“城市让生活更美好”的说法。[①] 按理说，户籍制度改革应该会获得农村居民的积极响应，然而，现实中却表现出矛盾的一面，具体表现在：

（1）农村居民落户不强烈。从已经推行积分落户政策的地区来看，农村居民对落户城镇并未表现出预想的热情。聂伟等通过在珠三角和长三角 19 个城市进行的农民工问卷调查发现，从总体上来说，在户籍制度逐步放开的背景下，农民工的入户意愿并不强烈，只有 24.6% 农民工有明确的入户意愿，而真正采取入户行动的仅有 5.6%。[②] 李飞等基于中山市积分落户入围人员调研得到的数据相对积极，近六成的人已经办理落户手续，但也有两成的人仍在犹豫或者明确表示放弃落户资格。[③]

（2）户籍改革与民众现实需求存在矛盾。户籍制度改革需求在不同层

① 赵奉军：《城市让生活更美好——户籍身份变动与居民生活满意度》，载《中国农村观察》2016 年第 4 期。

② 聂伟、风笑天：《就业质量、社会交往与农民工入户意愿——基于珠三角和长三角的农民工调查》，载《农业经济问题》2016 年第 6 期。

③ 李飞、杜云素：《城镇定居、户籍价值与农民工积分落户——基于中山市积分落户入围人员的调查》，载《农业经济问题》2016 年第 8 期。

级城市表现出冰火两重天的境况，一方面，中小城市和小城镇在放宽落户条件的情况下农村居民落户愿意较低，另一方面，在民众心向往之的大城市却严格控制人口，积分落户条件非常苛刻，其总的倾向是重点解决进城时间长、就业能力强、可以适应所在城市产业转型升级和市场竞争环境的人员落户问题①，基本都将普通农业人口落户排斥在大城市之外②。尤其是对农民工而言，由于其自身条件的原因，基本不可能满足大城市积分落户条件。户籍制度改革与民众的现实需求存在严重的脱节。

2. 拓展了农村居民落户意愿的影响因素

在新的形势下，面对城市农业流动人口不愿意转变户口性质，农民不愿意离开农村的新常态③，学者们从以下角度进一步拓展了农村居民落户意愿的影响因素：

（1）将城镇化户籍价值纳入落户意愿影响因素分析框架。李飞等研究认为，除了之前大家所认为的农村土地等利益关联之外，城镇户籍价值也是影响积分落户入围农民工城镇落户的重要因素，因为农民工申请落户的主要原因是为了享受城镇户口的基本公共服务等权利待遇。农民工会权衡农村户籍关联的土地承包权、宅基地使用权、集体经济收益分配权和城市户籍价值，然后做出是否在城市落户的决定，从而将农民工城镇落户意愿的影响因素扩展为城镇户籍价值与农村土地利益关联和情感关联两个方面。④

（2）将就业质量和社会交往纳入落户意愿影响因素分析框架。聂伟等研究认为，不能一厢情愿把放开户籍制度视为解决农民工市民化问题的症结所在，而需要从户籍制度之外的就业和社会交往结构等寻找解释答案。农民工入户意味着放弃农村的土地，城市就业将成为唯一的生存保障。因此，农民工的就业质量（工作时间、劳资关系、工作环境、社会保障、职业发展、主观满意度）越高，入户意愿越强。农民工在城市的社会交往结构中的本地朋友、家庭支持和组织参与显著提升入户意愿。较低就业质量

① 葛丰：《积分落户凸显户籍改革之难》，载《中国经济周刊》2016年第33期。

②③ 吴业苗：《农业人口转移的新常态与市民化进路》，载《农业经济问题》2016年第3期。

④ 李飞、杜云素：《城镇定居、户籍价值与农民工积分落户——基于中山市积分落户入围人员的调查》，载《农业经济问题》2016年第8期。

带来的经济、社会交往、心理效应制约农民工主动市民化。[①]

（二）将农村居民的代际问题纳入新型城镇化研究框架

在农村居民收入和民生保障有了较大水平提高，以及人口老龄化程度不断加深的新背景下，农村居民的代际问题重新受到关注，学者们试图勾勒出新时期农村居民的代际关系新变化，为制定相关社会政策推动“以人为核心”的城镇化提供政策参考。

1. 农村居民的代际关系

对于农村居民代际关系的研究主要体现在两个方面：

（1）农村居民代际关系的新变化。韦宏耀等利用2006年中国综合社会调查数据和2012年全国五省农村地区的调查数据研究发现，相比于2006年，2012年农村居民三代之间情感互动的频度上升，说明了农村居民代际关系在走向团结，但经济互动的频度下降，且劳务支持呈现向子代倾斜的特征，即亲代向子代提供劳务支持的频度增加，而子代向亲代提供劳务支持的频度下降。之所以出现这种变化，与经济增长和农村新代际分工模式的形成有重要关联。一方面，在农村地区，经济增长使个人收入提高，可能减少农村居民因经济过度依赖导致的代际冲突；另一方面，农村“半工半耕”的新代际分工模式的形成导致老年父母在劳务支持上向成年子女倾斜，但这也换来了成年子女更经常的情感回馈。[②]

（2）家庭代际关系对农村随迁父母心理福利的影响。农民工随迁父母的心理福利是实现“以人为核心”的城镇化的重要内容，崔烨等认为，在迁移带来家庭生计与生活场域剧烈变动的压力情境下，良好的家庭关系和较高的代际团结水平是流动人口家庭抵抗外界风险的重要支撑。他们基于代际团结理论，探讨家庭代际关系（包括代际联系、代际情感、代际支持和代际共识）对农村随迁父母心理福利的影响发现，农村随迁父母与子女有较高的代际团结水平和较强的家庭凝聚力，代际情感是影响农村随迁父母心理福利的重要因素，与代际联系频率相比，代际联系质量和随迁父母

---

① 聂伟、风笑天：《就业质量、社会交往与农民工入户意愿——基于珠三角和长三角的农民工调查》，载《农业经济问题》2016年第6期。

② 韦宏耀、钟涨宝：《团结还是疏离：转型期的农村居民代际支持——基于全国农村地区微观数据的分析》，载《中国农村经济》2016年第6期。

自身的城市社会融入情况对其心理福利更为重要，代际共识对农村随迁父母的心理福利具有积极作用，而向子女提供经济支持则降低了农村随迁父母的心理福利。在农村流动人口家庭化迁移的趋势下，有必要将包括随迁父母在内的城市“新移民家庭”同时纳入城市基本公共服务的框架内，并通过社区建设，促进随迁父母融入城市社区。①

2. 农村居民的代际流动性

关于农村居民的代际流动性问题，学者们主要集中在收入流动性的阶段性变动、收入代际传递机制和财产流动性三个方面。

（1）收入流动性的阶段性变动。2016 年，学者们运用较新和时期跨度较大的微观数据，对农村居民的收入流动性进行了深化研究，但得出的结论仍然存在分歧。

陈杰等研究发现，农村居民代际收入弹性在 1989 ~ 2011 年间平均为 0.39，采用三年均值收入得到的修正结果均高于 0.4，表明农村居民代际收入流动性并不乐观。分时期来看，1997 年以前，农村剩余劳动力大规模外出务工刚刚开始，乡镇企业方兴未艾，父代收入对子代收入影响较大，代际收入弹性逐渐升高，收入流动性较低；1997 年以后，随着城市经济发展的加快，农村青年能够在较少依赖父代的情况下，获得提高收入的大量机会，代际收入流动性提高；然而，2011 年代际收入弹性却有所反弹，收入流动性下降。②

杨穗研究则得出，1993 ~ 1995 年期间，农村家庭收入增长缓慢，家庭收入的变动主要表现为相邻或相近位置上排序的变动，而整体的收入流动性不强。③ 这与陈杰等的研究基本一致。但与陈杰等认为 1997 年以后代际收入流动性有所提高不同，杨穗进一步细分了收入流动性的不同阶段并发现，2000 ~ 2002 年期间，只有低收入家庭存在收入收敛的现象，而中高收入家庭的收入变动是发散的，整体的收入流动性仍然较弱，“富者越富”的现象突出。2007 ~ 2009 年期间，低收入家庭的收入收敛性依然较强，中等收入群体的收入收敛性有所提高，而高收入群体的收入发散性减弱，使

---

① 崔烨、靳小怡：《家庭代际关系对农村随迁父母心理福利的影响探析》，载《中国农村经济》2016 年第 6 期。

② 陈杰、苏群、周宁：《农村居民代际收入流动性及传递机制分析》，载《中国农村经济》2016 年第 3 期。

③ 杨穗：《中国农村家庭的收入流动与不平等》，载《中国农村经济》2016 年第 2 期。

得这一时期整体的收入流动性明显增强。从相对流动性来看，2007~2009年期间流动性最强，其次是在2000~2002年，最低出现在1993~1995年。同时，通过对收入差距变动的分解研究发现，代表绝对流动的收入增长在三个阶段都是累进性的，即是有利于穷人的增长。然而，只有在1993~1995年间收入增长的累进性部分超过了收入再排序的流动性部分，收入差距得以缩小。在2000~2002年和2007~2009年期间，收入的相对流动性逐渐增强，但收入增长的累进性部分不足以抵消收入再排序的流动性部分，收入差距反而扩大了。①

之所以出现这样的分歧，可能的原因在于所使用数据来源和不同时间跨度，以及对流动性的测算方法不同导致的，比如，陈杰等是利用中国健康与营养调查（CHNS）1989~2011年的连续数据，采用代际收入弹性测算收入流动性，而杨穗则是利用1995年、2002年和2007~2009年CHIP农村住户调查的不同时期的阶段性数据，采用均值回归模型测算农村居民收入的收敛性。

（2）农村居民收入代际传递机制。陈杰等认为，以子代受教育年限代表的人力资本投资确实是解释农村代际收入流动性的重要因素，而以子代职业类型代表的社会资本投资则在农村居民代际收入传递机制中扮演着更加重要的角色。从而，强调了通过提高教育的公平性对提升农村居民代际收入流动性的重要作用。② 杨穗也同样关注了教育对农村居民收入增长和收入流动性的正向影响，同时也认为农村居民收入流动性变化趋势与中国经济增长、劳动力市场发展以及收入分配制度演变密切相关。从而将发展农村经济，完善非农就业政策，建立农民稳定增收的长效机制，作为改善农民收入流动、缩小收入差距的重要途径。③

（3）财产的代际传递。孔德帅等以内蒙古牧民草原畜牧业经营为研究对象考察了农村居民财产代际传承意愿，研究发现，牧民草原畜牧业经营代际传递意愿总体较弱，仅有34.0%的牧民明确表示愿意子女继续从事草原畜牧业经营。其中，少数民族、家中有村干部的样本牧民具有较强的草原畜牧业经营代际传递意愿；年龄越大，牧民草原畜牧业经营代际传递意愿越强。家庭人口数和家庭畜牧业从业人数都对牧民草原畜牧业经营代际

①③ 杨穗：《中国农村家庭的收入流动与不平等》，载《中国农村经济》2016年第2期。

② 陈杰、苏群、周宁：《农村居民代际收入流动性及传递机制分析》，载《中国农村经济》2016年第3期。

传递意愿有显著的正向影响。①

二、农村金融

随着经济发展进入新常态，农村经济发展的内外部条件也发生了根本性变化。与此相对应，学者们开始在新的历史阶段重新审视农村金融制度改革效果，总结农村金融领域发生的新变化。

（一）农村金融制度改革效果评估

长期以来，政府推动了一系列农村金融制度改革，然而这些改革是否很好地满足了三农发展的需要，推动了农村经济社会发展，需要学者们做出科学的判断，从而为深化农村金融制度改革提供有针对性的政策建议。

1. 农村金融制度改革的效果

学者们在梳理了改革开放以来我国农村金融制度改革进程的基础上，对农村金融制度改革效果进行了评价，主要有两个方面：

第一，肯定了农村金融制度改革推动农村经济发展的作用。比如，丁志国等指出，中国农村金融所采取的一系列改革与创新措施是顺应历史发展规律的，也是符合经济发展需求的。农村金融发展同农村经济发展存在明显的正相关关系，相关系数为0.9940，农村金融发展同农村居民人均纯收入相关系数为0.9875，并均在1%水平通过了显著性检验。②

第二，明确指出了农村金融制度改革效果低下。农村金融制度改革效果低下突出的表现在，虽然进行了一系列的农村金融制度改革，但是农村依然存在着严重的金融供给不足。比如，张宁宁认为，农村金融制度的演进与农村经济体制的变迁路径不匹配，且其变革程度与绩效远低于后者。③曹雷则直接指出，虽然农村金融改革使得农村基本金融服务有所改善，但

---

① 孔德帅、胡振通、靳乐山：《牧民草原畜牧业经营代际传递意愿及其影响因素分析——基于内蒙古自治区34个嘎查的调查》，载《中国农村观察》2016年第1期。

② 丁志国、张洋、覃朝晖：《中国农村金融发展的路径选择与政策效果》，载《农业经济问题》2016年第1期。

③ 张宁宁：《“新常态”下农村金融制度创新：关键问题与路径选择》，载《农业经济问题》2016年第6期。

是农村小微企业、农户贷款难仍然普遍存在，“普惠金融悖论”问题仍然突出，农村金融体系仍存在成本高、不可持续等问题。①

2. 农村金融制度改革效果低下的主要原因

学者们剖析了农村金融制度改革效果低下的深层次原因，主要有：

第一，金融支农政策的选择性制定与选择性执行。董玄等深入政策制定和执行过程，通过政策目标—政策制定—政策执行“三层分析”框架对金融制度改革效果低下做出解释。她们认为，虽然政策从不同方面进行努力，以求达到金融普惠的政治目标，但在政策制定者那里，开始出现选择性制定，在政策执行者那里，又会遭遇选择性执行。在多元目标的选择中，政治性政策常常被商业性金融的制度逻辑所主导，从而产生令人失望的结果。②

第二，自上而下的农村金融改革忽略了农村的金融需求。张宁宁指出，中国农村金融制度改革创新具有改革对象单一化、制度变迁强制性、制度推行渐进性和制度变革不彻底的演进特征。农村金融制度创新是由政府主导的自上而下的制度变革，而非基于农村金融内生需求的变迁。③ 曹雷也指出，我国前期推动的机构导向、行政主导的农村金融改革忽略了农村的金融服务需求与市场化的关系，尚未从根本上解决我国农村金融问题。④

第三，政府作为不到位。粟芳等用渗透度、使用度和效用度衡量普惠金融发现，农村金融宏观渗透度和微观使用度均不高，效用度较低，并实证证实了有为政府对农村普惠金融发展的作用，认为有为政府应在政策扶持、基层工作和基础设施等方面都有所作为。分地区来看，东部地区的普惠金融发展最好，西部地区次之，中部地区最差。西部地区政府最有作为，东部地区次之，中部地区的政府作为程度最低。具体而言，东部地区的基础设施最好，中部地区的政策扶持最少，基层工作也最不到位，西部

---

①④ 曹雷：《新时期我国农村金融改革效果评估：基于总体的视角》，载《农业经济问题》2016 年第 1 期。

② 董玄、周立、刘婧玥：《金融支农政策的选择性制定与选择性执行——兼论上有政策、下有对策》，载《农业经济问题》2016 年第 10 期。

③ 张宁宁：《“新常态”下农村金融制度创新：关键问题与路径选择》，载《农业经济问题》2016 年第 6 期。

地区的政策扶持和基层工作都很突出，但基础设施却很落后。①

3. 完善农村金融制度改革的建议

针对农村金融制度改革的低效及其形成原因，学者们给出了有针对性的政策建议：

第一，正确处理政府与市场的关系。丁志国等指出，就农村金融理论发展来看，当前阶段农村金融的发展尚不能完全放任市场体制调节，但也不能任由政府部门的全权管控，需要在政府政策性支持与引导下充分发挥市场经济作用，逐渐形成合理稳定的农村金融体系。② 曹雷则直接提出，深化农村金融体制改革需要处理好行政引导与市场化改革，以及顶层设计与微观实践之间的关系。③

第二，完善农村金融顶层设计。张宁宁指出，应努力探寻农村金融制度创新路径，具体包括做好农村金融制度创新的顶层设计，采取自下而上的创新方式，合理确定创新边界，明晰创新实施主体，放松农村金融制度创新政策约束。④

第三，将农村金融的多元目标分解到不同部门。董玄等指出，政策制定者和执行者落入了多元目标困境，倚重商业金融体系支农是一条难以走通的金融普惠道路，需要将多元目标分解到各司其职的多个机构，重新考虑政策性、商业性、合作性机构互相分工、互为补充的农村金融体系。⑤

第四，提升从业人员和农民综合素养。丁志国等指出，加强农村金融体制建设，需要逐步提升从业人员综合素养，同时面向农民大力宣扬安全借贷、诚信借贷意识。⑥

（二）将社会资本纳入农村金融研究框架

鉴于我国农村传统文化和习俗保存相对较好，人们之间社会关系更为

---

① 粟芳、方蕾：《“有为政府”与农村普惠金融发展——基于上海财经大学2015“千村调查”》，载《财经研究》2016年第12期。

②⑥ 丁志国、张洋、覃朝晖：《中国农村金融发展的路径选择与政策效果》，载《农业经济问题》2016年第1期。

③ 曹雷：《新时期我国农村金融改革效果评估：基于总体的视角》，载《农业经济问题》2016年第1期。

④ 张宁宁：《“新常态”下农村金融制度创新：关键问题与路径选择》，载《农业经济问题》2016年第6期。

⑤ 董玄、周立、刘婧玥：《金融支农政策的选择性制定与选择性执行——兼论上有政策、下有对策》，载《农业经济问题》2016年第10期。

紧密，从而社会资本对农村经济发展存在明显影响的客观情况，学者们将社会资本纳入农村金融问题研究框架，从不同角度研究了社会资本对农村金融的影响，以期为农村金融发展提出更有针对性、更有效的制度设计。社会资本对农村金融市场的影响主要体现在：

1. 社会资本的风险分担职能能够平滑农户消费

由于农村社会网络等社会资本具有风险分担的功能，从而对农村居民消费和储蓄产生影响。

第一，社会资本的风险分担职能一定程度上缓解了农村正规金融发展不足问题，平滑农户消费。王晓全等指出，在我国农村地区，保险市场发展相对落后，多数农村家庭受到正式借贷融资的严重约束，但是由于传统习俗和文化在农村有较好的保留和继承，人们常常通过互助等非正式金融制度安排来共渡难关。他们利用中国家庭动态跟踪调查（CFPS）2010 年全国范围数据的实证研究也验证了社会网络具有风险分担的功能，有利于平滑农户的消费水平。[①]

第二，社会资本的风险分担职能会作用于储户行为，降低储户储蓄率。王春超等同样基于中国家庭追踪调查 2010 年调查数据研究发现，社会网络通过其内部的风险分担机制发挥着非正式保险的作用，进而降低农户储蓄率。不同种类社会网络关系的风险分担职能有所差异，对储蓄率的影响也存在差别，亲戚这种“强关系”能显著降低农户储蓄率，而朋友这种“弱关系”则不显著。[②]

2. 社会资本的声誉效应能够促使农户履约

米运生等认为，“公司 + 农户”组织中广泛存在的互联性贷款，既是一种内生性的市场化农户贷款模式，也是依赖声誉效应的自我履约机制。互联性贷款作为民间金融的一种常见形式，它可以利用人际信任、社会惩罚等传统手段实施其契约。作为创新抵押品的特殊交易模式，它能通过将违约者逐出关联市场、实现信贷违约成本内部化而迫使农户信守承诺。[③]

---

① 王晓全、骆帝涛、王奇：《非正式保险制度与农户风险分担建模与政策含义——来自 CFPS 数据的实证研究》，载《经济科学》2016 年第 6 期。

② 王春超、袁伟：《社会网络、风险分担与农户储蓄率》，载《中国农村经济》2016 年第 3 期。

③ 米运生、曾泽莹、何璟：《农村互联性贷款的存在逻辑与自我履约——基于声誉视角的理论分析》，载《经济科学》2016 年第 3 期。

3. 社会资本增加信贷的可得性

学者们通过调研和实证研究基本都得出了社会资本有利于提高信贷可得性的结论。比如，申云利用对重庆三峡库区的调查数据研究明确指出，农户家庭社会资本对于农户借贷具有显著的正向影响。① 与此同时，学者们还从不同角度将社会资本对信贷可得性影响的研究推向深入。

第一，将社会资本细分为正式和非正式社会资本。李庆海等将农户产生信贷需求后面临的门槛区分为农户自身"信贷恐慌"引致的主观门槛和金融机构惜贷引致的客观门槛，将社会资本区分为正式和非正式社会资本。他们采用2013年江苏和山东两省调查数据研究发现，正式和非正式社会资本有助于农户跨越融资的主观和客观门槛，无论从显著性水平还是系数大小绝对值来看，正式社会资本对农户跨越客观门槛的作用相对较大，非正式社会资本对农户跨越主观门槛的作用相对较小。非正式社会资本在不同门槛的作用差异相对正式社会资本更大一些，不同类型社会资本对客观门槛的作用相对主观门槛要弱一些。此外，这种跨越作用随着市场化进程、正规金融发展和农户收入增长而减弱。②

第二，将社会资本细分为社会资本深度和广度。申云研究认为，农户社会资本中组织关系圈、亲属关系圈和政府关系圈都对农户获取正规金融借贷存在显著正向影响，说明农户社会资本越大越有利于获取正规金融渠道融资。农户向非正规金融渠道借贷受到家族成员在当地的势力程度、亲属的信任程度、亲密亲朋政治级别和财富级别的影响，农户拥有的社会资本越大，越有利于其通过非正规金融渠道获取信贷支持。社会资本的深度（质量）远比社会资本的广度（数量）更为重要，在农户非正规金融借贷中尤为突出。③

三、农村土地流转

在农业供给侧结构性改革逐步推进、土地确权工作全面开展、农村社

①③ 申云：《社会资本、二元金融与农户借贷行为》，载《经济评论》2016年第1期。

② 李庆海、吕小锋、李锐、孙光林：《社会资本有助于农户跨越融资的双重门槛吗？——基于江苏和山东两省的实证分析》，载《经济评论》2016年第6期。

会保障覆盖面不断扩大的新背景下，作为资源优化配置的农村土地流转也呈现出新特征、新问题，学者们对此进行了深入研究。

（一）农村土地流转效应

近年来，我国农地流转市场正在经历快速发展，农户农地流转行为日趋活跃①，农地的集中化趋势明显，农地细碎化特征有所缓解②。针对土地流转市场的新变化，学者们从多角度评估了农地流转效应。主要有：

1. 促进“三农”发展

夏玉莲等实证考察农地流转对农业增产、农村发展和农民增收的效率情况指出，目前我国农地流转对“三农”发展的效率存在明显的不协调性和地区不平衡性，农业增产效率最大，农民增收效率次之，农村发展效率最差，农民增收的效率变化最大。从区域来看，东部发达地区的流转效率高于西部欠发达地区，但东部地区效率协调情况较差，西部地区则是无效的协调，反映我国大部分省份的农地流转属于低效率、低产出水平，农地流转模式与地区经济条件不匹配，投入产出不合理。③

钱忠好等就土地流转的农民增收效应进行了更为细致的考察，一是区分了土地转入户和转出户；二是区分了农户的不同收入来源。研究发现，农地流转总体上能促进转入户和转出户家庭总收入提高，相比较而言，农地流转更有利于转出户增加家庭总收入。就不同收入来源而言，农地流转不利于转入户工资性收入的增加，但有利于其经营性收入增加，且农地流转所带来的经营性收入的增加效应足以抵消工资性收入的减少效应，从而有利于转入户家庭总收入增加。农地流转有利于转出户经营性收入、工资性收入和转移性收入的增加，从而有利于转出户家庭总收入的增加。④

---

① 钱忠好、冀县卿：《中国农地流转现状及其政策改进——基于江苏、广西、湖北、黑龙江四省（区）调查数据的分析》，载《管理世界》2016 年第 2 期。

② 何欣、蒋涛、郭良燕、甘犁：《中国农地流转市场的发展与农户流转农地行为研究——基于 2013 - 2015 年 29 省的农户调查数据》，载《管理世界》2016 年第 6 期。

③ 夏玉莲、匡远配、曾福生：《农地流转、区域差异与效率协调》，载《经济学家》2016 年第 3 期。

④ 钱忠好、王兴稳：《农地流转何以促进农户收入增加——基于苏、桂、鄂、黑四省（区）农户调查数据的实证分析》，载《中国农村经济》2016 年第 10 期。

2. 促进农业产业结构调整

匡远配等指出，农业产业结构调整有供求两个方面的内生推动因素，农地流转可以通过需求方面的收入效应以及供给方面的技术效应和资本深化，推动农业产业结构变动。他们从农业产业结构合理化（产业间协调能力的加强和关联水平的提高）和产业结构高级化（产业结构从低水平向高水平状态发展的动态过程）两个维度实证考察发现，农地流转对农业产业结构优化能起到正向的促进作用，且非常显著。其中，农地流转对农业产业结构合理化的影响是正向的，但不显著；农地流转对农业产业结构高级化的影响也是正向的，显著性水平很高。①

3. 促进农村经济社会转型

匡远配等利用弹性系数计算 2001 ~2012 年农地流转在促进农业、农民和农村转型中的效应发现，农地流转对“三农”转型的效应具有非均衡性，农民转型、农村转型滞后于农业转型，但是三者总体演变和发展趋势是基本一致的。农地流转对农业转型、农民转型作用力量和方向上存在明显的区域差异，对农村转型作用方向全国基本一致，作用力有大小之分。②

（二）土地流转的影响因素

随着农村土地制度改革的推进，学者们突破了过去主要从农户特征方面研究土地流转影响因素的局限，将一些新的因素纳入土地流转影响因素的分析框架，进一步完善了土地流转影响因素的研究。

1. 城镇住房和农地依赖

王常伟利用沪、浙、苏等相对发达地区的农户微观调查数据，将城镇住房和农地依赖综合考虑来研究其对农户农地退出意愿的影响，研究结果表明，34.85%的样本农户具有承包权退出意愿，对农地依赖弱的农户更倾向退出承包权，但拥有城镇住房却由于财富效应的存在，在一定程度上抑制了农户承包权的退出意愿，从而导致最有条件退出农地承包权的农户

---

① 匡远配、周凌：《农地流转的产业结构效应研究》，载《经济学家》2016 年第 11 期。

② 匡远配、陆钰凤：《农地流转实现农业、农民和农村的同步转型了吗》，载《农业经济问题》2016 年第 11 期。

反而倾向选择持有农地承包权的悖论现象。①

2. 市民化能力

宅基地流转是农村土地流转的重要内容，钱龙等研究了市民化能力对宅基地流转的影响。他们基于温州试验区 502 个农户的调查数据研究发现，农户个体市民化能力增强能够有效促进宅基地流转，即收入中非农收入比例提升会正向促进其参与宅基地流转。但家庭市民化能力（即农户家庭收入）的提升对其流转宅基地影响不显著，但已经在城镇购买住房的农户有着更高的宅基地流转参与率，农户家庭市民化能力在一定条件下正向促进宅基地流转。②

3. 法律认知程度

钱龙等还研究了农户法律认知对宅基地流转的影响。他们通过调查显示，农户整体上对宅基地流转法律并不熟悉，高达 75% 的农户并不知道法律的禁止性规定。农户对宅基地所有权的法律认知对其流转行为的影响不显著，但是，与不了解宅基地流转法律规定的农户相比，熟悉这一规定的农户有着更高的流转参与率。③

4. 土地的产权性质

姚万军等认为，判断农地私有化是否是促进农地流转的必然选择的关键在于，判断经营权流转和私有产权流转两种流转方式中哪一种更适合农业资源禀赋条件，如果经营权流转更适合农业资源禀赋条件，考虑到改革的成本，就没有农地私有化的必然性。由于日本农户同时享有农地的经营权和所有权流转权，他们实证比较两种流转方式发现，经营权流转促进了日本农地的流转，而所有权流转并没有促进其农地流转。这是因为，非农化增值预期收益强化了农地的资产性作用，扭曲了市场对农地生产要素的配置机制。而农地经营权流转既可以保障农户在农地被征用为非农用地时获得高收益，又可以保证其在农地不被征用时通过从事农业生产获得基本

---

① 王常伟、顾海英：《城镇住房、农地依赖与农户承包权退出》，载《管理世界》2016 年第 9 期。

②③ 钱龙、钱文荣、郑思宁：《市民化能力、法律认知与农村宅基地流转——基于温州试验区的调查与实证》，载《农业经济问题》2016 年第 5 期。

收益。因此，农地私有化不是促进农地流转的必然选择。①

5. 社会保障水平

张锦华等利用2011年中国健康与养老追踪调查（CHARLS）基线数据实证研究发现，新型农村合作医疗制度（新农合）显著地提高了农户的农地流转意愿。这是因为，一方面新农合住院补偿政策降低了参合农户的家庭医疗支出，在一定程度上为增加农业生产投资提供了可能；另一方面，新农合的实施提高了参合农户的健康水平，进而使其劳动能力提高。然而，从实际流转情况来看，新农合并没有显著地影响流转农户的农地流转量，反而降低了土地转入量，不利于有效地流转和集中，影响农地的适度经营。②

6. 政府干预

黄忠怀等指出，政府强行干预土地集中流转，既可能造成新的不公，加剧村庄的社会分化与矛盾冲突，也将使不同利益主体面临巨大的经济社会风险。土地集中流转在部分村庄的成功，往往得益于区位优势和强大的内外部资源，其经验可能并不具有普适性与推广价值。农民对土地的依赖程度、村庄资源、农业社会化服务水平以及基层组织的动员能力等，是土地集中流转能否顺利实施的决定性因素。受区位、发展历史等因素影响，各地城镇化、工业化水平不尽相同，很多地区并不具备土地集中流转的条件。因此，政府的干预须有限度。③

7. 农地确权

随着农地确权在全国全面推开，学者研究了农地确权对农村土地流转的影响，但却得出了不同甚至完全相反的结论。

罗必良认为，农地确权在提升农户产权强度的同时，有可能因土地的人格化财产特征而强化“禀赋效应”，并进一步因“产权身份垄断”与

① 姚万军、曾霞、楚克本：《土地私有化是促进农地流转的必然选择吗？——基于日本经验的实证分析》，载《南开经济研究》2016年第1期。

② 张锦华、刘进、许庆：《新型农村合作医疗制度、土地流转与农地滞留》，载《管理世界》2016年第1期。

③ 黄忠怀、邱佳敏：《政府干预土地集中流转：条件、策略与风险》，载《中国农村观察》2016年第2期。

“产权地理垄断”而加剧对经营权流转的抑制。①

程令国等则认为，现有农地制度安排造成的高交易成本已经成为阻碍中国土地流转、实现资源配置的重要障碍。自2011年开始全国试点的农地确权制度为农用地的大规模流转奠定了产权基础。他们利用中国健康与养老追踪调查2011~2012年的农户调查数据研究发现，在其他条件相同的情况下，农地确权使得农户参与土地流转的可能性显著上升约4.9%，平均土地流转量上升了约0.37亩（将近1倍），土地租金率则大幅上升约43.3%。农地确权不仅降低了交易成本，促进了土地流转，同时也增强了农地的产权强度，从而提高了土地资源的内在价值。②

（三）进一步完善土地流转制度的建议

针对土地流转中出现的新情况、新问题，学者们从不同角度提出了进一步完善土地流转制度、提高土地流转效率的政策建议。

1. 强化顶层设计

匡远配等指出，要坚持“以人为本”的价值导向和“工业反哺农业、城市支持农村”的决策思路，将战略重心转移到农业、农民、农村的“三位一体”转型发展上来，深层思考和长远谋划农地流转。③ 匡远配等还指出，要将农地流转置于我国农业供给侧结构性改革的框架中，稳步推进农地适度流转，促进农地流转与农民工市民化有效衔接，补支农资金不足短板，加快科技支农步伐，提升农地流转的农业结构优化效应。④

2. 正确界定政府与市场的关系

第一，对政府农地流转行为进行必要限定。马贤磊等认为，在当前农村特定的人地关系和社会经济环境背景下，政府在农地流转中不仅要做“裁判员”，而且要做“运动员”角色。两种角色的共存互补可以有效地

---

① 罗必良：《农地确权、交易含义与农业经营方式转型——科斯定理拓展与案例研究》，载《中国农村经济》2016年第11期。

② 程令国、张晔、刘志彪：《农地确权促进了中国农村土地的流转吗?》，载《管理世界》2016年第1期。

③ 匡远配、陆钰凤：《农地流转实现农业、农民和农村的同步转型了吗》，载《农业经济问题》2016年第11期。

④ 匡远配、周凌：《农地流转的产业结构效应研究》，载《经济学家》2016年第11期。

降低交易成本，显化农地交易价格，稳定农地经营预期。为避免政府“运动员”角色可能带来的侵权负面效应，需要对政府农地流转行为进行必要地限定，以避免侵害农民农地流转自主权。从长远来看，随着农户农地流转意识和能力的提高，农地流转市场的逐步完善，尤其是农地流转市场环境的改善，政府应该逐步退出“运动员”角色，依靠市场主体本身或发展非政府性质的中介组织来促进农地流转。[①]

第二，发挥政府的引导和管理作用。钱忠好等认为，政府要在尊重农民农地流转意愿、坚持自愿原则的基础上，积极主动地发挥引导和管理作用。要做好确权登记等工作，加强农地流转合同管理，完善农地流转服务网络，规范各级政府在农地流转中的参与机制等。[②]

3. 保障农户家庭经营主体地位

李宁等从农地产权结构细分对“三权（农地所有权、承包权、经营权）分置”构成的约束角度研究指出，农地使用权的细分需要承包权与经营权实现结果上的分置，但是分置的结果又容易造成农地使用权细分的无效率。这种矛盾就要求，在通过农地经营权流动与集中、建立和发展多种农业经营主体的同时，需要保障农户家庭经营的主体地位，并加强与其他主体、新型农业社会化服务组织之间的合作共赢。[③] 匡远配等也提出要在农地流转中保护小农经济和中产阶层[④]的建议。

4. 建立农村土地流转服务中心

罗玉辉等基于马克思主义公有制理论、产权理论和地租理论对在坚持集体所有制原则下开展农村土地流转进行了肯定，并提出了在中国农村土地确权后设立“农村土地流转服务中心”，以促进农村土地实现科学、规范、有序流转的设想。[⑤]

---

① 马贤磊、仇童伟、钱忠好：《农地流转中的政府作用：裁判员抑或运动员——基于苏、鄂、桂、黑四省（区）农户农地流转满意度的实证分析》，载《经济学家》2016年第11期。

② 钱忠好、冀县卿：《中国农地流转现状及其政策改进——基于江苏、广西、湖北、黑龙江四省（区）调查数据的分析》，载《管理世界》2016年第2期。

③ 李宁、陈利根、孙佑海：《现代农业发展背景下如何使农地“三权分置”更有效——基于产权结构细分的约束及其组织治理的研究》，载《农业经济问题》2016年第7期。

④ 匡远配、陆钰凤：《农地流转实现农业、农民和农村的同步转型了吗》，载《农业经济问题》2016年第11期。

⑤ 罗玉辉、林龙飞、侯亚景：《集体所有制下中国农村土地流转模式的新设想》，载《中国农村观察》2016年第4期。

5. 进一步明确农地权属

王常伟等提出，要进一步明晰农地权属，确定相对稳定的补偿机制，使农户对农地价值形成较合理的预期，引导最有条件的农户自愿选择农地承包权退出。[①]

四、农业发展

（一）农业发展战略评估与改进

1. 我国农业发展战略评估

鉴于我国农业发展的长足进展，学者们开始重新审视我国农业发展所处的发展阶段。总体而言，学者们基本都认为，中国农业发展总体上已经解决了吃饭问题，进入农业发展的新阶段、新常态。比如，蔡昉等认为，中国农业发展总体上已经完成解决食品供给问题和解决农民收入问题的阶段，正处在解决农业生产方式问题的第三个阶段。[②] 在农业发展的新阶段，学者们在肯定我国原有的农业发展战略取得巨大成就的同时，从农业发展战略导致的农业领域问题角度指出了三农发展战略的不足。比如党国英指出，中国基本解决了百姓的吃饭问题，但为此付出的成本很高。[③] 学者们提出的三农发展战略导致的问题主要有：

第一，农业缺乏竞争力。蔡昉等指出，我国农业出现了资本报酬递减现象，显现出作为一个产业缺乏自立性和竞争力。[④]党国英也指出，以往中国农业发展的核心目标是主要农产品的数量增长，未能注重农产品价值构成的成本下降。主要农产品成本过高，由国家财政维持农产品高价格的

---

① 王常伟、顾海英：《城镇住房、农地依赖与农户承包权退出》，载《管理世界》2016 年第 9 期。

②④ 蔡昉、王美艳：《从穷人经济到规模经济——发展阶段变化对中国农业提出的挑战》，载《经济研究》2016 年第 5 期。

③ 党国英：《中国农业发展的战略失误及其矫正》，载《中国农村经济》2016 年第 10 期。

支撑力一旦崩塌，数量保障将会丧失，这是中国农业发展面临的严峻挑战。[①] 农业竞争力低下的主要原因，一方面是以农业产业特殊论为代表的传统观念禁锢了农业发展的政策思路，使中国农业开始走向过度依赖补贴和保护的道路，农业发展新阶段的任务迟迟不能破题。[②] 另一方面是既往土地制度、财政支农制度、农业经营组织制度及农村劳动资源调节制度等方面的改革未触及要害或进展缓慢，这是中国农业发展战略扭曲变形的基本原因。[③]

第二，农产品供求结构性失衡。陈锡文指出，国内粮食产量、进口粮食数量、社会库存总量连续出现了“三量齐增”的局面，主要原因在于粮食供求的品种结构存在突出矛盾，国内粮食供给的品种结构明显不适应国内市场的需求。[④] 从整个农业来说，也存在同样的供求结构问题。宋洪远指出，中国农业发展的突出矛盾和问题在供给侧，主要表现为农产品供给未能很好地适应消费需求的变化。[⑤]

第三，农业生产布局与资源环境不匹配。李靖等指出，我国农业生产力布局仍然存在区域资源承载力不平衡、布局不平衡、生产过程资源低效利用和高能耗高成本等问题，资源环境约束对农业生产力布局影响更加明显。[⑥]

2. 进一步完善我国农业发展战略的政策建议

针对我国农业发展中存在的主要问题，学者们提出了进一步完善我国农业发展战略的政策建议，主要有：

第一，推进农业供给侧结构性改革。蔡昉等指出，现行土地制度和户籍制度等体制性因素，妨碍土地经营规模的扩大，成为农业生产方式与工业化、信息化、城镇化同步实现现代化的障碍。相关领域的制度变革和政策调整，不仅本身可以产生提高潜在增长率的改革红利，还为解决农业下一个发展阶段的任务解除制度束缚。旨在构建中国特色现代化农业生产方

---

①③ 党国英：《中国农业发展的战略失误及其矫正》，载《中国农村经济》2016 年第 10 期。

② 蔡昉、王美艳：《从穷人经济到规模经济——发展阶段变化对中国农业提出的挑战》，载《经济研究》2016 年第 5 期。

④ 陈锡文：《落实发展新理念破解农业新难题》，载《农业经济问题》2016 年第 3 期。

⑤ 宋洪远：《关于农业供给侧结构性改革若干问题的思考和建议》，载《中国农村经济》2016 年第 10 期。

⑥ 李靖、张正尧、毛翔飞、张汝楠：《我国农业生产力布局评价及优化建议——基于资源环境承载力的分析》，载《农业经济问题》2016 年第 3 期。

式的政策努力，本是并且应该成为供给侧结构性改革的逻辑组成部分。[①] 宋洪远指出，应以改善农产品供给结构为重点，着力推进农业供给侧结构性改革。[②] 薛亮则认为，推进农业供给侧结构性改革，最重要的是体制创新和科技创新。[③]

第二，落实新发展理念破解农业新难题[④]。在农业领域贯彻落实新发展理念，学者们突出强调了农业的绿色发展。于法稳指出，必须在习近平绿色发展思想的指导下，推动中国农业的转型发展。农业的绿色转型发展既有利于保护水土资源，保障农产品质量安全，提高中国农产品国际竞争力，也有利于提高国人的健康水平，全面推进农村生态文明建设。[⑤]

第三，加强工农业联动发展。徐建国等指出，目前，我国农业生产率依然较低，农业人口占比依然很大，联动效应的作用空间依然显著，政策层面应该继续因势利导，推进土地和户籍制度改革，发挥工农业联动效应，进一步培育经济增长潜力。[⑥]

（二）农业现代化

1. 现代农业主体

农业现代化离不开现代化的主体，学者们主要从家庭农场和职业农民两个方面进行了深入研究。

第一，家庭农场。学者们认为，农业可持续发展已经成为农业政策的新目标，以家庭农场为代表的新型农业经营主体迅猛发展，正在成为现代农业的有生力量，它们面临着承担起实现农业政策新目标的主要任务。[⑦] 与小农户经营相比，家庭农场经营表现出明显的优势：一是家庭农场劳动

---

① 蔡昉、王美艳：《从穷人经济到规模经济——发展阶段变化对中国农业提出的挑战》，载《经济研究》2016 年第 5 期。

② 宋洪远：《关于农业供给侧结构性改革若干问题的思考和建议》，载《中国农村经济》2016 年第 10 期。

③ 薛亮：《当前农业创新发展的几个问题》，载《农业经济问题》2016 年第 5 期。

④ 陈锡文：《落实发展新理念破解农业新难题》，载《农业经济问题》2016 年第 3 期。

⑤ 于法稳：《习近平绿色发展新思想与农业的绿色转型发展》，载《中国农村观察》2016 年第 5 期。

⑥ 徐建国、张勋：《农业生产率进步、劳动力转移与工农业联动发展》，载《管理世界》2016 年第 7 期。

⑦ 蔡颖萍、杜志雄：《家庭农场生产行为的生态自觉性及其影响因素分析——基于全国家庭农场监测数据的实证检验》，载《中国农村经济》2016 年第 12 期。

生产率显著提升[①]；二是家庭农场的生产行为已初具生态自觉性[②]。但是，目前家庭农场也存在着过度规模化、劳动力短缺、生产成本上涨、经营结构单一、社会化服务落后、议价能力低等诸多风险[③]，政府有必要加强政策引导和扶持。

第二，职业农民。学者们认为，农业现代化关键依靠农业科技进步与培养新型职业农民，培育新型职业农民就是培育现代农业的现实和未来[④]。也有学者将其称作新农人。比如，农业部农村经济体制与经营管理司课题组就指出，新农人作为农业领域创业的重要力量，已经成为推进农业供给侧结构性改革的先行者。与传统农民不同，他们有新思维、新理念、新的营销手段、新的组织形式和新的知识，能够立足于自身实际发展农业生产经营，在丰富农业业态、改变农村面貌、促进产业融合等方面，发挥了一定的积极作用。[⑤]

关于新型职业农民的培养问题，学者们也提出了不同的政策建议：一是坚持走“内生主导、外生推动”的新型职业农民培育之路。[⑥]二是政府引导和支持。农业部农村经济体制与经营管理司课题组指出，职业农民面临着比一般新型农业经营主体更为突出的用地、融资、雇工、物流、基础设施等方面的困难，以及家庭不理解、社会不认可、对农业不熟悉等自身问题。对新农人这个群体，要给予更多的关心呵护，以发展的眼光、开放的心态、宽松的环境，引导和支持他们健康成长。[⑦]三是进行制度创新。朱启臻等指出，新型职业农民的培养和形成还需要特定的环境，土地制度、农业组织制度、政府的支持与服务以及农民教育制度都是新型职业农民生成的重要环境因素，这就要求通过制度创新为新型职业农民创造良好的成长环境和条件。[⑧]

---

①③　张悦、刘文勇：《家庭农场的生产效率与风险分析》，载《农业经济问题》2016 年第 5 期。

②　蔡颖萍、杜志雄：《家庭农场生产行为的生态自觉性及其影响因素分析——基于全国家庭农场监测数据的实证检验》，载《中国农村经济》2016 年第 12 期。

④⑥　徐辉：《新常态下新型职业农民培育机理：一个理论分析框架》，载《农业经济问题》2016 年第 8 期。

⑤⑦　农业部农村经济体制与经营管理司课题组：《农业供给侧结构性改革背景下的新农人发展调查》，载《中国农村经济》2016 年第 4 期。

⑧　朱启臻、胡方萌：《新型职业农民生成环境的几个问题》，载《中国农村经济》2016 年第 10 期。

2. 农业合作社效率评估与改进

我国农业合作社的发展近些年来虽然在数量上有较快的增长，但其运营效率却还不尽如人意。学者们通过对农业合作社的运行效率的评估，寻求农业合作社效率低下的原因，找到进一步提高农业合作社效率的途径。

第一，农业合作社效率评估。王图展从农民合作社的议价权和自生能力评估了其经济绩效，他们基于全国 381 家生产类农民合作社的大样本调查数据和 Probit 模型实证研究发现，当前农民合作社普遍还不具备增强议价权的市场条件和相应能力。① 崔宝玉等将农业合作社效率区分为经济效率、社会效率和交易效率，并基于安徽省 2014 年 299 家农民专业合作社的调查数据，运用 DEA 与 SFA 相结合的三阶段 DEA 方法研究发现，农民专业合作社的经济效率、社会效率和交易效率水平都总体偏低，且社会效率水平最低。②

第二，农业合作社效率低下的原因。一是农业合作社治理结构不合理。王真实证研究发现，社员制度、股权结构、决策方式、盈余分配四个方面的治理机制对社员增收效果具有显著影响。③ 陆倩等认为，我国缺乏有效的农民合作社的主要原因在于大多数农民合作社的产权治理不合理。目前农民合作社的所有权、决策权与剩余利润索取权相对过于集中，使用权差异不明显。④ 二是农业合作社技术效率低下。崔宝玉等认为，农民专业合作社效率偏低是由纯技术效率低下和规模效率低下共同造成的，其中，农民专业合作社的纯技术效率要严重低于规模效率。⑤三是交易成本和组织成本高。邓衡山等认为，在中国现阶段，由于农产品质量监管不完善、农户经营规模小且农户间异质性强和制度建构外部支持缺失，合作社降低交易成本、获取规模经济的优势难以发挥，而组织成本高昂的劣势却更加突出，这是真正意义的合作社在中国难寻的根本原因。⑥

---

① 王图展：《农民合作社议价权、自生能力与成员经济绩效——基于 381 份农民专业合作社调查问卷的实证分析》，载《中国农村经济》2016 年第 1 期。

②⑤ 崔宝玉、徐英婷、简鹏：《农民专业合作社效率测度与改进“悖论”》，载《中国农村经济》2016 年第 1 期。

③ 王真：《合作社治理机制对社员增收效果的影响分析》，载《中国农村经济》2016 年第 6 期。

④ 陆倩、孙剑、向云：《农民合作社产权治理现状、类型划分及社员利益比较——中国为何缺乏有效的农民合作社》，载《经济学家》2016 年第 9 期。

⑥ 邓衡山、徐志刚、应瑞瑶、廖小静：《真正的农民专业合作社为何在中国难寻？——一个框架性解释与经验事实》，载《中国农村观察》2016 年第 4 期。

第三，改进农业合作社效率的政策建议。学者们基本都认为，要形成真正的农业合作社，提高农业合作社效率，必须要进行制度改革和重大政策调整。张连刚等提出的农民合作社发展顶层设计构想具有一定的代表性。主要包括：一是要加快合作社法修订进程，完善合作社法律；二是要进一步扩大对合作社的财政补贴范围；三是要进一步鼓励和推进合作社创新；四是要建立和完善财政支持合作社发展的瞄准机制；五是要进一步加大对合作社示范社的规范化建设与监管力度；六是要明确政府在合作社发展过程中的角色定位；七是要制定更加优惠的政策鼓励和引导高校毕业生到合作社工作，解决人才短缺问题。① 在政府支持资源投向上，邓衡山等提出，应该将更多资源用于农户的组织化能力建设上，提高农户对合作社的认知水平，培育农户管理和运营合作社的能力。②

五、“互联网+‘三农’”

随着互联网技术的快速发展，“互联网+”在“三农”领域也得到快速发展，以淘宝村为代表的“互联网+‘三农’”的新经济模式逐步成为“三农”领域发展的新亮点，并逐步进入学者们研究视野。主要的研究进展有：

（一）“互联网+‘三农’”的意义

1. 推动了农业生产方式变革

周绍东认为，“互联网+”作为一种新的生产力形态，改变了农业生产中劳动者与生产资料的结合方式，推动了农业生产方式变革。“互联网+‘三农’”不仅有助于解决农业企业化经营模式中资本监督劳动的问题，也有助于提高农业家庭经营模式中的规模经济效应，还可以通过产品创新和社会分工广化来弥补农业生产过程难以实现流程专业化和纵向分工

① 张连刚、支玲、谢彦明、张静：《农民合作社发展顶层设计：政策演变与前瞻——基于中央“一号文件”的政策回顾》，载《中国农村观察》2016年第5期。

② 邓衡山、徐志刚、应瑞瑶、廖小静：《真正的农民专业合作社为何在中国难寻？——一个框架性解释与经验事实》，载《中国农村观察》2016年第4期。

的缺陷。[①]

2. 提供了乡村城镇化的新方向

房冠辛认为，借助互联网经济和技术创新，“淘宝村”将乡村传统和现代因素有效融合，在赋予农民充分自主权的基础上，实现了对“农业、农村、农民”的“一体配套式”现代化改造，成为借助“互联网+”驱动乡村转型的样板，也必将为乡村城镇化带来更大的发展空间，成为乡村城镇化的新方向。[②]

3. 开创了农村经济发展的新模式

董坤祥等认为，随着互联网技术的发展和互联网商业模式的创新，“互联网+农业”已成为促进农业产业发展与升级，增加农民收入，加快城镇化建设的重要推动力。以县域电子商务和淘宝村带动形成的农村电商集群，已成为促进农村经济发展的有效模式。[③]

（二）“互联网+‘三农’”的基本特征

1. 工业化小商品和农产品是主要交易商品

淘宝村或者以工业产业作为主要交易商品，或者以农产品作为主要交易商品。比如，浙江义乌地区的淘宝村主要是以各种工业化小商品为主，而浙江遂昌的淘宝村则是以特色农产品为主。

2. 集群式发展

房冠辛指出，“淘宝村”出现了地域性集群，以浙江义乌为代表的区域成为重点集聚区。[④] 董坤祥等指出，随着农村电子商务的普及，离散的

---

① 周绍东：《“互联网+”推动的农业生产方式变革——基于马克思主义政治经济学视角的探究》，载《中国农村观察》2016年第6期。

② 房冠辛：《中国“淘宝村”：走出乡村城镇化困境的可能性尝试与思考——一种城市社会学的研究视角》，载《中国农村观察》2016年第3期。

③ 董坤祥、侯文华、丁慧平、王萍萍：《创新导向的农村电商集群发展研究——基于遂昌模式和沙集模式的分析》，载《农业经济问题》2016年第10期。

④ 房冠辛：《中国“淘宝村”：走出乡村城镇化困境的可能性尝试与思考——一种城市社会学的研究视角》，载《中国农村观察》2016年第3期。

淘宝村逐渐向产业集群方向发展，多个地理临近、产业相似的淘宝村已开始在江苏、浙江、广东、河北等地聚集。①

3. 明显的地方特色

董坤祥等指出，农村电商集群中产品与生产过程、商业模式和融资方式与当地自然资源、产业资源、产品特性和政府政策等因素进行匹配，如单纯复制其他农村电商集群发展模式往往会产生模式不吻合的问题。②

（三）“淘宝村”的形成条件

部分学者深入分析了“淘宝村”形成和发展所需要的基本条件，为政府找准政策着力点，创造条件鼓励农村电商发展提供理论依据。

曾亿武等构建了一个农产品淘宝村形成因素的理论框架，包含产业基础、淘宝平台、基础设施与物流、新农人、市场需求五个要件。其中，新农人居于中心位置，产业基础、淘宝平台、基础设施、物流和市场需求等作为基础性因素，构成新农人投身电子商务的创业环境。③

曾亿武等还在相关理论和案例分析基础上强调了电子商务协会对“淘宝村”发展的重要性。他们指出，电子商务协会对淘宝村集体效率具有四种提升作用：一是强化集群的外部经济；二是规避产品同质化引发的恶性竞争；三是增强市场地位以应对外部竞争；四是吸取更多的外部资源。电子商务协会还可以充当弥补政府有限理性的组织角色。在非正式规则、正式规则和实施机制三者具备的情况下，电子商务协会可以实现较好的行业自律。④

---

①② 董坤祥、侯文华、丁慧平、王萍萍：《创新导向的农村电商集群发展研究——基于遂昌模式和沙集模式的分析》，载《农业经济问题》2016年第10期。

③ 曾亿武、郭红东：《农产品淘宝村形成机理：一个多案例研究》，载《农业经济问题》2016年第4期。

④ 曾亿武、郭红东：《电子商务协会促进淘宝村发展的机理及其运行机制——以广东省揭阳市军埔村的实践为例》，载《中国农村经济》2016年第6期。

第八章　自主创新问题研究新进展

自主创新主要研究创新作为新的发展方式对经济发展的贡献，以及具有驱动功能的因素（即影响因素）如何作用于创新的发展。这其中，企业是主体，技术是核心，创新是驱动力，产业升级是目标，绩效是衡量标准。创新经济的理论成果不断地为我国实施创新驱动战略，建立创新型国家提供理论参考和政策建议。

2016年学界在自主创新问题的研究上取得了新的理论进展，下面就企业创新、技术创新、产业创新和创新绩效等问题的影响因素及相应对策进行系统梳理。

一、企业创新

研究证明持续创新显著地降低了企业的生存风险，而且这一过程是长期的，并且动态持续创新要比静态创新强度大约多释放50%的风险，动态持续创新的作用效果比静态创新强度要更为平稳和持久。[①] 因此，企业应该积极进行研发创新活动，提升企业全要素生产率进而抑制自身产出和全要素生产率波动。政府也应该进一步鼓励企业自主创新和完善技术专利保护制度，让企业通过研发创新获得多样化的技术种类以避免生产供给冲击波动。[②]

中国企业家调查系统在中国企业创新动向指数报告中表示，中国企业创新动向指数表明，当前企业已进入创新活跃期。主要表现为：第一，企

① 鲍宗客：《创新活动会抑制企业的生存风险吗——基于静态和动态的双重维度检验》，载《经济学家》2016年第2期。

② 李卓、蒋银娟：《研发创新抑制波动机制分析——基于企业生产供给波动视角》，载《经济理论与经济管理》2016年第6期。

业创新潜力强劲，企业家精神成为提升创新潜力的最重要动力；第二，企业家创新投入意愿强烈；第三，创新市场环境、文化环境较好，企业注重中长期发展规划和多元化创新信息渠道。同时，中国企业创新效果初步显现，创新在提升产品质量、改善环境、开拓新市场等方面作用明显，但是企业创新尚存在诸多问题、困难和挑战，离国家创新战略提出的要求依然存在不小的差距。①

根据2016年的研究成果，对企业创新的影响因素及相应对策概括如下：

（一）环境规制

学者们研究表明，环境规制对不同行业的创新影响是不同的。对于不同程度的污染企业而言，环境规制对重度污染行业的技术创新能力始终是负向影响，对中度污染行业的创新能力提升起到了推动作用，与轻度污染行业的技术创新能力在时间维度上呈现出U形关系，在强度维度上呈现出折线形关系；② 对于制造业企业而言，能够有效地促进产业链对于产业前沿技术的吸收能力，缩小与产业前沿技术面的发展差异，虽然在短期能够削弱企业的市场势力，但是在长期则能够显著地提升企业的市场势力；③对于不同地理位置的企业，与地处中心城市的企业相比，处于偏远地理位置的企业创新投入水平较低，环境规制对偏远地区企业创新转型的积极作用较弱。

但总体而言，环境规制越严厉，越有助于提升污染企业的创新投入水平，进而促进企业转型。因此，政府部门尤其是环保部门应该严格执行现有的环境规制政策，倒逼企业创新转型，从而实现可持续发展。研究表明，通过政府财政补贴的方式可以缓解偏远地区企业的融资困境和市场需求不足问题，从而促使其在环境规制下顺利实现创新转型。④

---

① 中国企业家调查系统：《企业进入创新活跃期：来自中国企业创新动向指数的报告——2016·中国企业家成长与发展专题调查报告》，载《管理世界》2016年第6期。

② 余东华、胡亚男：《环境规制趋紧阻碍中国制造业创新能力提升吗？——基于“波特假说”的再检验》，载《产业经济研究》2016年第2期。

③ 张志强：《环境规制提高了制造业产业链前沿技术的吸收能力吗》，载《经济理论与经济管理》2016年第8期。

④ 曾义、冯展斌、张茜：《地理位置、环境规制与企业创新转型》，载《财经研究》2016年第9期。

（二）政府干预

1. 政府资助

政府资助对企业创新具有显著的促进作用，同时企业规模也能够反过来影响政府资助对企业创新的“杠杆效应”的发挥程度。企业的规模越大，资助对企业创新水平的正向激励越强。另外，政府资助对不同所有制性质企业的作用存在差异，相比国有企业，非国有性质的企业能更好地利用政府资助提升创新水平，政府资助对非国有企业的创新激励作用会随着企业规模的增加而不断增强。① 郭研等也认为，政府研发资助能够对企业创新起到激励作用，如创新基金存在事前的选择效应和事后对企业全要素生产率的促进效应。创新基金的筛选机制由集中到分权决策的变化提供了自然试验的机会，这一外生的筛选机制的变化对创新基金的效应产生了显著的影响。在经济越不发达的地区，创新基金的作用就越显著，说明市场失灵的情况下政府干预的有效性。②

但欧定余等认为，过高的政府补贴对缓解企业生存风险的作用具有异质性。企业生存问题不但是研发企业自身的头等大事，也与国家经济发展息息相关，但中国企业的生存状况却不容乐观，而政府补贴可以缓解企业的生存风险，但对出口企业没有显著的影响。③

2. 政策管制

有学者研究表明，受产业政策激励的公司，专利申请显著增加，但只是非发明专利显著增加，追求“数量”而忽略“质量”；当公司预期将获得更多的政府补贴和税收优惠时，其专利申请特别是非发明专利申请显著增加，选择性产业政策的财税手段使企业为“寻扶持”而创新。进一步对企业分组分析发现，上述现象只在国企组、非高新技术行业组中显著。这说明选择性产业政策只激励企业策略性创新，企业为“寻扶持”而增加创

---

① 董静、翟海燕、杨自伟：《政府科技资助对谁更有效？——基于企业规模与所有制三维交互的研究》，载《财经研究》2016 年第 7 期。

② 郭研、郭迪、姜坤：《市场失灵、政府干预与创新激励——对科技型中小企业创新基金的实证检验》，载《经济科学》2016 年第 3 期。

③ 欧定余、魏聪：《融资约束、政府补贴与研发制造企业的生存风险》，载《经济科学》2016 年第 6 期。

新“数量”，创新“质量”并没有显著提高。[①]

由政府主导的“科技认定”政策对企业创新活动影响重大，与国有控股企业相比，民营控股企业获得“科技认定”后，创新投入强度及其价值相关性均显著提高。[②] 张俊等也认为，《可再生能源法》及相关政策激励了清洁发电技术的使用及生产率的提升，相对于污染发电企业，2005 年之后清洁发电企业的发电量与 TFP 平均上升了 8% 和 10%，在时间趋势上，政策效应存在逐渐增强的趋势。并且比较发现有补贴的企业 TFP 上升得更快，并且这些企业 R&D 投入也更多。因此，政府的可再生能源政策促进了发电行业的清洁技术偏向。[③]

同时，非正规部门的存在及其灰色竞争行为抑制了正规企业的独立创新，促使正规企业更多地转向模仿。非正规竞争对企业创新的抑制作用在管制负担重的地区更加严重，在资源丰裕或者知识产权保护强的地区有所减弱。因此，中国的多数企业醉心于学习和模仿而自主创新普遍不足。政府部门应坚决抵制非正规部门的“山寨”之风，完善知识产权法制，使正规企业的创新成果得到有效保护，从源头上激发企业的创新积极性。[④]

3. 政府放权

江轩宇认为，地方国有企业的金字塔层级与企业创新显著正相关，这表明政府放权有助于提高企业的创新能力，减轻政策负担、增加创新资源，及缓解薪酬管制、提升创新意愿是其促进企业创新的重要途径；并且政府在地区层面的放权程度及股权分置改革，与地方国有企业金字塔层级在促进企业创新方面存在互补的作用。[⑤]

（三）区位结构

企业区位战略对创新发展也很重要。一个城市的知识资源和技术设施

---

① 黎文靖、郑曼妮：《实质性创新还是策略性创新？——宏观产业政策对微观企业创新的影响》，载《经济研究》2016 年第 4 期。

② 孙刚、孙红、朱凯：《高科技资质认定与上市企业创新治理》，载《财经研究》2016 年第 1 期。

③ 张俊：《导向型环境政策对企业技术选择及其生产率的影响——来自中国发电行业的经验证据》，载《财经研究》2016 年第 4 期。

④ 张峰、黄玖立、王睿：《政府管制、非正规部门与企业创新：来自制造业的实证依据》，载《管理世界》2016 年第 2 期。

⑤ 江轩宇：《政府放权与国有企业创新——基于地方国企金字塔结构视角的研究》，载《管理世界》2016 年第 9 期。

可以成为吸引研发类和先进技术类外资的基础。并且，工业集群效应所产生的外溢性有助于中国企业实现在全球价值链上位置的升级。①

首先，政治关联和地理邻近的企业通常具有更高的研发投入倾向和强度，政治关联会强化地理邻近性对企业联盟研发行为的积极影响。同时，信息通讯技术的使用有助于弱化地理邻近性对企业联盟研发投入的积极影响，这为联盟研发企业打破地域上的“空间粘性”提供了有效途径，因此，弱地理邻近性的企业之间可以通过使用信息通讯技术来强化彼此之间的联盟研发投入。政治关联对企业联盟研发投入的确起着至关重要的作用，这也意味着如果管理层要强化联盟研发投入，那么持续的政治投资是必需的。②

其次，企业不断优化自身研发结构能够促进创新的发展，而母公司离技术中心越远，企业越倾向于建立分散式的研发结构；而母公司对子公司的所有权越大，或子公司对母公司的依赖程度越深，企业越少建立分散式的研发结构。研究表明，所有权与依赖程度都会削弱距离与分散式研发结构的正向关系。③

（四）官员更替

研究发现，官员更替对企业创新发展可能会产生负效应，主要因为官员更替会弱化企业联盟研发活动，而寻租行为则激发了企业联盟研发投入的动机。并且，随着官员更替程度的增加，寻租行为对企业联盟研发投入的积极影响会逐渐弱化，这一结果具有较强的稳健性。进一步分析发现，处于制度质量水平较高地区的企业，官员更替对企业联盟研发活动的消极影响会逐渐弱化，而寻租行为对企业联盟研发活动的积极影响则逐渐强化。因此，在地方官员轮替交接的过程中，中央政府要严格执行任期制，避免官员成“临时工”。同时，还要健全和完善法治市场经济，让法律成

---

① 余珮：《欧美跨国公司在华离岸研发的空间区位战略比较研究——基于城市层面集群网络的视角》，载《经济理论与经济管理》2016 年第 7 期。

② 李后建：《政治关联、地理邻近性与企业联盟研发投入》，载《经济评论》2016 年第 4 期。

③ 何文龙、沈睿：《地理距离、子公司治理与企业内专利分布——基于中国上市公司的实证研究》，载《经济科学》2016 年第 4 期。

为企业联盟研发的坚强后盾。①

此外，官员更替可能会削弱官员视察带来的正向激励：赵晶等认为，官员视察，作为企业动态构建政治关系的重要渠道，显著提升企业创新水平；相比具有政治关联的企业，官员视察对不具有政治关联企业的创新激励更强；相比国有企业，官员视察对非国有企业的创新激励更强；官员更替带来的政治不确定性降低了官员视察对企业创新的正向激励。官员视察引起的合法性提升是激励企业进行创新的重要因素，而企业性质与既有政治关联则显著影响官员视察的创新激励效力。因此，提升企业的合法性有利于激励企业创新；企业战略管理不仅要关注企业政治关系构建过程的动态性，更要将提升企业创新能力、建立持续竞争优势作为政企良性互动的核心目标，统筹企业政治关系构建策略。②

（五）知识产权保护

当前，知识产权作为国家发展的重要战略资源和竞争力核心要素的作用越来越凸显。制度史研究表明，建设知识产权强国是成为世界经济强国的必经之路，是实现经济发展战略的重要保障，是跨越“中等收入陷阱”的重要手段。从国际上看，世界政治格局呈现多极化和多样化特点，知识产权国际格局变化明显加快，建设知识产权强国是增强我国国际竞争优势、提高我国国际事务影响力和话语权的必然要求。从国内看，我国处在实施创新驱动发展战略的关键阶段，加快知识产权强国建设成为新形势下的必然选择。③

提高专利纠纷的和解效率，对于降低企业诉讼成本、激发企业创新动力具有重要意义。苗妙等基于我国 2001 ~2014 年 A 股上市公司专利诉讼案件的研究发现，融资约束和声誉机制在企业诉讼和解以及上诉决策中发挥着重要作用，但又有所差异。上市公司的融资约束程度越弱，当事人越不易和解且越倾向于上诉，而融资约束较强的上市公司出于经济利益最大化的考虑，同样也难以达成和解且倾向于上诉；注重声誉的公司在调解阶

① 李后建：《官员更替、寻租行为与企业联盟研发投入》，载《产业经济研究》2016 年第 3 期。

② 赵晶、孟维烜：《官员视察对企业创新的影响——基于组织合法性的实证分析》，载《中国工业经济》2016 年第 9 期。

③ 韩秀成、李牧：《关于建设知识产权强国若干问题的思考》，载《管理世界》2016 年第 5 期。

段往往不易和解，但在判决阶段也不轻易选择上诉。这一发现对厘清企业的专利诉讼动机，从司法层面促进专利纠纷的解决，设计与完善“激励相容”的司法调解制度和上诉制度具有重要的启示意义。① 潘越等也认为，专利权诉讼的提起、判决以及审理时长等诉讼细节会对原被告企业的创新活动产生影响。专利侵权诉讼对原被告双方的企业创新都有激励作用。但对原告样本进行细分后发现：诉讼会对行业领导者的研发决策产生促进作用，但对行业追随者会产生抑制作用；行业领导者的研发活动不受判决结果的影响，而行业追随者和被告都会根据诉讼结果对研发投资进行调整；审判时长并不影响被告的研发决策，但是会对原告尤其是行业追随者产生负面影响。②

从整体上来看，中国国内专利保护程度的提升会增加高新技术产品的进口，但是这种效应对于从专利保护指数较低国家、发展中国家的进口更加明显；中国国内专利保护强度提升对高新技术产品进口的促进效应高于世界平均水平；中国专利保护强度提升会显著提高进口产品广度和进口产品数量；中国国内产权保护程度提升对中国从发达国家进口航空器材、电子通信设备、医药制品、科学设备、电力机械、化学材料、武器与军用设备的促进作用是显著的正效应。这就需要，一是完善重点进口高新技术产品的知识产权法律法规；二是加大知识产权保护执法力度；三是提高知识产权违法成本；四是加快知识产权国际化人才的培养。③

（六）金融市场

金融市场包括企业直接融资和间接融资市场，我国金融市场在不断地解决问题和改革的进程中会对企业创新带来正向或负向的影响。

在间接融资市场中，银行业竞争性的市场结构对企业研发创新行为具有积极作用，且该作用在中小企业中表现更加显著。同时，相比国有商业银行和城市商业银行，股份制商业银行能更好地促进企业的研发创新

---

① 苗妙、张新、魏建：《和解还是上诉？——企业专利诉讼决策中的融资约束与声誉机制研究》，载《产业经济研究》2016 年第 5 期。

② 潘越、潘健平、戴亦一：《专利侵权诉讼与企业创新》，载《金融研究》2016 年第 8 期。

③ 魏浩：《知识产权保护强度与中国的高新技术产品进口》，载《数量经济技术经济研究》2016 年第 12 期。

行为。[①]

余琰等分析了以高息委托贷款为代表的影子银行业务对企业创新活动和未来业绩的影响后发现，当年从事高息委托贷款降低了企业未来的专利产出水平和投入水平，并伴随未来营业利润资产收益率更低和营业外利润资产收益率更高的情形，但从事高息委托贷款与否与公司整体盈利能力没有显著差异，更多表现出盈利结构上的差异，说明从事高息委托贷款的根本动机是源于管理层的短视。[②]

在直接融资市场中，内部融资对战略性新兴产业上市企业自主创新有显著的正面效应，股权融资与战略性新兴产业上市企业自主创新之间存在着显著的正相关关系，债权融资对战略性新兴产业上市企业的自主创新具有抑制作用，上述结论对融资约束程度低、年轻和小规模企业同样适用，但融资约束程度高、成熟和大规模企业自主创新则主要依赖于内部融资。同时，在战略性新兴产业中，不同产权性质企业的融资结构对企业自主创新的影响存在一定的差异。在中央及地方政府控股的企业中，融资结构与企业自主创新之间的关系并不显著，在私有产权的企业中，企业自主创新主要依赖于内部融资和股权融资，债权融资对企业自主创新产生负面效应，并且企业集团化经营也在很大程度上影响了融资结构与企业自主创新之间的关系。[③]

徐子尧也表示，公司型风险投资在我国风险投资中所占的比重越来越大，应充分发挥其扶持新创企业的作用。与独立风险投资（IVC）相比，公司型风险投资参与的上市公司在IPO时获得的估值较低，并且在上市短期（1年）内的经营绩效较差。而当公司型风险投资中的母公司与新创企业之间存在战略协同时，会对公司的价值增值产生显著的正效应。[④]

因此，企业应加强流动性资产管理，改善现金流状况，在财务宽松时期建立现金储备，同时应不遗余力地增加研发投资，保证研发投资的持续性。而政府应推进金融业市场化进程，通过发展适合研发企业的私募股票

---

① 蔡竞、董艳：《银行业竞争与企业创新——来自中国工业企业的经验证据》，载《金融研究》2016年第11期。

② 余琰、李怡宗：《高息委托贷款与企业创新》，载《金融研究》2016年第4期。

③ 孙早、肖利平：《融资结构与企业自主创新——来自中国战略性新兴产业A股上市公司的经验证据》，载《经济理论与经济管理》2016年第3期。

④ 徐子尧：《公司型风险投资增加了新创企业的价值吗》，载《经济理论与经济管理》2016年第4期。

发行市场等，从外部充分发挥股权融资的调节研发平滑作用。[①]

（七）人力资本

许多学者认为，创新发展要重视人力资本的重要作用，有学者表示创新驱动能力的大小不仅要由人力投资的数量决定，而且要由人们如何使用它们的劳动来决定，包括人的教育学习实践、劳动工作实践和创新驱动实践。国家的经济发展，既需要有人在创业活动中从事创新驱动，也需要有人在就业活动中从事创新驱动。企业对从事创新驱动的就业者给以劳动成果回归性报酬，会极大地激发就业者的创新热情，这对企业和社会生产力的提高，以及企业自己的长远利益，都会产生积极的影响。社会各阶层人民都是创新驱动的主体，经济的持续健康发展必须依靠全社会各阶层人民发挥出不同类型的创新驱动，结成动力组合，相互补充、相互支持，共同努力来实现。[②] 因此，可以通过员工激励和保护员工的权益激发企业创新的动力。

有学者研究发现，在公共研究机构领域，论文产出数量和质量两方面都表现出色，而企业研究机构在专利产出的数量和质量两方面都未能表现出显著优势。究其原因，公共研究机构充分发挥了人力资源的作用；而企业研究机构更多地依赖于研发资金投入，人力资源的作用基本缺失，且表现为外部环境驱动下的被动创新。[③]

可见，员工的创新能力对企业创新的影响很大，而员工的创新能力主要受个体因素和情境因素的影响。[④] 因此，首先要增强对员工利益的保护。有学者研究表明，增强劳动保护能够促进企业创新。2008 年《劳动合同法》实施后，在劳动密集型企业中，以研发投入衡量的创新投入显著增强。当以专利申请总量和发明专利申请数量衡量企业创新产出时，《劳动合同法》实施的上述作用仍然成立，并且在创新需求较高的行业中，在竞

---

① 吴淑娥、仲伟周、卫剑波、黄振雷：《融资来源、现金持有与研发平滑——来自我国生物医药制造业的经验证据》，载《经济学（季刊）》2016 年第 1 期。

② 裴小革：《论创新驱动——马克思主义政治经济学的分析视角》，载《经济研究》2016 年第 6 期。

③ 赵尚梅、胡飞、杨海军：《企业与公共研究机构研发产出比较研究》，载《财贸经济》2016 年第 12 期。

④ 张丽华、朱金强、冯彩玲：《员工创新行为的前因和结果变量研究》，载《管理世界》2016 年第 6 期。

争度较高的行业中，在行业内的后进企业中，在民营企业中更为显著。[①]

由于TMT（高管团队）社会网络结构在为企业创新带来积极影响的同时也会产生消极影响，而TMT社会网络结构内在的使动力和制约力之间出现不平衡是其发生结构异变，进而导致结构刚性生成并产生消极影响的关键所在。因此，需要领导柔性高的CEO发挥能动作用来削弱结构刚性，通过对TMT社会网络结构的形塑和改变，使其形成新的结构来促进组织双元创新的顺利开展。[②] 因此，扩大对员工薪酬激励也很重要。

高管薪酬业绩敏感性越高，公司创新活动越频繁，专利申请数量越多，这表明，整体上中国上市公司业绩敏感型薪酬契约有效地激励了企业的创新活动。[③] 在高控制权的家族企业中，高管股权激励与研发投入负相关；而在低控制权的家族企业中，高管股权激励与研发投入正相关。家族控制权是高管薪酬激励与研发投入关系的半调节变量，负向调节高管薪酬激励与研发投入的关系。家族企业所有者若想维持企业的长期发展，就必须重视高管激励。[④]

对于国有企业来说，晋升激励也是更为有效的激励方式，并且晋升的考核机制是决定高管行为选择的方向。在同样的晋升激励下，不同的考核机制会导致高管产生不同的行为选择。当考核短期化并以利润等规模指标为主，晋升激励促使高管为提高短期业绩，增加个人晋升机会而降低研发投入水平。而当EVA考核指标降低研发支出对当期利润的不利影响，有利于高管业绩评价时，高管则增加企业的研发投入。[⑤] 因此，国有企业即使不进行民营化的产权改革，仅仅通过改变高管的激励机制，也可以提高企业效率。[⑥]

---

① 倪骁然、朱玉杰：《劳动保护、劳动密集度与企业创新——来自2008年〈劳动合同法〉实施的证据》，载《管理世界》2016年第7期。

② 陈建勋、王涛、翟春晓：《TMT社会网络结构对双元创新的影响——兼论结构刚性的生成与化解》，载《中国工业经济》2016年第12期。

③ 方军雄、于传荣、王若琪、杨棉之：《高管业绩敏感型薪酬契约与企业创新活动》，载《产业经济研究》2016年第4期。

④ 王燕妮、周琳琳：《家族企业的高管激励与研发投入关系研究——基于家族所有权和控制权视角》，载《南开经济研究》2016年第6期。

⑤ 俞鸿琳、张书宇：《高管晋升激励、考核机制与国有企业研发投入》，载《经济科学》2016年第5期。

⑥ 余明桂、钟慧洁、范蕊：《业绩考核制度可以促进央企创新吗?》，载《经济研究》2016年第12期。

（八）公司治理水平

肖利平等认为，推进公司治理改革，提升公司治理水平，特别是监管部门应该支持新兴产业和创新创业型企业采用不同于传统工业企业的治理方式；继续推进产权多元化改革的同时，应该在战略性新兴产业等关系国家安全、国民经济命脉的重要行业和关键领域保持国有资本控股地位，以确保国家的产业政策以及创新驱动发展战略得以正确执行。在较长一段时期内，战略性新兴产业中保持较高的国有经济比重仍然具有现实的合理性，建立合理的企业激励机制是提高创新创业效率的重要环节。应该鼓励企业（特别是国有企业）采取股权/期权等多样化长期激励方式，同时有必要适度限制（国企）高管的天价年薪以及过度的在职消费。当然，进一步完善董事会制度，有效地发挥董事会的实质性作用，形成一个客观上有助于企业高效率、高质量地做出创新决策的董事会也十分关键。①

（九）研发投入

2008 年 SNA 修订了 R&D 支出的核算方法，R&D 支出不再视为中间消耗，而是作为固定资本形成处理。江永宏等依据 2008 年 SNA 和我国 R&D 统计调查数据等，科学测算了 1952 年以来每年 R&D 活动所形成的资产价值，同时对 R&D 资产进口和出口进行了适当调整。然后，在合理选取和估计 R&D 资产折旧率、R&D 价格指数和基年 R&D 资本存量的基础上，根据永续盘存法对我国 1952 ~ 2014 年 R&D 资本存量进行了测算。结果显示，我国 R&D 投资与 R&D 内部经费支出的年平均比例为 95.5%，我国 R&D 资本存量总体上呈快速 B 增长趋势，2014 年达到 42244 亿元，且 R&D 资本存量与 GDP 之比呈“N”形趋势，经历了先上升后下降再上升的过程。②

有学者研究表明，加大研发投入能够提升自主创新能力。企业进行产品创新使得其产品在行业内达到更有利的相对偏好，进而引起企业市场份

① 肖利平：《公司治理如何影响企业研发投入？——来自中国战略性新兴产业的经验考察》，载《产业经济研究》2016 年第 1 期。

② 江永宏、孙凤娥：《中国 R&D 资本存量测算：1952 ~ 2014 年》，载《数量经济技术经济研究》2016 年第 7 期。

额的增加。另一方面，产品创新带来的生产率提升促使企业边际成本降低，进而也可以提升加成率。这一研究结果明确了创新对企业绩效的重大作用。这也从侧面上反映了加大力度激发私营和出口企业创新积极性的重要性，[①] 同时，产品设计、市场营销环节与信息化的融合提高了企业产品创新投入的倾向，生产制造环节与信息化的融合提高了企业流程创新投入的倾向。企业“两化融合”整体水平的提升能够增加企业的新产品产值，有助于企业实现经济效益。[②]

因此，应加大 R&D 投入，增强自主创新能力，构建市场势力，以期在市场竞争中取得优势地位，获得高利润，扭转中国制造业大而不强的被动局面。政府可以加大对企业在 R&D 领域的补贴力度，特别是对于那些“走出去”参与国际竞争的行业内的企业补贴，因为它们在争得市场份额的同时需要获取相应的利润。企业从事的 R&D 活动主要集中在工艺创新领域，这样可以提高生产效率，降低边际成本，更有利于在市场竞争中处于成本领先的优势地位。[③]

但研发投入的回报确实是不确定的和非线性的，从而具有十分明显的企业异质性，[④] 因而要调整现有的研发结构，努力转换和调整 R&D 活动现有的路径，充分重视研发人员的重要性，以体制机制的活力激发中国工业行业间人力资本的创新活力。政府应引导社会逐步建立由市场决定 R&D 资源的合理配置的机制，尽量避免相似行业的 R&D 活动出现较多的同质竞争而造成的资源浪费与低效率。政府应从国家发展战略的角度加大对诸如材料、工艺等基础上游制造行业 R&D 投入的力度，力争有效提升基础工业（材料工业、工艺流程等）自主创新的能力与实力，避免上游制造行业陷入到下游行业的“需求锁定”当中。[⑤]

最后，在调整企业研发投入结构的同时，政府一方面可以完善声誉甄别机制，引导企业结构调整；另一方面，在创新初期适当参与基础、应用研究，加强现有专利保护制度，健全质量甄别机制，引导消费观念调整，

---

① 刘啟仁、黄建忠：《产品创新如何影响企业加成率》，载《世界经济》2016 年第 11 期。

② 张龙鹏、周立群：《“两化融合”对企业创新的影响研究》，载《财经研究》2016 年第 7 期。

③ 白雪洁、孙红印、汪海凤：《R&D 活动、市场势力与社会福利效应——基于中国企业的实证分析》，载《经济理论与经济管理》2016 年第 3 期。

④ 尹恒、柳荻：《理解 R&D 投入回报之谜：引入不确定性、非线性和企业异质性》，载《财经研究》2016 年第 9 期。

⑤ 朱平芳、项歌德、王永水：《中国工业行业间 R&D 溢出效应研究》，载《经济研究》2016 年第 11 期。

拓宽企业融资渠道，诱使企业踏上研究型道路。[①]

（十）交互学习

融合创新基于对众多社会、经济、环境问题的整体性、交互性和复杂性的认识，强调创新目标、创新主体和创新受益者、跨学科方法的融合，综合技术创新、组织创新、社会过程创新、金融创新、制度创新等领域，采用差异化策略将个体行为转变为集体行动，遵循社会化学习、社会资本形成和集体行动路线图，避免在解决纷繁复杂的社会、经济和环境问题时顾此失彼的现象，是对创新模式的反思和再创新。[②] 这其中，交互学习逐渐成为区域创新中的核心，交互学习和信任演化两者之间呈现出一种“共生效应”的相互作用关系，当两者协同效果一致时，将会显著提升创新网络的知识转移效率与运行绩效；反之，将会降低创新网络的知识转移效率与运行绩效。创新型企业是创新网络的核心主体，因而企业管理者需控制主要影响因素，主动干预组织间学习效率，提高信任关系水平，促使创新网络成功运行。[③]

二、技术创新

新常态下要实现经济可持续增长和转变发展方式，必须要从传统的要素和投资驱动转换到创新驱动。技术进步是创新驱动的重要体现，也是保持经济持续健康发展的决定性因素。技术进步来源分为自主研发与技术引进，发展中国家与发达国家相比，当存在较大技术差距时，技术引进可以加速技术变迁，促进经济发展；当技术差距缩小时，技术引进容易形成“路径依赖”。现阶段，我国自主研发对技术进步的直接影响效应最大，能够有效促进技术进步，而技术模仿对技术进步的直接和间接影响效应均为

---

① 王海、肖兴志、尹俊雅：《如何缓解中国企业研发投入结构失衡?》，载《产业经济研究》2016 年第 5 期。

② 章文光：《融合创新及其对中国创新驱动发展的意义》，载《管理世界》2016 年第 6 期。

③ 张红宇、蒋玉石、杨力、刘敦虎：《区域创新网络中的交互学习与信任演化研究》，载《管理世界》2016 年第 3 期。

负，这说明我国如今的技术进步主要依靠自主研发。[①] 但也有研究认为，自主研发与技术引进两种技术进步渠道之间存在互补，应该发挥两者的协同效应。自主创新投入是创新增长的基本动力，既要加大自主研发投入，也要充分发挥外源技术的作用，整合和平衡好各种技术渠道投入。在创新驱动的大环境下，尤其要重新反思和定位技术引进在创新经济中的新位置和新作用，最大限度地发挥技术引进对于创新增长的互补效应。[②]

根据2016年的研究成果，从影响“自主研发型技术进步”和“国外引进型技术进步”两个路径对影响技术创新的因素进行梳理，主要有：

（一）专利保护

专利是企业在技术领域保持长期竞争优势的关键。从我国专利及专利组合的价值影响因素来看，主要有超过10个的专利要求权数、专利技术宽度、专利授权等待期、专利剩余寿命和专利组合中的单项专利技术关联度合计数等指标。限于样本数据特征，专利的引证数以及专利诉讼（侵权）经历、专利家族数、专利申请书超过30页等指标对我国专利及专利组合的价值影响没有得到验证，在实际工作中，应该根据样本特点考虑这些因素对专利及专利组合的价值影响。专利资产指数构建的主要目的是用来评价相同或者类似技术领域的不同专利的价值顺序，专利的技术领域越接近，专利资产指数的适用性就越强，就越能够反映专利及专利组合的价值总体特征。[③]

（二）进出口贸易

1. 出口有利于促进技术的自主创新，但具有异质性

出口能够促进企业的自主技术创新，尤其对技术含量相对较高的发明专利和实用新型专利有显著促进作用，但对外观设计专利的作用不显著；

---

① 宋林、郭玉晶：《创新驱动发展战略下中国技术进步的路径选择》，载《经济学家》2016年第4期。

② 肖利平、谢丹阳：《国外技术引进与本土创新增长：互补还是替代——基于异质吸收能力的视角》，载《中国工业经济》2016年第9期。

③ 于谦龙、李中华、贾燕琛、赵博中：《中国拍卖专利的专利资产指数开发研究》，载《数量经济技术经济研究》2016年第6期。

对中高和高技术行业企业的自主技术创新有显著作用，对中低和低技术行业企业的影响并不显著；对一般贸易企业的自主创新有促进作用，但对加工贸易企业的自主创新却产生抑制作用；对内资企业的出口创新效应更为显著，而对外资企业的影响不显著；① 对技术密集型出口企业技术升级的促进作用最强，对劳动密集型出口企业技术升级的影响最弱。②

2. 降低进口关税有利于实现跨国技术授权

外国拥有技术的企业偏好双重收费方式，且固定收费方式优于特许权收费方式，并且双重收费方式不能同时实现拥有技术的企业和社会福利的最优，但可以实现社会福利的次优。外国企业应该通过双重收费方式或固定收费方式进行技术授权，而东道国政府不应一味地提高关税水平，适当地降低进口关税有利于跨国技术授权的实现。③

3. 逆向外包的作用存在争议

目前对“在岸逆向外包”活动的实证分析表明，该类外包交易技术水平低、资产专用性低，买卖双方的信息不对称程度高，因此作为买方的中资企业并不能据此获得自身持续的竞争力。④ 但也有学者研究表明，本土制造业企业主导的逆向外包显著促进了制造业的技能偏向性技术进步，FDI 和人力资本供给的增加加速了技能偏向性技术进步的形成和发展。因此，相关部门应当进一步减少对服务贸易的限制，鼓励本土制造业企业增加对国外生产性服务的进口，同时完善国内的制度建设以进一步降低逆向外包的交易成本。其次，地方政府在鼓励本土制造业积极开展逆向外包的同时，还可以通过完善基础设施和软制度环境，以及利用发达国家经济乏力、国内需求旺盛的双重优势来吸引高质量的 FDI，通过本土制造业企业积极“走出去”与将国外企业大力“引进来”以为本土企业带来成熟的管理经验、知识外溢的双重战略，合力推动中国制造逐步从依靠低技能劳

---

① 李兵、岳云嵩、陈婷：《出口与企业自主技术创新：来自企业专利数据的经验研究》，载《世界经济》2016 年第 12 期。

② 陈雯、苗双有：《中间品贸易自由化与中国制造业企业生产技术选择》，载《经济研究》2016 年第 8 期。

③ 綦勇、侯泽敏、向涛、陆蕾：《跨国多期技术授权方式选择及社会福利分析——基于空间数量歧视竞争的框架》，载《财经研究》2016 年第 8 期。

④ 郑飞虎、常磊：《跨国公司研发外包活动的研究：中国的实证与新发现》，载《南开经济研究》2016 年第 4 期。

动力深入到全球价值链的比较优势，过渡到依靠高技能劳动力攀升全球价值链和构建国内价值链的竞争优势。最后，我国政府在通过产业政策鼓励和支持本土制造业借助逆向外包把国际创新成果为我所用的同时，还需要加大对人力资本的培育力度。①

（三）融资支持

第一，技术自主研发依赖于巨额资本投入，因此必须鼓励规模化资本的发展。一方面，必须从政府财政支出上加大对高科技的研发投入，包括对科研院所及重点行业与企业的财政倾斜；另一方面，要支持国有企业资本通过控股或参股等方式实现资本规模扩张，实现与资本主义国家的国际垄断资本相抗衡，为巨额研发投入提供资金保证。必须在加大高科技研发的基础上，积极参与并主导国际技术标准的制定，创立由我国企业引领的标准联盟。组建以我为主、惠及包括发展中国家在内的全球性或区域性合作组织，从而实现从规则的被动接受者变为规则的主动制定者，进而彻底改变在当前国际垄断资本主义时代下技术上落后挨打的局面。在我国引导创建能够与硅谷相媲美的世界性研发集群化城市或地区，同时更重要的是发展和完善我国内生的金融系统，鼓励和扶持具有我国血统的风险投资基金的发展，为集群化的研发基地助力输血，以摆脱华尔街风险投资基金对我国科技企业的控制。我国从政策上也必须加强在农业核心技术领域上的研发投入，加强对诸如转基因种子的种植监管，减少我国农业对农化巨头农业种子使用的依赖。②

第二，降低风险投资与技术创新之间的门槛，促进融资支持对企业技术创新的支持。我国政府应大力推动各地区发展风险投资行业，扩大风险投资规模和项目数量，鼓励万众创业、全民创新，发挥风险投资行业规模优势以推动企业技术创新，保持经济高速发展。同样地，要想超常规发展风险投资、鼓励风险投资参股初创型企业，政府须给予风险投资行业一定的税收优惠并进行重点扶植；另外，政府可以通过成立一些重点行业引导基金，对重点项目和优势项目采取“领投”行为，释放积极信号，吸引民

① 沈春苗：《逆向外包与技能偏向性技术进步》，载《财经研究》2016年第5期。

② 陆夏：《当代国际垄断资本的形态演化与技术全球垄断新战略》，载《马克思主义研究》2016年第11期。

营资本进入，以推动相关高新技术行业的发展。[①]

（四）国企改革

深化国企改革将促进技术创新模式转变，从而有助于自主创新能力的提高与创新型国家建设。国企改革对技术创新模式转变的作用机制主要包括政企关联、技术差距、政府补贴与银行信贷，其中政企关联是最重要的作用机制。深化国企改革将通过弱化政企关联、缩小技术差距而促进技术创新模式转变，相反会通过减少政府补贴与银行信贷的有效规模而在一定程度上抑制自主创新活动，但是，其促进作用要大于抑制作用。[②]

（五）要素投入

1. 要素投入结构在技术进步跨国传递过程中，对技术进步偏向性方向和强度的变化起决定性作用

正是两国要素投入结构的非匹配性，使发展中国家改变技术应用过程中的要素投入结构，进而改变引进技术的偏向性方向和强度。技术进步偏向性跨国传递的方向和强度受制于技术适配度，并呈现出门槛效应特征，其中，技术适配度决定发展中国家技术模仿和应用的程度，只有技术适配度高于某一临界值时，引入前沿技术才能优化国内的要素投入结构、提高技术应用空间和生产率。为此，一国在技术选择和引进过程中，不能仅关注技术的先进程度，更应重视技术进步偏向性变化及其与要素禀赋结构的适配性。[③]

2. 要素结构优化和技术创新的激励效应能够推动工业转型升级

土地价格市场化是中国要素价格改革的重要组成部分，短期内，东部地区工业用地相对价格上升抑制了工业用地需求，并诱致了非土地要素对

---

① 冯照桢、温军、刘庆岩：《风险投资与技术创新的非线性关系研究——基于省级数据的PSTR分析》，载《产业经济研究》2016年第2期。

② 邢炜、周孝：《国企改革与技术创新模式转变》，载《产业经济研究》2016年第6期。

③ 董直庆、焦翠红、王林辉：《技术进步偏向性跨国传递效应：模型演绎与经验证据》，载《中国工业经济》2016年第10期。

工业用地的替代，但在全国层面和中西部地区并没有显著观察到土地要素相对价格变动的短期诱致替代效应；长期内，工业用地价格上升诱致了能源与物质资本节约型和知识资本使用型技术的使用，土地节约型技术进步特征仅在东部地区得到了显著支持，在全国层面和中西部地区都不显著，这与中国政府主导型的工业用地价格市场化改革特征密切相关。①

3. 劳动力成本上升会促进技术研发

劳动力成本上升会促使农户利用机械替代劳动，但地形条件会对这一过程的实现形成显著影响。平原地区耕地坡度低、机械易于替代劳动是其机械化进程快于丘陵山区的重要原因。政府应为农户要素投入结构创造良好环境和条件。为此，应当因地制宜地引导和推进农业机械技术的研发和创新，为区域农业机械化平衡发展提供技术支撑。具体需要国家积极推动农业科研体制的改革，加大公共投资，引导劳动节约型和可持续发展技术的农业研究，特别是研究改进中小型农机具，适应丘陵地区机械作业条件，推动丘陵山区农机化步伐；同时，也需要改良大型农机具，提升平原地区机械作业效率与质量。②

（六）政策调控

1. 采购政策

政府和消费者对高技能产品的需求偏好在产业动态均衡过程中，能够提升技能劳动力工资溢价，引致技能偏向性技术进步的发生。应鼓励政府采购和消费者需求高技能产品采取长期视野，并采取“宽厚的政府采购”与“挑剔的消费者需求”组合，即政府采购政策对高技能产品应更为宽容、予以更多预算支出，并且不断增强技能劳动力市场的灵活性，以最大限度地发挥需求对技能偏向技术进步的促进作用。③

---

① 赵爱栋、蓝菁、马贤磊、许实：《土地价格市场化对中国工业部门要素投入与技术选择的影响》，载《财经研究》2016 年第 8 期。

② 郑旭媛、徐志刚：《资源禀赋约束、要素替代与诱致性技术变迁——以中国粮食生产的机械化为例》，载《经济学（季刊）》2016 年第 10 期。

③ 沈春苗、郑江淮：《宽厚的政府采购、挑剔的消费者需求与技能偏向性技术进步》，载《经济评论》2016 年第 3 期。

2. 减排政策

不同的节能减排政策工具如市场型和命令型工具对促进节能减排技术创新有不同的效应。市场型工具的效果存在外溢性，而命令型工具则更针对节能减排技术创新，并对创新程度更高的发明专利效应更强。政策工具向行业的有效传导是诱发技术创新的前提，因此市场型工具在电力行业的作用受到限制而命令工具在国有化程度高的行业效果更强。在高耗能行业和成本难以转嫁的行业更容易诱发技术创新。当然两种政策工具的效果还存在行业异质性：对于电力石化等国有化程度高的上游行业，命令型工具更为有效，而对于钢铁、有色金属等产能过剩行业市场型工具效果更明显。因此，在当前经济增速换挡企业成本转嫁能力减弱的背景下，市场型工具有助于实现“去产能”和工业生产方式绿色升级的“双赢”，而命令型工具对国有化程度高的行业依然有显著为正的短期效应，应在行业间充分发挥政策组合的互补和协同作用。①

3. 产业政策

产业政策对重点鼓励行业中企业技术创新的影响更大，并且，产业政策能够通过信贷、税收、政府补贴和市场竞争机制促进重点鼓励行业中企业的技术创新，尤其是民营企业的技术创新。同时，产业政策能够通过市场竞争机制促进一般鼓励行业中企业的技术创新，但是政府补贴、信贷和税收机制的作用不显著。政府应该逐步消除民营企业面临的各种政策歧视，采取合理的产业政策手段来推动产业结构优化升级和促进经济增长方式转变。②

（七）制度变迁

通过制度创新突破国际生产组织安排，并借助外源式开放、创新激励和产权保护等措施，破解中国制造业技术技能升级陷阱。③

---

① 王班班、齐绍洲：《市场型和命令型政策工具的节能减排技术创新效应——基于中国工业行业专利数据的实证》，载《中国工业经济》2016 年第 6 期。

② 余明桂、范蕊、钟慧洁：《中国产业政策与企业技术创新》，载《中国工业经济》2016 年第 12 期。

③ 洪联英、韩峰、唐寅：《中国制造业为何难以突破技术技能升级陷阱？——一个国际生产组织安排视角的分析?》，载《数量经济技术经济研究》2016 年第 3 期。

有学者提出"制度变迁—技术进步—结构转变"具有多向制度机制解释性假说，认为制度初始禀赋孕育出的经济转型路径生成力量构成制度动态约束条件分叉的动力源，技术层面路径构建力量能否实现对制度层面路径依赖力量的有效冲击是科技分化现象产生的关键，系统内选择机制与创新机制作用下的分化路径组合引起了经济形态与增长表现的分流。构建包容性制度环境、转变经济发展模式、重视创新与选择机制的结构转变效应是历史赋予未来转型挑战的规律性启示。[①] 也有学者提出"制度型市场"的概念，认为技术不连续性和制度型市场交互驱动是产业实现技术追赶的重要路径，后发国家要跳出传统"市场换技术"的思路，创造制度型市场来提供产业技术追赶的契机。[②]

三、产业创新

2015年美国政府再次发布《美国创新战略》，美国创新战略希望通过制度体制和产业结构改革以及技术创新、创新成果产业化路径提高美国经济增长质量。我们应该借鉴美国经验，构建创新生态体系，助力供给侧结构性改革。[③] 洪银兴也提出产业化创新的概念，他认为产业化创新是介于科技创新和产业创新之间，是两者的桥梁。产业化创新不只是一个概念，更是一种机制，是一种合力。产业化创新有两种方式：产学研协同创新和科技创业。产学研协同创新的内涵，不是企业、大学和研究机构之间的机构意义的协同，而是产业发展、新技术、新产业人才的培养和研发新技术的功能协同。激励产业化创新的机制不只是激励创新，还要激励协同。科技创业是越过了孵化和研发新技术阶段，通过创办企业的方式进行产业化。科技创业的资本是以科技创新成果体现的知识资本、以创业家体现的人力资本和以风险投资体现的物质资本的集合。知识资本和人力资本对创业起着决定性作用，尽管物质资本不可或缺。创新成果产业化涉及两个方面：一是采用新技术的产业迅速达到规模；二是充分实现新技术的潜在价

---

① 王津津、任保平：《重释李约瑟之谜：经济转型路径演化视角下的兴盛与衰落》，载《经济学家》2016年第6期。

② 魏江、潘秋玥、王诗翔：《制度型市场与技术追赶》，载《中国工业经济》2016年第9期。

③ 张彬、葛伟：《美国创新战略的内容、机制与效果及对中国的启示》，载《经济学家》2016年第12期。

值。这两个方面都依赖于有效的商业模式创新。①

可以看到，除了上文总结的企业创新与技术创新之外，产业创新对创新驱动发展，促进经济增长同样重要，在实现创新成果转化方面，更需要产业创新与新技术发展的通力配合。学者们在 2016 年对产业创新的影响因素进行了深入的研究，主要有：

（一）创新驱动发展战略

创新驱动发展战略的实施是我国转变经济发展模式、提升产业结构、实现可持续发展的必由之路。实施创新驱动发展战略的策略选择，要客观认识发展优势，坦诚面对与深入挖掘发展的劣势或短板，以便于扬长补短。因此，首先要在效益为导向，以全面优化创新价值链的基础上，突出以知识善用为创新价值链建设的战略根基；坚持硬实力与软实力融合、物质产品经营与无形资产经营并重的策略，积极推动双轮融合，共同驱动创新；坚持要素整合，创新要素整合是技术财产化、产业化、价值化的根本途径，是创新体系建设的基本方向；我国幅员广大，实施“分类引导”策略才符合实事求是精神与高效益的原则，在具体工作中，分类的依据可以从产业结构、经济发展水平以及知识创造、运用、流通的能力等因素进行选择。②

（二）对外直接投资

对外直接投资能够促进劳动密集型产业的发展，在技术密集型行业中并不显著。因此，在当前“一带一路”倡议实施中，应进一步推动企业“走出去”的行业范围和规模，提升企业对外投资逆向技术溢出效应与水平，有助于中国产业结构升级转型。同时，根据产业发展与结构调整需求，重点推动技术密集型产业参与对发达国家的直接投资，提高技术密集型产业的技术吸收能力。最后，科学制定与产业发展阶段相适应的产业扶

---

① 洪银兴：《再论产业化创新：科技创新和产业创新的衔接》，载《经济理论与经济管理》2016 年第 9 期。

② 王玉民、刘海波、靳宗振、梁立赫：《创新驱动发展战略的实施策略研究》，载《中国软科学》2016 年第 4 期。

持政策，促进产业自身结构调整与转型升级。[①]

（三）政府政策支持

2005～2015年间，我国制造业低碳突破性创新存在较大行业差异，重工业具有较高低碳突破性创新专利产出，而行业间差异也表现出逐渐扩大的发展态势。因此，在制定制造业低碳突破性创新政策时：首先，应进一步加强低碳突破性创新的政策引导和资金支持，增强制造业低碳突破性创新动力。其次，应根据制造业行业特点制定不同的低碳突破性创新政策，对于高碳排放、高化石能源消耗的制造业行业，应增强其低碳突破性创新的约束机制，增强政府管制的推动作用，同时在低碳突破性创新政策与资金投入方面提供一定的倾斜，而对于低碳排放、低化石能源消耗的制造业行业，应采取相对灵活的低碳创新政策，通过引入市场竞争机制提升其低碳突破性创新的自主性和积极性。[②]

高新技术产业是我国建设创新型国家的主力军，企业利润、人力资本、销售投入、中间产品对高新技术企业提高全要素生产率和促进发展具有显著的促进作用；我国研发投入带来的专利等技术产出很多，但研究中并未观察到研发投入对生产率的显著促进作用，银行贷款与政府补贴也存在类似情况，这说明我国政府过去所主导的研发投入模式与实际生产需要结合度不够高，相关科技体制与创新支持政策亟待调整。[③]

（四）金融市场

在房地产投资快速增长的情形下，中国金融体系通过对房地产贷款期限结构的偏向效应，对中国的创新活动形成了进一步的抑制效应。中国金融体系通过房地产贷款期限结构的这种偏向效应，也对中国工业部门的创

---

① 杨连星、刘晓光：《中国OFDI逆向技术溢出与出口技术复杂度提升》，载《财贸经济》2016年第6期。

② 赵博、毕克新：《基于专利的我国制造业低碳突破性创新动态演化规律分析》，载《管理世界》2016年第7期。

③ 罗雨泽、罗来军、陈衍泰：《高新技术产业TFP由何而定？——基于微观数据的实证分析》，载《管理世界》2016年第2期。

新活动造成更为突出的抑制效应。[①]

另有研究显示，跨行业套利行为显著降低了实体企业的创新活动，表现为创新抑制效应，且利润率差距越大，对企业创新的抑制效应越显著，但随着市场化进程的不断推进，跨行业套利对企业创新的抑制效应逐渐减弱。研究揭示了中国实体企业跨行业套利的驱动因素，而且从跨行业套利这一全新视角解释长期以来中国企业创新动力不足的原因，揭示实体企业空心化形成的具体机理。[②]

由于金融经营效率、金融规模、金融产出率、金融结构比率和产业结构升级率存在长期均衡关系；金融规模对产业结构升级影响显著；金融结构比率和金融经营效率对产业结构升级在长期表现出显著影响，而短期内影响较弱；金融产出率对产业结构升级在长期表现出较弱的影响，而短期内影响显著。政策建议是适当控制金融规模，合理引导信贷投向；完善证券市场投资制度，拓展企业直接融资渠道；鼓励民营资本进入金融领域，以良性竞争提升金融服务效率；完善利率市场化机制，理顺资源配置途径；改革商业银行经营体制，提升银行经营效率。[③]

（五）劳动力成本

劳动力成本上升总体上促进了中国制造业的企业创新水平，企业专利申请数量、新产品产值、研发投入水平及研发人员数量均显著增加。但劳动力成本变动的影响具有异质性。对于东部地区企业、非国有企业、内资企业及资本密集型企业，劳动力成本上升对企业的创新激励作用更为显著；而对于中西部企业、国有企业、外资企业及劳动密集型企业而言，劳动力成本上升没有显著影响企业的创新水平。[④]

---

① 张杰、杨连星、新夫：《房地产阻碍了中国创新么？——基于金融体系贷款期限结构的解释》，载《管理世界》2016 年第 5 期。

② 王红建、李茫茫、汤泰劼：《实体企业跨行业套利的驱动因素及其对创新的影响》，载《中国工业经济》2016 年第 11 期。

③ 罗超平、张梓榆、王志章：《金融发展与产业结构升级：长期均衡与短期动态关系》，载《中国软科学》2016 年第 5 期。

④ 赵西亮、李建强：《劳动力成本与企业创新——基于中国工业企业数据的实证分析》，载《经济学家》2016 年第 7 期。

（六）城镇化战略

城市创新的直接表现就是城市产业创新，有学者认为创意阶层集聚显著促进了城市创新，因此通过控制人力资本、外商直接投资、对外贸易等知识外部性变量和其他环境变量，营造良好环境以吸引创意阶层集聚，可以有效提升城市尤其是大城市的创新水平。①

"新常态"发展阶段国家建设的中心任务已调整为通过产业布局优化调整促进各类要素资源高效集约配置，提高经济发展的整体质量。在这一进程中，城镇化是核心驱动力，并指出落实新型城镇化战略的关键是改革现有制度安排，促进人口充分流动，实现城市规模的最优分布。因此，首先要推动区域户籍制度与区域资源要素流动水平相协调，对不同区域户籍制度实施分类指导；其次，推动计划生育制度与人口年龄结构变化趋势相协调，对计划生育制度进行适当调整，有利于提供充足的适龄劳动力，保障新型城镇化有序推进；再次，推动土地流转制度与区域产业发展相协调；最后，推动社会保障制度与劳动力转移相协调，社会保障制度直接关系农民向产业工人转化的意愿，是实现城镇化的关键，越高的保障水平将促进更有效的劳动力流动。②

（七）产业创新系统

产业创新不仅要注重各子系统的创新能力提升，更要注重创新复合系统的整体协同效应。以信息通信产业为例，信息通信产业是推动国家经济转型，产业升级的基础性产业，以信息通信产业为例研究产业创新复合系统的协同发展，有助于提升信息通信产业创新能力并且促进其他产业的创新发展。研究表明，信息通信产业创新复合系统总体协同度不高，主要原因是制度创新子系统的不协调以及创新环境子系统有序度长期处于较低水平。并且，信息通信属于技术密集型产业，技术投入与产出增长较快，技术创新子系统有序度处于稳定快速提升状态，但是相关的政策法规较多，

① 王猛、宣烨、陈启斐：《创意阶层集聚、知识外部性与城市创新——来自20个大城市的证据》，载《经济理论与经济管理》2016年第1期。

② 李平、李颖：《中国城镇化发展效率和制度创新路径》，载《数量经济技术经济研究》2016年第5期。

变化较快，制度创新对整个创新复合系统协同度的影响较大。因此，应进一步实施制度改革，发挥市场主导作用；提升创新重视程度，加大投入比例，丰富创新投入渠道，制定相应政策鼓励民间资本投资创新领域。①

也有学者从我国制造业低碳创新系统构成要素入手，从主体层面、资源层面、环境层面三个维度分析了我国制造业低碳创新系统的运行机制和系统功能。由于实施制造业低碳创新是我国实现低碳经济发展的必要条件和重要手段，因而从运行机制中提炼出我国制造业低碳创新系统低碳技术创新、低碳创新系统结构和低碳资源运行等三方面的诱因，基于自组织理论和复杂系统脆性理论揭示了我国制造业低碳创新系统危机形成机理。研究证明，制造业低碳（在复杂系统脆性理论中称为脆性强度）创新系统是一个多主体、开放性系统。而低碳创新系统的诱因来自于低碳技术创新、低碳创新系统的结构、资源运行层面，制造业低碳创新系统危机预警机制应从这三个方面入手，将危机从根源上解除。②

四、创新绩效

创新绩效能够充分衡量创新的发展水平，而“创新绩效”这一指标不仅能够体现创新水平，还能够帮助发现资源分配失当、成果转化缓慢、缺乏制度保障等种种创新发展过程中出现的问题。因此，对创新绩效问题的研究十分受学界关注。

（一）模仿同构

当组织场域内的成功企业或相似企业采用国际化战略时，现有企业为了获得制度正当性，也将通过国际化经营进行模仿同构。作为新兴经济体中的后发企业，中国企业绩效随国际化程度的变动关系呈现低国际化程度时与绩效负相关、高国际化程度时与绩效正相关的U型形态；总体上，中国企业国际化与绩效间关系已经是正相关关系。基于制度正当性而进行的

① 董豪、曾剑秋、沈孟如：《产业创新复合系统构建与协同度分析——以信息通信产业为例》，载《科学学研究》2016年第8期。

② 樊步青、王莉静：《我国制造业低碳创新系统及其危机诱因与形成机理分析》，载《中国软科学》2016年第12期。

模仿同构对企业的国际化—绩效关系具有显著的积极调节作用，企业可以通过模仿同构而获得更多组织正当性、改善国际化绩效。这一独特的制度正当性理论视角，将给企业国际化—绩效关系研究，贡献以组织场域中的模仿同构作为调节因素的企业国际化绩效改善机制。①

（二）要素市场

有研究表明，中国劳动力要素市场和资本要素市场现呈现出较强的扭曲态势，劳动力要素市场扭曲和资本要素市场扭曲都是创新生产效率损失的重要因素。② 而虽然要素市场扭曲显著地抑制了企业或产业创新效率的提高，但要素市场扭曲对创新效率产生的抑制效应存在边际贡献递减规律。当扭曲程度较高时，要素市场改善对创新效率的边际效应较小；而随着扭曲程度的逐渐下降，要素市场改善对创新效率的边际效应则不断上升。③

要素市场的发展有利于产业创新绩效的提升，而且对创新绩效较低地区的积极影响尤其突出，进而对高技术产业创新能力的提升有着重要的促进作用。因此，政府制定产业自主创新的促进政策时，应考虑要素市场扭曲对创新绩效的影响；为了引导、支持和激励各地区高技术产业提升自主创新能力，需要依据各地区实际情况，有所侧重地继续推进要素市场的改革，要将创新绩效较低地区的相关改革放在更为突出的位置。④

但有研究认为，要素投入对于创新绩效的贡献不显著，劳动力存在“去技术化”，但是创新活动的空间溢出效应很显著，特别是东部地区要显著优于中西部地区；企业规模差异对于创新绩效有显著影响。鼓励中小企业地理上的集聚，在未来要注重培养省域层面以上的经济合作，特别是要增强城市群内部人才与技术的交流。加强企业间的分工协作，同时也包括中小企业参与到产业价值链分工体系中去。具体到政策干预上，一方面，实行严格的专利保护制度。另一方面，政府应该明确“限大促小”的产业

---

① 陈立敏、刘静雅、张世蕾：《模仿同构对企业国际化—绩效关系的影响——基于制度理论正当性视角的实证研究》，载《中国工业经济》2016年第9期。

② 白俊红、卞元超：《要素市场扭曲与中国创新生产的效率损失》，载《中国工业经济》2016年第11期。

③ 戴魁早、刘友金：《要素市场扭曲与创新效率——对中国高技术产业发展的经验分析》，载《经济研究》2016年第7期。

④ 戴魁早、刘友金：《要素市场扭曲如何影响创新绩效》，载《世界经济》2016年第11期。

政策导向，构建合理的产业分工体系，特别是对于某些大型的政府采购工程，必须要求大企业以一定的份额转包给中小企业。①

（三）政府干预

减少地方保护可以有效地促进区域创新绩效的提升，减少商品市场的地方保护与区域创新绩效正相关，这是因为减少地方保护，能够为竞争提供良好的市场环境，促进优胜劣汰的市场竞争机制有效地发挥作用，刺激商品生产者和消费者努力改进技术，进行发明创造，推行新工艺、新技术。同时，减少商品市场的地方保护能够减少贸易壁垒，增加公平交易的机会，激活市场竞争活力，进而促进技术市场合同交易额的增加。

从知识产权保护来看，其对区域创新绩效具有正向影响，知识产权保护能够提供一个鼓励发明创造的“软环境”，从而激发大众进行发明创造的活力和动力，增加专利数量，也能够为技术市场的交易提供良好有序、公平正义的市场法制环境，促进交易额的增加，进而提升区域创新绩效。

政府 R&D 投入不但不能够有效促进区域技术市场的发展，反而会阻碍其发展。在实地调研中也发现，政府 R&D 投入多流向规模大、实力强的企业，而科技型中小企业获得的资金支持相对有限，政府 R&D 投入经常发挥着“锦上添花”的作用而非“雪中送炭”的功效。②

（四）知识转移

研究结果表明，知识转移活动促进了企业创新绩效的提升。在创新活动过程中，知识转移通过对知识资源的集成、组合、获取和利用，推动参与者创新成果的产出。通过对企业社会资本的结构、关系和认知三个维度与知识转移之间关系的研究结果表明，社会资本的三个维度与知识转移之间存在显著的正相关关系。企业应通过构建外部网络联系、提高与其他外部组织的联系强度和关系的持久度达到丰富社会资本的目的。因此，企业应提升自身的知识获取能力，有效利用社会资本把握外部资源获取机会。

---

① 朱平芳、罗翔、项歌德：《中国中小企业创新绩效空间溢出效应实证研究——基于马克思分工协作理论》，载《数量经济技术经济研究》2016 年第 5 期。

② 杨若愚：《市场竞争、政府行为与区域创新绩效——基于中国省级面板数据的实证研究》，载《科研管理》2016 年第 12 期。

企业应该适应并且利用集群网络环境，建立专门促进企业与其他组织进行知识传递与共享的部门，积极参与集群内的知识交流与互动。另外，集群衍生效应对创新绩效有着重要作用，集群技术衍生程度越高，对知识转移的促进作用就越明显，从而促进企业创新绩效的提升。由于集群环境对企业的发展产生了极大的推动作用，因而应注重集群发展规划的制定和资源共享机制的构建，如完善集群内中介服务部门的建设与发展；建立激励机制，鼓励集群企业间的深度技术合作和知识转移，以及定期举办集群内部企业间的技术交流与研讨活动，以促进企业间的知识共享。①

（五）国有企业改革

国有企业民营化抑制了企业的创新效率，企业的专利数量显著减少，这种影响在缺乏原国有大股东制衡、无系族的上市公司以及外部产权保护较弱的地区更加显著，而且相对于创业型企业，民营化企业的创新效率更低。因此，在混合所有制改革过程中，应合理配置混合所有制控制权结构，逐步调整国有股权比例，控制非国有资本比例，避免国有股权完全转让退出，通过建立有效的制衡机制提高公司决策效率和经营效率。应建立完善的国有股权转让评估体系，从主体资格、资信、资本等方面合理评估受让方资质。同时，应建立后期持续的跟踪和督导制度，加强对此类企业的信息披露和监管要求，增加信息透明度。②

（六）创新网络关系和企业吸收能力

创新网络关系强度和企业吸收能力均对企业创新绩效存在显著的正向影响，且企业吸收能力在网络关系强度和企业创新绩效之间起不完全中介作用。同时，在检验企业性质、产业类型和地域分布的影响时，发现在私营企业、传统制造业企业和位于华东、华北地区的企业中，创新网络关系强度对创新绩效没有直接影响，但可以通过吸收能力对创新绩效产生间接影响。③

---

① 李宇、周晓雪、张福珍：《产业集群社会资本对集群企业创新绩效影响的实证研究》，载《产业经济研究》2016年第3期。

② 钟昀珈、张晨宇、陈德球：《国企民营化与企业创新效率：促进还是抑制?》，载《财经研究》2016年第7期。

③ 刘学元、丁雯婧、赵先德：《企业创新网络中关系强度、吸收能力与创新绩效的关系研究》，载《南开管理评论》2016年第1期。

（七）产学研合作结构

产学研合作创新是国家体系中重要的创新模式，是产学研协同创新的基础。产学研合作网络的结构对企业创新绩效具有重要影响。研究表明，与少数组织构建联系紧密的聚簇从而促进信息和知识的快速交流和整合能够提高企业创新绩效；通过较短的路径与广泛企业建立联系能够提升企业创新绩效，但具有显著的滞后效应。采取合作战略的创新主体在创新战略中需考虑到创新投入与创新产出间的滞后性。①

（八）制度发展水平

研究表明，在企业进行海外并购过程中，东道国制度发展水平对海外并购企业创新绩效有显著的正向效应，这种正向效应当企业吸收能力增强时会变得更加显著，但是当企业国有股权比例较高时，东道国制度发展水平对企业创新绩效的正向效应会受到抑制。同时，海外子公司地理多样化对两者关系的调节作用不显著。②

（九）企业研发结构

与集中 R&D 结构相比，分散 R&D 更能促进企业创新绩效，这种促进关系在不同行业中无显著差异，并受到未吸收组织冗余和产品多元化的正向调节作用。因此，企业应开展广泛的资源探索与搜寻活动，其重要性要大于资源整合，从而使选择分散型的 R&D 组织方式更有助于提升企业的创新绩效。其次，企业应该考虑自身的资源情况，根据资源的丰裕程度和多样性程度高低，来决定相应的 R&D 组织方式，以获得最佳的创新绩效。③

---

① 其格其、高霞、曹洁琼：《我国 ICT 产业产学研合作创新网络结构对企业创新绩效的影响》，载《科研管理》2016 年第 1 期增刊。

② 李梅、余天骄：《东道国制度环境与海外并购企业的创新绩效》，载《中国软科学》2016 年第 11 期。

③ 许强、高一帆：《企业 R&D 组织方式与创新绩效：资源因素的调节》，载《科研管理》2016 年第 12 期。

第九章　货币政策问题研究新进展

2016年我国学术界围绕通胀预期、货币政策工具选择、价格型货币政策调控、货币政策传导、货币政策效应、货币政策与其他政策的关系等问题进行了集中讨论，取得了一些新的进展。

一、通胀预期

通货膨胀预期对货币政策的效果和消费者的决策有着重要影响。因此，我国多次明确提出要"加强通货膨胀预期管理"。

（一）预期形成机制

对通胀预期的形成机制已进行了多方面的研究，2016年学者们又进一步扩展了形成机制的因素研究，主要有：

1. 媒体报道

媒体报道在通胀预期形成中发挥了重要影响和作用。虽然现有研究已经涉足了通胀预期的形成机制及其异质性，但对媒体报道这一公众最主要的信息来源如何影响通胀预期及其异质性的研究尚不多见。赵林海等引入贝叶斯学习模型，分析宏观经济变量和媒体报道对中国公众和专家的通胀预期异质性的影响。研究结论显示：媒体关于通胀（通缩）或是物价水平的报道数量不会影响公众的通胀预期异质性；媒体内部的异质性，即报道内容的不一致会正向影响公众预期的异质程度；媒体关于未来物价水平将上升的报道比例越大，公众的通胀预期异质性越低，而下降口吻的作用恰恰相反；媒体报道不会显著影响专家的通胀预期异质性，但是与通缩相关的媒体报道是个例外，下降口吻的媒体报道比例增加会提高专家通胀预期的异质程度。[①] 张成思等首次将传播学领域“沉默的螺旋”理论与流行病学传染机制作为统一的理论基础，应用于通胀预期的传染机制研究，分析两类不同新闻媒介（纸质和网络）关于物价变化的报道对通胀预期的传染效应。研究表明，不同媒体报道不仅可以形成不同方向的“意见气候”，而且“意见气候”的传染强度也显著不同，从而形成“不对称的螺旋”。这种非对称性在传统纸媒和网媒上的表现截然相反：纸媒的降价报道对公众预期的传染性相对更强，而网媒的涨价报道则具有更强的传染性，这种局面值得关注。[②]

2. 适应性学习

现实中，公众通胀预期尽管能够捕捉实际通胀的基本趋势，但也明显表现出保守的适应性特点，因此真实的通胀预期处于一种不完全理性状态，这就为放松经典的理性预期分析框架提出了更高要求。20 世纪 80 年代后，适应性学习理论开始受到学术界广泛关注。作为有限理性的代表，适应性学习理论被逐步运用于经济动态分析。近年来，国内学者对预期管理与通胀治理问题研究的立足点亦开始转向有限理性，但是从公众学习视角出发分析通胀预期形成机制与通胀运行机制的重要文献仍屈指可数。范从来等以混合新凯恩斯菲利普斯曲线为分析的出发点，引入适应性学习过程，将公众预期形成机制内生化，从而构建了有限理性下的通货膨胀动态机制模型。[③]

（二）通胀预期影响货币政策

虽然已有文献就央行沟通和通胀预期管理问题进行了探讨，但是并未研究央行是否将通胀预期纳入政策反应信息集。张成思等建立含有通胀预期的前瞻性货币政策反应函数，基于 2001 年 1 季度至 2014 年 4 季度居民和专家两组通胀预期调研数据，研究了央行决策信息集中是否包含通胀预

① 赵林海、刘兴宗：《媒体报道、贝叶斯学习与通货膨胀预期异质性》，载《财贸经济》2016 年第 12 期。

② 张成思、芦哲：《不对称的螺旋：媒体情绪与通胀预期传染》，载《财贸经济》2016 年第 6 期。

③ 范从来、高洁超：《适应性学习与中国通货膨胀非均衡分析》，载《经济研究》2016 年第 9 期。

期变量，以及谁的通胀预期更能影响货币政策问题。研究结论表明：第一，央行对居民预期和专家预期均做出显著反应，但对专家预期反应更强。第二，在长期，央行遵循“逆预期”操作的相机抉择行为模式，表明预期变量是央行决策信息集的重要组成部分；从实证结果来看，央行对通胀预期非常重视，遵循着如下规则：当通胀预期上升时，采取紧缩的货币政策（升息、减少货币供给增量），当通胀预期下降时，采取扩张的货币政策（降息、增加货币供给增量）。这一相机抉择的行为模式体现了央行对预期信息的利用，央行试图前瞻性熨平经济波动的做法也符合标准的经济理论。第三，央行对某些机构的预测数据反应较强，其预测信息集可能与央行信息集重合度较高。①

（三）通胀预期管理的作用

从已有文献来看，目前基于适应性预期的货币政策传导机理的深度理论分析并不多见，对基于适应性预期的货币政策传导效果也没有形成共识，从而未能给预期管理提供理论和经验上的支持。马理等在以往学者研究的基础上进行了拓展研究，通过构建包含多维变量的自治系统，求解高阶常系数非齐次线性微分方程的通解随着时间变化而导致的极限，解析了基于适应性预期的货币政策传导路径以及产生的政策效果。实证研究表明，货币政策确实可以通过改变市场参与者的适应性预期来引导宏观经济发展，且方向不同频率不同的货币政策将会导致完全不同的调控效果，②从而为预期管理提供了经验支持。

国内有关预期管理的文献大部分都只是对预期管理理论的发展以及预期管理的国际经验进行总结与归纳，已有研究更多地采用实证研究方法，使用定量宏观模型的仍较少。郭豫媚等通过构建一个包含预期误差冲击和预期管理的动态随机一般均衡模型，刻画了货币政策有效性下降的现状，从而研究了货币政策有效性不足时预期管理应对经济波动的能力。数值模拟结果表明，预期管理通过逆周期引导市场通货膨胀预期，能够大幅减小经济波动并使经济更快收敛至稳态。同时，福利损失分析表明，在货币政

---

① 张成思、党超：《谁的通胀预期影响了货币政策》，载《金融研究》2016 年第 10 期。

② 马理、何梦泽、刘艺：《基于适应性预期的货币政策传导研究》，载《金融研究》2016 年第 8 期。

策有效性不足的情况下引入预期管理，可以使社会福利损失下降近40%。[①] 从而为预期管理提供了理论支持。

基于预期管理的作用研究，学者们给出了加强预期管理的如下政策建议：第一，货币当局在考察传统的货币乘数与货币供应量关系的同时，还需要关注货币政策的适应性预期调整，利用预期管理的技巧，合理引导市场参与者的预期，从而充分发挥货币政策的实施效果。第二，货币当局使用货币政策时，应更加关注货币政策在特定时间区段内的变化量。合理调整货币政策的变化量可以更好地影响市场参与者的预期，降低货币政策的实施成本，从而制定出更加科学有效的货币政策调整方案。第三，在不同经济时期，货币当局应恰当选择货币政策的调整时机与调整力度。[②] 第四，进一步明确并减少货币政策调控目标，这有利于形成理性和稳定的预期。第五，拓宽央行与市场沟通的途径，丰富央行与市场沟通的内容，提高货币政策透明度，增加市场在形成预期时可获得的信息。第六，加强央行的研究能力。第七，及时公布重要的货币政策操作及其相关信息，以减少政策滞后性，防止公众误读而产生错误的预期。[③]

二、货币政策工具选择

货币当局应当依据数量型规则还是价格型规则对宏观经济进行调控，学术界争论已久，所持有的观点并不统一，主要的观点有：

（一）选择价格型工具

我国较长时期以来都是实施以数量型工具为主、价格型工具为辅的货币政策框架，为经济持续快速增长提供了良好的货币政策环境，较好地实现了货币政策的最终目标。但是，随着近年来利率市场化改革的基本完成，货币政策工具品种的不断扩充，加之金融创新对货币供应量的统计监测以及与最终指标关联性等方面带来的诸多挑战，关于我国货币政策框架

---

①③　郭豫媚、陈伟泽、陈彦斌：《中国货币政策有效性下降与预期管理研究》，载《经济研究》2016年第1期。

②　马理、何梦泽、刘艺：《基于适应性预期的货币政策传导研究》，载《金融研究》2016年第8期。

由数量型向价格型转轨的认识和呼声更为强烈。

庄子罐等应用贝叶斯方法估计一个货币 DSGE 模型以分析模型参数和宏观经济冲击的不确定对我国货币政策操作的影响。结果表明：从货币政策干预对产出和通胀的影响力度来看，央行在操作货币政策调控宏观经济时应该优先选择价格型导向的货币政策泰勒规则，而不是数量型导向的货币政策麦克勒姆法则；从稳定物价和促进经济增长目标来看，泰勒规则 2 的货币政策操作效果可以被视为泰勒规则 1 和麦克勒姆法则的操作效果之和。①

张达平等利用 DSGE 模型对价格型和数量型货币政策规则在我国的适用性进行研究也表明，以利率调控为主的价格型货币政策对宏观经济的影响强度较大，且政策效果的持续期较短。当经济受到外生冲击而产生对稳态的偏离时，价格型货币政策调控可以在短期内有效地抚平经济波动。因此，我国应发挥好基准利率的引导作用，完善中央银行利率调控体系以支持实体经济持续健康发展。②

马鑫媛等尝试将非正规金融纳入研究框架，建立四部门 DSGE 模型比较数量型和价格型货币政策工具的有效性，结果也显示，价格型货币政策工具对宏观经济变量的影响大于数量型货币政策工具，且持续时间较短，导致的通货膨胀上升幅度小；在对非正规金融的影响上，价格型货币政策工具的效果更显著。③

（二）价格型和数量型工具结合使用

在我国数量型工具使用既往经验丰富、价格型工具处于转轨初期这一阶段，尤其是在当前利率市场化改革基本完成，但利率调控体系尚未完全建立的背景下，研究价格与数量型工具相互支撑的货币政策框架，更具有现实意义。2008 年世界金融危机后，在特定条件下综合运用数量型与价格型工具调控已成为许多央行的选择，即使是货币政策回归常态后，一些国家也开始注重数量型与价格型工具的配合。

---

① 庄子罐、崔小勇、赵晓军：《不确定性、宏观经济波动与中国货币政策规则选择——基于贝叶斯 DSGE 模型的数量分析》，载《管理世界》2016 年第 11 期。

② 张达平、赵振全：《新常态下货币政策规则适用性研究——基于 DSGE 模型的分析》，载《经济学家》2016 年第 8 期。

③ 马鑫媛、赵天奕：《非正规金融与正规金融双重结构下货币政策工具比较研究》，载《金融研究》2016 年第 2 期。

闫先东等通过构建包含居民、非金融企业、政府等三部门的DSGE模型，对比分析了价格型、数量型等六种组合下的货币政策工具效果。实证结果显示，混合型政策工具优于单一型政策工具。如果更加注重GDP目标，数量型工具为主、价格型工具为辅的调控（QP）效果相对较好；如果更加注重通胀水平，那么价格型工具为主、数量型工具为辅的中长期调控（LPQ）效果较好；如果更加注重就业目标，运用价格型工具为主、数量型工具为辅的短期调控（SPQ）效果较好。①

刘金全等通过对货币政策时变反应特征与调控模式进行全面分析后发现，价格型货币政策与数量型货币政策需要搭配使用。价格型货币政策可以更好地启动物价，而数量型货币政策能够更好地为物价降温。对于产出，数量型货币政策的调控效果均优于价格型货币政策。目前，应该以价格型货币政策为主刺激价格适度波动，以数量型货币政策为主来为产出增长保驾护航，从价和量两方面保持货币环境的适度宽松和货币操作的平滑稳健。②

伍戈等采用贝叶斯方法估计模型以及脉冲响应、方差分解和福利损失等方法对混合规则、数量规则和价格规则进行各种冲击下的政策效果比较分析表明，对于转型中的中国经济而言，实施混合型的货币政策规则比实施单纯的货币数量型或价格型规则更能有效保证宏观经济的平稳运行，而且货币政策混合规则对改善社会福利的效果更好。因此，采取数量型与价格型相结合的货币政策框架体系可能是现阶段中国人民银行较好的现实选择。③

（三）视情况而定

与货币政策工具选择的争论相一致，学术界围绕最优货币中介目标的选择，在利率、简单加总货币量、迪维西亚货币量之间争论不休。黄宪等对迪维西亚货币量的理论基础提出一些质疑，并用多国数据，在统一的研究框架下考察短期名义利率、简单加总货币量、迪维西亚货币量对物价、

① 闫先东、张炎涛：《价格与数量型工具相互支撑的货币政策框架研究》，载《财贸经济》2016年第10期。

② 刘金全、解瑶姝：《“新常态”时期货币政策时变反应特征与调控模式选择》，载《金融研究》2016年第9期。

③ 伍戈、连飞：《中国货币政策转型研究：基于数量与价格混合规则的探索》，载《世界经济》2016年第3期。

产出的相对重要性，弥补了学术界几乎只对三种指标进行两两比较的不足。他们基于 DAG - SVAR 模型，分别对美国、欧元区、英国的银行间隔夜拆借利率 R、简单加总货币量 M2、迪维西亚货币量 D2 对物价 P、产出 Y 影响的相对重要性进行实证比较发现，在美国，M2 对 Y 的影响最大，R 对 P 的影响最大；在欧元区，D2 对 Y 的影响最大，M2 对 P 的影响最大；在英国，M2 对 Y 和 P 的影响都最大。总的来说，若货币最终目标是经济增长，则美国、英国的最优中介目标是简单加总货币量，欧元区的最优中介目标是迪维西亚货币量；若货币最终目标是物价稳定，则美国的最优中介目标是利率，欧元区、英国的最优中介目标是简单加总货币量。在一定程度上是对“利率普遍优于货币量，迪维西亚货币量普遍优于简单加总货币量”学术共识的反向补充。①

由此可见，对于不同的经济体或者不同的货币最终目标，最优中介目标的选择可能有所不同。

三、货币政策目标

货币政策目标的选择，对货币政策的制定与实施至关重要，因而学者们会依据不同的情况或纳入不同的因素不断对其完善，以提高货币政策的有效性。

（一）泰勒规则改进

泰勒规则是指一国货币政策根据实际经验而确定的一种短期利率调整规则，即保持实际短期利率稳定和中性政策立场的前提下，当产出缺口为正（负）和通胀率超过（低于）目标值时，应提高（降低）名义短期利率。通过简单线性模型，该规则很好地描述了美国 1984 ~ 1992 年货币政策操作，而后续的许多研究倾向于改进泰勒规则。

近年来，许多研究从不同角度对我国货币政策可能呈现的非线性特征和原因展开了深入研究。陈创练等构建了一种关于利率、通胀与产出缺口

① 黄宪、夏仕龙：《货币中介目标的国际比较——基于 DAG - SVAR 模型》，载《经济理论与经济管理》2016 年第 2 期。

之间的时变参数结构向量自回归（TVP－SVAR）模型，并进一步利用马尔科夫链蒙特卡洛（MCMC）方法估计简化式的时变参数向量自回归随机波动（TVP－VAR－SV）模型，通过反推得到时变参数泰勒规则的估计。据此，他们考察了我国1996年一季度至2015年三季度样本期内的时变参数泰勒规则和时变货币政策传导效应。研究表明，我国货币政策具有明显盯住产出缺口和通胀目标的特征，而且近年来基本处于顺周期调整状态，其中盯住产出缺口参数呈下降态势；而盯住通胀目标参数则随通胀变化呈现显著的适时调整过程，近年来货币政策取向具有明显治理通胀偏好。①

（二）纳入技术、利率和股市冲击

崔百胜等构建一个包含股票市场财富效应和稳态股利水平且反映中国现实特征的DSGE模型，通过扩展的货币政策泰勒规则，考察了面对技术冲击、利率冲击和股票市场冲击时，中央银行应如何制定货币政策以保持产出、价格和股票市场的稳定，并尽可能地降低社会福利损失。研究表明，货币政策考虑股价波动能够有效降低社会福利损失；中央银行存在多重调控目标时需要注意区分冲击的类型来相机抉择，在利率冲击下，货币政策应当对股价波动做出反应，而在技术冲击和股票市场冲击下，则需要在各个经济变量之间进行权衡。②

（三）纳入失业因素

近年来，国内外研究者倾向于认为中央银行应该在货币政策盯住目标中加入失业，从而构建了一个被称为Evans规则的货币政策。陈利锋研究表明，即使正规部门与非正规部门均存在失业呆滞，Evans规则对于劳动力市场仍具有较好的稳定效果，并且仍然相对实现了社会福利的改善。因此，在当前我国正规部门与非正规部门仍显著存在失业呆滞的背景下，我国货币政策当局仍然可以采用Evans规则来尝试缓解失业和稳定劳动力市场。在具体操作过程中，可以借鉴美联储的相关做法，建立科学和可监测

---

① 陈创练、郑挺国、姚树洁：《时变参数泰勒规则及央行货币政策取向研究》，载《经济研究》2016年第8期。

② 崔百胜、丁宇峰：《股价波动、社会福利与货币政策制定——基于中国DSGE模型的模拟分析》，载《财经研究》2016年第1期。

的指标对失业进行监控，并将其作为货币政策盯住的对象之一。[①]

四、货币政策传导机制

货币政策传导机制系指，中央银行运用一定的货币政策工具，引起操作目标进而中介目标变化的连锁反应，并通过各种渠道实现货币政策最终目标的传导过程。

（一）利率传导渠道

1. 政策利率向其他利率的传导

“十三五”期间宏观经济调控模式的一项重要改革是货币政策框架从数量型向价格型调控的转型，而利率传导机制是否顺畅将决定新的货币政策框架的有效性。我国向以政策利率为中介目标的新货币政策框架转型过程中所面临的首要挑战不是利率向实体经济的传导问题，而是政策利率向其他利率（存贷款利率和债券收益率）的传导问题。马骏等构建了一个DSGE 模型来研究中国的利率传导机制。根据中国金融体系以银行业为主体的特点，该模型刻画了在银行体系面临诸多制度约束、金融市场发展还不完善的情况下，央行的政策利率调整如何传导至各个金融市场利率，继而影响实体经济的动态过程。模型的模拟结果进一步证实，贷存比限制、对贷款的数量限制、高存款准备金率等因素会不同程度地弱化和扭曲政策利率的传导，削弱利率政策对实体经济的影响。此外，他们还将动态模型加以拓展，用来测算经济周期因素所造成的政策利率传导的效率损失。定量分析具有丰富的政策含义：要疏通新货币政策框架中利率传导机制，应逐步淡出合意贷款规模，取消贷存比上限，降低存款准备金率。此外，对经济周期与传导效果间关系的分析表明，在经济下行时传导效果的弱化往往是风险溢价所导致，并非体制性问题，此原因不应成为阻碍我国向新货

---

① 陈利锋：《内部人势力、失业呆滞与货币政策——基于包含非正规部门的 NK - DSGE 模型》，载《经济科学》2016 年第 6 期。

币政策框架转型的理由。[①]

2. 中期政策利率传导

中国金融市场处于发展改革的过程中，距离完全信息和高度有效的标准还有较大的差距，特别是信贷市场和其他市场严重分割，在这种情况下金融市场处于结构性的不完美状态。因此，货币政策不具备实现“常态”框架的条件，即中央银行难以只调节隔夜利率来实现物价稳定的目标，需要探索中期政策利率发挥货币政策之锚的作用，但目前关于中期政策利率的研究在国内还是空白。孙国峰等通过构造一个两部门的理论模型，分析了中期政策利率在贷款市场、存款市场、货币市场和债券市场的传导机制，论证了央行投放中期资金对降低社会融资成本的作用。虽然变量较多，传导比较复杂，但该研究显示，央行投放较低中期政策利率的中期资金能够有效降低贷款利率、理财资金利率、货币市场利率和债券利率，并且能够扩大社会的信贷规模、降低理财资金规模。[②]

（二）信用传导渠道

1. 银行信贷渠道

目前，国内关于货币政策银行信贷渠道的实证研究，主要集中于运用宏观数据和微观银行数据进行实证分析。金雪军等运用 2001 ~ 2015 年期间公司层面的银行信贷数据对中国货币政策传导的银行信贷渠道进行检验，并进一步研究世界金融危机冲击对不同特征银行信贷渠道的影响差异。检验结果显示：货币政策传导的银行信贷渠道在我国是存在的；货币政策在影响银行信贷供给的同时，也会由于不同银行资产规模、流动性水平、资本状况等特征差异引起信贷供给的异质性反应；世界金融危机冲击会显著降低货币政策银行信贷渠道传导的效率，资本充足率越高的银行，在危机期间信贷供给紧缩程度越小，反之亦然；我国货币政策银行信贷渠道主要通过非国有控股银行传导，世界金融危机冲击对国有控股银行的负

---

① 马骏、施康、王红林、王立升：《利率传导机制的动态研究》，载《金融研究》2016 年第 1 期。

② 孙国峰、段志明：《中期政策利率传导机制研究——基于商业银行两部门决策模型的分析》，载《经济学（季刊）》2016 年第 1 期。

面影响比非国有控股银行小，危机期间宽松的货币政策调控对国有控股银行的效果比非国有控股银行好。①

2. 基于信用渠道的中介目标选择

盛松成等采用2002～2014年月度金融经济数据，在理论分析的基础上运用SVAR模型，对社会融资规模增量与新增人民币贷款指标在货币政策传导机制中的作用进行比较分析发现，社会融资规模增量与货币政策最终目标的相关性和可控性优于新增人民币贷款。社会融资规模存量与M2不仅在绝对数值和增速上相当接近，且二者与货币政策最终目标和操作目标的关系高度一致。社会融资规模指标满足了货币政策中介目标的可测性、相关性、可控性三大要求，社会融资规模增量不仅是比新增人民币贷款更优的中介目标，而且也是M2的有益对照和补充。②

（三）行业价格传导

1. 产业链价格传导

深入研究货币政策如何影响到产业链上各个行业的价格上，以及各行业之间的价格是如何传导的对于提高货币政策的有效性非常重要。

刘元生等利用中国FAVAR模型分析流动性冲击对不同行业价格变动的影响发现，流动性冲击对CPI的影响比PPI的影响更为显著，而且PPI的数据显示流动性冲击是沿着产业链的下游往上游传导，其强度依次减弱。这种位于产业链不同位置的行业价格指数对流动性冲击的反应模式可能是CPI对PPI价格倒逼机制的内在原因。中央银行应该动态地监控产业链上不同行业之间的价格变化趋势，强化货币政策的前瞻性，以便进行有效的流动性管理。③

孙坚强等同时构建了包含货币因素的非线性MG系统模型（MNMG模型）进行实证检验表明：供给因素和需求因素在我国物价形成机制中均起

① 金雪军、徐凯翔：《金融危机、货币政策与信贷供给——基于公司层面银行信贷数据的经验研究》，载《经济理论与经济管理》2016年第12期。

② 盛松成、谢洁玉：《社会融资规模与货币政策传导——基于信用渠道的中介目标选择》，载《中国社会科学》2016年第12期。

③ 刘元生、杨盼盼、王有贵：《流动性冲击的行业价格传导效应》，载《产业经济研究》2016年第3期。

显著作用，但需求因素更快地形成通胀（或通缩）的压力；产业链和价格预期两种机制均发挥显著作用，两者一定程度上解释了物价传导的线性和非线性特征；产业链机制在 CPI 对 PPI 的反馈传导中作用更明显，而价格预期机制在 PPI 对 CPI 的推动传导中作用更明显。①

2. 对房地产价格的传导

陈诗一等通过建立一个包含房地产市场的 DSGE 模型，同时在模型中引入带有金融摩擦的银行部门，考察了货币政策冲击是如何通过影响企业净资产，进而引起房地产价格的快速上涨。研究发现，在企业借贷成本较高的经济体中，当出现一单位正向货币政策冲击时，引起企业外部融资溢价的下降、劳动力成本的上升以及银行的贷款意愿上升，具体地通过直接效应、替代效应、金融加速器效应和风险承担效应这四个渠道，导致房地产价格的大幅上涨，并对经济造成较大的福利损失。当降低企业借贷成本稳态值后，正向货币政策冲击引起房地产价格的响应值以及造成的福利损失都明显下降。可见，政府降低社会融资成本的政策措施，能够有效地控制宽松性的货币政策引起的房地产价格泡沫风险，并能够提高社会的福利水平。②

五、货币政策效应

货币政策的有效性一直是学者们关注的话题，也是货币政策研究必须明确的问题，学者们在 2016 年进一步扩展了货币政策有效性的影响因素和深化了货币政策的效应研究。

（一）货币政策有效性的影响因素

1. 货币流通速度

货币流通速度和名义货币供给量一起决定了全社会的有效货币供应

---

① 孙坚强、崔小梅、蔡玉梅：《PPI 和 CPI 的非线性传导：产业链与价格预期机制》，载《经济研究》2016 年第 10 期。

② 陈诗一、王祥：《融资成本、房地产价格波动与货币政策传导》，载《金融研究》2016 年第 3 期。

量，因而货币政策是否有效一方面与中央银行资产负债表所决定的名义货币供应量有关，另一方面由货币流通速度决定。谢超峰等根据向量误差修正模型验证了一般利润率、产业结构、分配结构以及财富总量是影响货币流通速度的关键变量，据此讨论了货币政策在分配结构、产业结构和一般利润率作用下的有效性及非对称性，并认为货币政策的实施应更加具有针对性，以定向调控实现货币政策目标。他们指出，大量的名义货币供给之所以没有给价格总水平带来太大压力，原因在于这些货币由于经济结构的原因被“沉淀”下来，这些货币没有直接进入流通领域当中。[①] 许祥云等则更加全面地研究了我国近年来 M2/GDP 的大幅增加并未引发物价水平持续上升的“货币迷失”现象。研究结果显示，货币流通速度下降、供给过剩带来的竞争压力和输入型紧缩等是导致“货币迷失”现象的重要原因；由于房地产资产泡沫等原因使得资金无法流入实体经济，导致货币政策传导机制扭曲是货币流通速度下降的重要推手。[②]

2. 汇率波动

从国内外相关文献可以看出，有关中国汇率和货币政策关系的研究主要围绕人民币汇率波动对货币政策的决策方式以及人民币汇率对货币供应量、出口等宏观经济变量的影响进行分析，几乎没有就人民币汇率波动对中国货币政策实现预期调控目标（包括稳定产出、控制通胀和稳定汇率等多重目标）有何影响进行过深入研究，这一研究面临的主要困难在于如何系统有效地刻画人民币汇率波动与中国货币政策之间的内在影响机制。周建等试图利用 DSGE 模型对该问题进行探索性分析，探究人民币汇率波动对中国宏观经济波动及货币政策调控的作用机理。研究表明，较大的人民币汇率波动会在一定程度上减弱中国货币政策的调控效果，但是对每个变量冲击响应的影响程度有所不同；较大的人民币汇率波动将显著干扰货币政策对宏观经济需求的调控，人民币汇率升值波动幅度较大时，货币政策对需求变量的调控作用会减弱，但不会影响相关需求变量在不同时点的冲击响应走势特征；较大的汇率波动会减弱利率上行对出口的负面影响，有

---

① 谢超峰、范从来：《基于货币流通速度影响因素的货币政策有效性研究》，载《经济学家》2016 年第 12 期。

② 许祥云、施宇、邹彤彤：《什么导致了金融危机后的我国“货币迷失”现象——国内原因分析与国际经验借鉴》，载《经济学家》2016 年第 10 期。

利于缓解货币政策对出口的负面冲击，但会导致贸易条件的进一步恶化。①

3. 互联网金融

目前，国内外学者主要从货币替代性、货币交易成本及信贷替代性角度入手，研究互联网金融对货币政策有效性的影响。但是，尚未有学者从微观银行的经营决策最优化框架出发，研究互联网金融引发的微观银行资产负债结构调整，进而影响货币政策有效性这一微观银行学机制。刘澜飚等以微观银行学理论为基础，从理论上证明了互联网金融发展对银行经营行为具有显著影响。从价格型货币政策角度看，互联网金融的规模替代效应及网络外部性效应增强了银行存款规模及市场利率对同业市场利率的敏感性，增强了利率等价格型货币政策的传导渠道及有效性。从数量型货币政策角度看，互联网金融的发展降低了银行超额准备金率，提高了现金存款比率，加大了狭义货币乘数的波动性；互联网金融导致广义货币乘数大幅度提高，进而对广义货币供应量存在增长效应以及对广义货币流通产生了减速效应，降低了广义货币作为交易媒介的流通效率，在一定程度上降低了数量型货币政策的有效性。②

4. 企业间内生互动

传统货币政策效应的研究以代表性厂商假设为基础，忽视了企业之间内生互动产生的网络对最终效果的影响。刘海明等以担保圈为例，基于企业之间内生互动的网络视角研究货币政策对实体经济的影响。研究结果发现，货币政策对处在担保圈内的企业影响更大，表明内生互动会放大货币政策的效果。内生互动强化货币政策效果主要集中在那些有高风险企业参与的担保圈当中。企业在担保圈中的节点位置越重要，货币政策对担保圈内企业投资的影响越强。担保圈内公司具有时变特征的传染效应以及更强的顺周期杠杆特征是内生互动强化货币政策效果的传导渠道。货币政策的实施应当充分考虑所在地区微观企业之间的内生互动问题，防止决策出现偏误。③

---

① 周建、赵琳：《人民币汇率波动与货币政策调控难度》，载《财经研究》2016 年第 2 期。

② 刘澜飚、齐炎龙、张靖佳：《互联网金融对货币政策有效性的影响——基于微观银行学框架的经济学分析》，载《财贸经济》2016 年第 1 期。

③ 刘海明、曹廷求：《基于微观主体内生互动视角的货币政策效应研究——来自上市公司担保圈的证据》，载《经济研究》2016 年第 5 期。

（二）货币政策的非对称效应

1. 货币政策对产出和物价的非对称效应

国内外学术界普遍认为货币政策对实体经济的影响具有非对称性，但对于非对称性的来源与作用机制却有诸多分歧。为刻画中国经济高速增长的特征，邓静远等引入指数平滑跃迁函数对 STVAR 模型进行拓展，就货币政策对产出和物价水平进行了脉冲响应分析。研究发现，在对产出的影响方面，当处于低增长区制时，利率、汇率以及货币供给对产出的影响是非对称的；当处于高增长区制时，只有利率对产出的非对称效应是明显的。在对物价水平的影响方面，在低增长区制时，利率对物价的影响并不显著；在高增长区制时，利率对物价存在显著的非对称影响；汇率和货币供给对物价的影响则不依赖于所处的经济状态。①

2. 货币政策的产业非对称效应

近几年来，货币政策的产业非对称效应成为国内学者重点研究的问题。有关我国货币政策产业非对称性效应的实证研究主要采用的是线性方法。线性模型所隐含的重要假定是在不同的经济状态下同一产业对货币政策具有相同的反应，这一假定与现实可能不一致。张淑娟等建立非线性 STVEC 模型和广义脉冲响应函数，研究货币政策产业效应的双重非对称性，并将金融加速器研究拓展到产业层面。研究表明，我国货币政策对同一产业的影响在不同经济状态下表现出非对称性，对各产业的影响中存在金融加速器效应；在相同经济状态下，货币政策对不同产业的影响也表现出明显的非对称性，主要原因是不同产业在要素密集度和企业类型分布等方面存在差异。②

---

① 邓静远、王文甫：《中国货币政策的非对称效应研究——基于 ESTSVAR 模型的估计》，载《经济理论与经济管理》2016 年第 7 期。

② 张淑娟、王晓天：《货币政策产业效应的双重非对称性研究——基于 STVEC 模型的非线性分析》，载《金融研究》2016 年第 7 期。

六、货币政策与其他政策的关系

货币政策作为宏观调控的重要工具，要提高其有效性，还必须与其他宏观政策相配合，这就需要研究货币政策与其他政策的相互关系。

（一）货币政策与财政政策的关系

1. 货币政策对财政政策不响应

目前的文献忽视了持有国外债权贬值对中国的影响，也忽视了这一背景下政府财政政策与货币政策的互动效应。朱军通过构建含“债权压力”的开放经济 DSGE 模型，采用贝叶斯估计方法进行了理论研究。研究发现，财政政策对货币政策响应、货币政策对财政政策不响应是符合我国宏观经济事实特征的模式选择。①

2. 货币政策应该配合财政政策

一般认为，财政政策扩张是引致通货膨胀的重要原因。郭长林通过将生产性政府支出引入 DSGE 模型，并结合我国宏观季度数据对模型参数进行贝叶斯估计，分别从理论分析和经验研究两个维度对这一问题加以重新审视，发现生产型财政政策扩张除通过总需求直接导致通胀外还能够从总供给侧对通胀及预期产生抑制作用，且后者与政府支出的生产性程度密切相关；在样本期内我国政府所实施的财政政策本身并不是导致通货膨胀的主要原因。因此，货币政策应该积极配合财政政策的实施，尽可能化解财政政策对经济局部方面造成的不利影响。在给定货币政策的情况下，具有较强生产性的财政政策会导致通货膨胀下降，实际利率上升。就私人部门而言，这意味着其投资成本上升，财政政策存在一定的挤出效应。如果货币政策能够适时地降低企业的融资成本，那么会缓解甚至消除由挤出效应所造成的不利影响。同时，通货膨胀水平的下降也为货币政策的实施提供

---

① 朱军：《债权压力下财政政策与货币政策的动态互动效应——一个开放经济的 DSGE 模型》，载《财贸经济》2016 年第 6 期。

了空间。[①]

（二）货币政策与宏观审慎政策的关系

卜林等在DSGE框架下对以财政政策、货币政策为代表的宏观经济政策和宏观审慎政策之间的相互关系进行了分析。研究显示，宏观审慎政策无法配合货币政策实现通胀、产出和信贷的稳定，只能采用财政政策应对经济衰退；在财政扩张背景下，货币政策与宏观审慎政策非合作模式会带来更好的政策效果，两个政策并不应该局限于简单的统筹协作关系，而是应该在制定政策时考虑对方的政策行为。[②]

① 郭长林：《被遗忘的总供给：财政政策扩张一定会导致通货膨胀吗?》，载《经济研究》2016年第2期。

② 卜林、郝毅、李政：《财政扩张背景下我国货币政策与宏观审慎政策协同研究》，载《南开经济研究》2016年第5期。

第十章　绿色经济问题研究新进展

党的十八届五中全会提出了“创新、协调、绿色、开放、共享”的新发展理念，这是马克思主义政治经济学中国化的最新成果，是我们党对我国经济发展规律认识的又一次升华。绿色发展作为新发展理念之一，注重解决的是人与自然和谐问题。① 顺应新发展理念的提出，学者们围绕环境效率、环境污染的影响因素、环境规制绩效和绿色发展等问题进行了深入和全面的研究，取得了一些的研究进展。

一、环境效率

环境效率直接关系到绿色发展问题，学者们从环境全要素生产率、碳排放效率、生态效率等角度研究了环境效率。

（一）环境效率评估

不考虑环境因素的影响会高估经济发展的实际表现，进而会扭曲对社会福利变化和经济绩效的评价②，为此学者们从环境效率评估方法、环境效率状况和区域差异等方面对环境效率进行了评估。

1. 环境效率评估方法

胡建辉等针对已有关于城镇化对全要素生产率的影响研究没有考虑资

① 王福成：《绿色发展理念与马克思主义关于人和自然关系的原理》，载《经济学家》2016年第7期。

② 胡建辉、李博、冯春阳：《城镇化、公共支出与中国环境全要素生产率——基于省际面板数据的实证检验》，载《经济科学》2016年第1期。

源环境约束的不足，将城镇化、公共支出政策和环境全要素生产率纳入统一框架，以研究城镇化在作用于环境全要素生产率过程中，公共支出政策到底扮演怎样的角色。他们运用考虑非期望产出的 SBM 方向性距离函数与 Luenberger 生产率指标方法测度了资源环境约束下中国 30 个省份 2005 ~ 2013 年的环境全要素生产率。①

李小胜等认为，不能依靠单指标来考察碳排放效率高低，应该从多指标角度进行分析，他们基于各要素调整比例不同的 Russell 方向性距离函数数据包络分析模型，对我国各省份考虑能源环境情况下的总的非效率和碳排放总效率进行了测算。②

2. 环境效率评估结果

从全国来看，环境全要素生产率的平均增长率都低于传统全要素生产率的平均增长率，这表明碳排放等环境污染对我国全要素生产率的确造成了损失。③从国际比较来看，我国的生态效率低于“金砖五国”中的其他四国，也低于全球大部分国家。④ 在整体环境效率相对较低的现实情况下，学者们重点对区域环境效率进行了考察。从区域来看，环境效率表现出如下特征：

第一，各地区碳排放效率总体上升，大气环境效率普遍较低。李小胜等测算各省 2011 ~2015 年碳排放非效率值发现，从 2011 年到 2015 年，各省碳排放非效率值在 0.2 以下的省份越来越多，从 11 个上升到 18 个，说明“十二五”期间我国各地区碳排放效率总体上是上升的。⑤然而，从汪克亮等实证考察我国大气环境效率发现，我国各省份大气环境效率普遍较低，区域差异显著，大气污染减排潜力巨大。⑥

第二，东部发达地区环境效率相对较高，区域差距加大。李小胜等用反映各要素共同作用下的非效率来反面说明碳排放效率，研究结果显示，2011 ~2015 年，北京、广东和上海的碳排放的非效率值为 0，碳排放的效率值为 1，处在前沿面上，各项投入和产出都不需要调整。天津、浙江、

---

①③　胡建辉、李博、冯春阳：《城镇化、公共支出与中国环境全要素生产率——基于省际面板数据的实证检验》，载《经济科学》2016 年第 1 期。

②⑤　李小胜、张焕明：《中国碳排放效率与全要素生产率研究》，载《数量经济技术经济研究》2016 年第 8 期。

④　史丹、王俊杰：《基于生态足迹的中国生态压力与生态效率测度与评价》，载《中国工业经济》2016 年第 5 期。

⑥　汪克亮、孟祥瑞、杨宝臣、程云鹤：《中国区域经济增长的大气环境绩效研究》，载《数量经济技术经济研究》2016 年第 11 期。

江苏、福建四个发达省份的非效率项之和为0.2左右，在30个省份中是比较小的。重庆、江西、四川、湖南、黑龙江、山东、安徽、湖北、海南、广西、辽宁、河南非效率项之和为0.3左右，吉林、河北、陕西、云南、内蒙古、甘肃、贵州在0.4以上，新疆、陕西、青海在0.5以上，宁夏的非效率项之和为0.8以上，甚至有些年份为0.9以上。但是，其中江苏、天津、浙江和山东这些发达地区，虽然非效率整体数值并不高，但碳排放的非效率占60%以上。而宁夏的非效率则主要是由经济整体运行效率不高导致的。① 王惠等从工业碳排放效率角度研究也得出，我国东部地区的工业碳排放效率最高，依次为中部、西部地区和东北综合经济区。② 而且，各省环境绩效差距仍在不断拉大。汪克亮等对大气环境生产率的实证研究发现，各省份大气环境绩效存在“强者恒强、弱者恒弱”的“马太效应”特征，先进省份与落后省份的绩效差距在扩大。③

第三，西部环境效率提升快。胡建辉等研究得出，在2005~2013年样本期内，西部地区传统和环境全要素生产率的平均增长率最高，分别增长27.8%和8%，东部地区次之，分别增长16.5%和6%，中部地区增长最慢，分别增长7.7%和1%。这说明西部在国家倾斜政策扶持下已充分认识到经济发展和环境保护协调的重要性。④

（二）环境效率的影响因素

1. 城镇化过程中的公共支出政策

胡建辉等发现，单纯依靠规模化形式的城镇化发展对增进东西部地区环境全要素生产率的作用效果不明显，但对中部地区环境全要素生产率的提高却有积极作用。仅仅依靠扩大政府干预程度和规模对三大区域环境全要素生产率的提高并无益处。但从结构上看，提高福利性公共支出占比对

---

① 李小胜、张焕明：《中国碳排放效率与全要素生产率研究》，载《数量经济技术经济研究》2016年第8期。

② 王惠、卞艺杰、王树乔：《出口贸易、工业碳排放效率动态演进与空间溢出》，载《数量经济技术经济研究》2016年第1期。

③ 汪克亮、孟祥瑞、杨宝臣、程云鹤：《中国区域经济增长的大气环境绩效研究》，载《数量经济技术经济研究》2016年第11期。

④ 胡建辉、李博、冯春阳：《城镇化、公共支出与中国环境全要素生产率——基于省际面板数据的实证检验》，载《经济科学》2016年第1期。

增进东部地区环境全要素生产率的影响不明显，但却明显有利于西部地区环境全要素生产率的改进；增加投资性领域的公共支出对增进中部地区环境全要素生产率的效果更为显著；在城镇化作用于环境全要素生产率的过程中，东西部地区的公共支出结构产生了显著的“援助”效应，而中部地区的公共支出结构却扮演了不明显的“攫取”角色。①

2. 技术进步

李小胜等对碳排放的全要素生产率进行分解发现，碳排放全要素生产率指数上升的贡献主要来自于技术进步，技术效率作用为负或者是下降的，未来碳排放的工作是继续提高碳排放效率，发挥效率对节能减排的作用。②

3. 出口贸易

王惠等以2003～2012年我国30个省级经济单元为研究对象，构建空间杜宾模型考察出口贸易对工业碳排放效率的影响发现，在考虑空间因素后，出口贸易对本地区的工业碳排放效率改善产生促进作用，但对其他地区的工业碳排放效率增长产生抑制作用，也有碍于所有地区碳排放效率的提升。③

4. 产业结构

韩永辉等将产业结构优化区分为产业结构高度化和产业结构合理化，他们研究认为，产业结构高度化既能提高本省份也能提高其他省份的生态效率，即存在本地和外部双重正面效应；而产业结构合理化对生态效率则更多体现为正外部效应。从异质性上看，经济发展水平的提高，更加有利于合理化本地正面效应以及高度化双重正面效应的发挥；合理化和高度化与环境规制的相互作用，更有利于本省份生态效率的提高。④

5. 产权结构

刘辉煌等实证研究显示，全国样本下国有化率的提升不利于环境污染

---

① 胡建辉、李博、冯春阳：《城镇化、公共支出与中国环境全要素生产率——基于省际面板数据的实证检验》，载《经济科学》2016年第1期。

② 李小胜、张焕明：《中国碳排放效率与全要素生产率研究》，载《数量经济技术经济研究》2016年第8期。

③ 王惠、卞艺杰、王树乔：《出口贸易、工业碳排放效率动态演进与空间溢出》，载《数量经济技术经济研究》2016年第1期。

④ 韩永辉、黄亮雄、王贤彬：《产业结构优化升级改进生态效率了吗?》，载《数量经济技术经济研究》2016年第4期。

治理，而私营化率的提升对环境污染治理的促进作用不显著。且工业产权结构对环境污染治理绩效存在基于地区的权变效应，东部地区的国有化率和私营化率的提升均有助于环境污染治理，而中西部地区的国有化率的提升不利于环境污染治理，私营化率的提升对环境污染治理的正向影响效应未能充分发挥。工业产权结构与环境污染治理绩效之间存在非线性门槛效应，国有化率与环境污染治理绩效之间存在倒“U”型关系，相应的拐点值为国有化率59.090%，而私营化率与环境污染治理绩效之间存在明显的“U”型关系，相应的拐点值为私营化率24.450%，当且仅当各地区的科技创新水平和人力资本水平成功跨越相应的门槛值时私营化率才能对环境污染治理绩效发挥应有的促进作用。①

二、环境污染的影响因素

经过三十多年的经济高速发展，我国环境遭到了严重破坏。据学者测算，1991~2013年中国人均生态足迹提高了144%，且处于生态赤字持续增加的状态。导致生态足迹和生态赤字持续增加的直接原因是CO_2排放量的快速增长。截至2013年，中国生态足迹已经达到承载力的3.4倍，表明中国面临较大的生态压力。② 节能减排成为我国经济持续发展的必然选择，这就需要厘清造成环境污染和碳排放的源头和原因，为此，学者们不断拓展和深化环境污染的影响因素研究。

（一）区域溢出效应

学者们对区域间污染排放联系进行了实证研究，为区域协同治理污染提供了理论基础。宋马林等指出，地方保护及资源错配将通过空间溢出效应加剧其他地区的环境福利绩效损失，区域环境治理问题存在高度紧密的空间关联性和“治则两利”的典型特征。降低地方保护和市场分割水平，充分发挥市场在资源配置中的决定性作用，对提升区域环境福利绩效有着

① 刘辉煌、王紫薇：《中国工业产权结构有利于环境污染治理吗？——基于动态最小二乘法和面板门槛模型的实证研究》，载《产业经济研究》2016年第5期。

② 史丹、王俊杰：《基于生态足迹的中国生态压力与生态效率测度与评价》，载《中国工业经济》2016年第5期。

重要的现实意义。①

区域间的溢出效应，在雾霾和烟尘排放中更为明显。邵帅等指出，我国省域雾霾污染呈现明显的空间溢出效应和高排放俱乐部集聚特征。② 徐志伟指出，在环境协同治理中，将经济发展水平高、排污水平低的地区视作被学习的“标杆”，那么高排污地区与“标杆”地区如果能够在污染物减排上出现方向一致、幅度相近的变化，则认为区际间产生了“标杆协同”减排效应。他以京津冀地区的烟（粉）尘减排为对象进行实证研究也发现，京津冀地区“标杆协同”减排效应与经济联系强度呈现单调递增变化，与产业同构化程度呈现倒“U”型关系，同时“标杆协同”减排效应自身会存在“惯性阻力”，对后期协同效果产生显著的负向影响。因此，通过保持紧密的经济联系和适当的产业同构关系能够在区际间产生“标杆协同”减排效应，进而有利于区域整体环境质量的改善。③

张可等进一步将地区间溢出效应扩展到环保投入中，研究发现，我国省域间环保投入存在明显的策略性互动和地区交互影响，即存在“你多投，我就少投”的现象，进而引起污染排放的“你多排，我也多排”的结果；邻近省份的环保投入会抑制本地的污染排放，邻近省份的污染排放与本地的环保投入负相关。④

（二）碳排放转移

长期以来，随着全球生产网络的不断深入，国际贸易和对外直接投资带来的碳排放转移问题受到学者们的高度关注，2016 年，学者们继续深化国际贸易和 FDI 对通过碳转移对我国环境污染影响的研究。

1. 贸易开放对碳排放的影响

学者们实证测算了贸易开放对碳排放的影响，基本都得出了贸易开放

① 宋马林、金培振：《地方保护、资源错配与环境福利绩效》，载《经济研究》2016 年第 12 期。

② 邵帅、李欣、曹建华、杨莉莉：《中国雾霾污染治理的经济政策选择》，载《经济研究》2016 年第 9 期。

③ 徐志伟：《经济联系、产业结构与“标杆协同”减排效应》，载《经济评论》2016 年第 5 期。

④ 张可、汪东芳、周海燕：《地区间环保投入与污染排放的内生策略互动》，载《中国工业经济》2016 年第 2 期。

与碳排放存在正相关的结论。比如，马翠萍等运用投入产出模型研究发现，1960～2010年贸易开放对中国人均碳排放存在正向影响，贸易开放程度每提高1%，人均碳排放量增加0.3%。[①] 康雨运用我国31个省1998～2012年间PM2.5的数据，采用空间滞后面板数据模型，将滞后十年的旅游外汇收入作为工具变量，联合考虑贸易开放度与环境之间的内生性问题和空间溢出效应两个因素的双重作用，也证实了贸易开放对雾霾有加剧作用的结论。[②]

2. FDI对碳排放的影响

与对外贸易不同，FDI对碳排放的影响存在不确定性，具有门槛效应。

许和连等指出，我国行业污染排放存在一定的策略性竞争，其中经济属性相似的行业间存在减排竞争效应，技术结构相似的行业间却体现出一定程度的排污攀比效应。在控制了FDI与产业集聚的交互作用后，FDI引入明显降低了行业污染排放强度。产业集聚进一步强化了FDI的减排溢出效应，并带动了邻近行业间的策略性减排竞争。[③]

刘玉博等也指出，FDI对本地环境质量的影响可以分解为规模效应、结构效应、技术效应和收入效应。FDI对环境质量改善的技术效应和收入效应为正，而规模效应和结构效应为负，且理论上存在改善环境质量的门槛值。现阶段，FDI通过规模效应、结构效应、技术效应和收入效应总体上改善了我国的环境质量。但是，FDI对环境的改善效果存在门槛值，即当FDI比重超过0.12时，FDI的增加将导致环境质量的恶化。[④]

3. 碳转移特征和国家责任认定

第一，我国碳转移特征。从区域来看，潘安等基于技术异质性的多区域投入产出（MRIO）模型考察1995～2011年我国对外贸易隐含碳排放量发现，我国对外贸易隐含碳排放的地区分布较为集中，出口隐含碳排放主要集中于美国、日本、韩国等地区，进口隐含碳排放则集中于韩国、中国

---

① 马翠萍、史丹：《贸易开放与碳排放转移：来自中国对外贸易的证据》，载《数量经济技术经济研究》2016年第7期。

② 康雨：《贸易开放程度对雾霾的影响分析——基于中国省级面板数据的空间计量研究》，载《经济科学》2016年第1期。

③ 许和连、邓玉萍：《外商直接投资、产业集聚与策略性减排》，载《数量经济技术经济研究》2016年第9期。

④ 刘玉博、汪恒：《内生环境规制、FDI与中国城市环境质量》，载《财经研究》2016年第12期。

台湾、俄罗斯等地区。[①] 彭水军等基于 GTAP 数据库构建多区域投入产出（MRIO）模型测算也得出了类似的结论。研究发现，2004～2011 年中国对外贸易导致大规模的碳排放“净转入”，而其中约 62%～75% 来自于美、欧、日三大发达经济体。[②] 从行业来看，贸易隐含碳排放主要集中在重制造业、轻制造业、能源工业等工业行业，仅能源工业和农业的净出口隐含碳排放量为负且均为净进口，表明净进口有利于缓解国内满足这两大行业生产与最终需求所产生的碳排放。[③]从碳转移影响因素看，规模效应对出口隐含碳排放增长起到了主导的正效应，技术效应有利于抑制出口隐含碳排放增长，但结构效应并未发挥出应有的负效应。[④]彭水军等认为，中国对美国、能源净出口国的贸易顺差效应是其净转入排放的最主要原因，而对于其他贸易伙伴，中国净转入排放主要是中国较高的污染贸易条件所致，即主要是生产技术和贸易结构影响的结果。[⑤]

第二，碳排放国家责任认定。彭水军等对 1995～2009 年 40 个国家和地区的碳排放责任进行综合评估和比较分析发现，美国、欧盟、日本的消费侧排放责任显著高于其生产侧排放责任，而中国、印度、俄罗斯则恰好相反，存在突出的“南北国家碳排放转移”问题。现行国际气候制度的“领地排放原则”（即各国（地区）只需为领土内发生的排放负责），没有考虑贸易的转移排放和消费者责任，以此确立的责任分担方案降低了美国、欧盟、日本等主要发达经济体的排放责任，提高了中国、印度、俄罗斯、印度尼西亚等发展中经济体的排放责任，这既不利于提高减排效率也有失于公平。[⑥]

（三）城镇化

林美顺指出，城市化率每提高 1%，可增加 GDP0.671%，但同时推动碳强度上升 0.274%。城市化与碳减排之间存在矛盾。[⑦] 以 PM2.5 为例，

---

①③④　潘安、魏龙：《中国对外贸易隐含碳：结构特征与影响因素》，载《经济评论》2016 年第 4 期。

②⑤　彭水军、余丽丽：《全球生产网络中国际贸易的碳排放区域转移效应研究》，载《经济科学》2016 年第 5 期。

⑥　彭水军、张文城、卫瑞：《碳排放的国家责任核算方案》，载《经济研究》2016 年第 3 期。

⑦　林美顺：《中国城市化阶段的碳减排：经济成本与减排策略》，载《数量经济技术经济研究》2016 年第 3 期。

秦蒙等认为，城市蔓延和人口规模提高会提高当地 PM2.5 浓度。[①]

同时，城市规模对空气污染和污染治理具有明显的影响。相对而言，大城市和人口密度高的城市更有利于环境治理。比如，秦蒙等指出，城市蔓延与雾霾浓度的同方向关联会因城市规模的增加而减弱，小城市的空间蔓延会导致更为严重的空气污染。[②] 梁若冰等实证研究也发现，污染治理效应随人口规模、人口密度及污染程度的提升而增强。从而，轨道交通累积开通里程越长，新开通线路的减排效果越强，而这一规律在人口密度较高的城市表现得更为明显。[③]

（四）收入差距

占华按地理标准分区域估计结果显示，环境库兹涅茨曲线存在与否与所选区域以及污染物指标息息相关，收入分配差距的扩大对环境质量改善不利，他进一步按人均收入高低及资源禀赋标准进行分类的估计结果支持了以上结论，且收入差距对环境污染的影响程度存在地区性差异，对于人均收入高或资本丰裕地区，收入差距扩大对环境的破坏程度较其他地区更大。[④]

（五）居民消费

王雪松等则从消费结构角度入手，认为消费结构升级是增加我国居民消费间接 CO_2 排放的重要因素，尤其是食品、居住和交通通讯是导致居民消费间接 CO_2 排放的主要部门；城乡消费比例和排放强度对居民消费间接 CO_2 排放具有明显的抑制作用；人均消费的提高对居民消费间接 CO_2 排放增长贡献最大。[⑤]

①② 秦蒙、刘修岩、仝怡婷：《蔓延的城市空间是否加重了雾霾污染——来自中国 PM2.5 数据的经验分析》，载《财贸经济》2016 年第 11 期。

③ 梁若冰、席鹏辉：《轨道交通对空气污染的异质性影响——基于 RDID 方法的经验研究》，载《中国工业经济》2016 年第 3 期。

④ 占华：《收入差距扩大是否加剧了中国的环境污染？——基于省际碳排放的证据》，载《南开经济研究》2016 年第 6 期。

⑤ 王雪松、任胜钢、袁宝龙、尹红媛：《城镇化、城乡消费比例和结构对居民消费间接 CO_2 排放的影响》，载《经济理论与经济管理》2016 年第 8 期。

（六）金融发展

已有研究虽然将金融发展纳入二氧化碳排放的影响因素研究框架，但是并未将金融发展作用于二氧化碳排放的机制模型化。严成樑等构建了一个包含金融发展与二氧化碳排放的内生增长模型，模型化金融发展对二氧化碳强度的影响机制。理论上分析认为，金融发展与二氧化碳强度之间存在倒“U”型关系。相应的传导机制为：一方面，金融发展水平越高，R&D 投入越多，创新速度和技术进步的速度越快，使得二氧化碳排放量减少，二氧化碳强度（单位二氧化碳）下降；另一方面，金融发展水平越高，经济增长速度越快，又使得总量二氧化碳排放量和二氧化碳强度上升。这两种力量之间存在一个权衡，因而金融发展对二氧化碳强度的影响是不确定的。他们运用我国 30 个省份 1997 ~ 2012 年的数据实证考察发现，不同维度金融发展对二氧化碳强度的影响是不确定的，信贷规模与我国二氧化碳强度之间存在倒 U 型关系，FDI 规模与我国二氧化碳强度之间存在“U”型关系，金融市场融资规模、金融业的竞争、信贷资金分配的市场化对我国二氧化碳强度有负向影响。①

（七）要素市场扭曲

阚大学等认为，要素市场扭曲程度越高，环境污染越严重，要素市场扭曲延迟了经济规模和行业结构与环境污染成倒 U 型的临界点的到来，不利于环境质量改善。分区域和分行业类型，要素市场扭曲均加剧了三大地区和三类行业环境污染，但要素市场扭曲对东部地区和技术密集型行业的环境污染影响最小，要素市场扭曲通过抑制技术进步、行业结构升级、能源效率提升和加剧腐败提高了东部地区和技术密集型行业的环境污染程度，通过影响经济规模、增加出口、吸引外资减少了东部地区和技术密集型行业的环境污染，而要素市场扭曲通过上述渠道导致中西部地区、劳动密集型行业和资本密集型行业的环境污染日益严重。②

① 严成樑、李涛、兰伟：《金融发展、创新与二氧化碳排放》，载《金融研究》2016 年第 1 期。

② 阚大学、吕连菊：《要素市场扭曲加剧了环境污染吗——基于省级工业行业空间动态面板数据的分析》，载《财贸经济》2016 年第 5 期。

冷艳丽等以能源价格扭曲对雾霾污染影响的研究，也验证了上述结论。他们发现，能源价格扭曲对雾霾污染具有正向影响，但存在区域差异。其中，东部地区能源价格扭曲对雾霾污染的正向影响大于中西部地区。①

（八）能源结构

马丽梅等指出，雾霾污染区域特征明显，主导东、中、西部地区污染的因素各不相同。对中、西部而言，能源结构是关键，主要体现在三个方面：一是制造业集聚逐渐由东部向中西部地区转移，我国的产业结构调整存在“损人利己”效应；二是以煤为主的能源结构，通过国际间横向对比发现凡是能源结构以煤炭为主的国家，都同样存在雾霾污染严重的问题；三是产能过剩加剧了污染。②

（九）产业集群

王兵等研究表明，设立开发区后周边河流水质出现了明显恶化，生化需氧量和氨氮污染物指标显著上升。进一步结合工业企业数据库研究发现，排放污染物的企业在设立开发区后出现了明显的规模扩张，而新进入的企业是导致上述扩张的重要原因。短期内产业集聚的确可能成为环境治理的“阻力”，且上述环境污染现象更多表现为污染企业在空间上的“集中排放”。因此，严控集聚区内污染企业新增产能，特别是严格把关集聚区内新企业的环保准入，是解决上述污染问题的有效途径。③

三、环境规制绩效

为节能减排，实现绿色发展，环境政策、税收、排污权分配、碳交易

① 冷艳丽、杜思正：《能源价格扭曲与雾霾污染——中国的经验证据》，载《产业经济研究》2016 年第 1 期。

② 马丽梅、刘生龙、张晓：《能源结构、交通模式与雾霾污染——基于空间计量模型的研究》，载《财贸经济》2016 年第 1 期。

③ 王兵、聂欣：《产业集聚与环境治理：助力还是阻力——来自开发区设立准自然实验的证据》，载《中国工业经济》2016 年第 12 期。

等各类政府环境规制手段实施效果如何，影响这些手段的因素是什么，学者们进行了理论和实证研究。

（一）环境规制绩效评估

1. 总体环境规制绩效

虽然在环境治理上政府出台了一系列环境规制，但总体来说效果并不明显。比如，徐志伟指出，由于环境规制投资依然不足，规制效率相对偏低，我国环境治理的整体效果仍不尽如人意。分阶段看，“先污染，后治理”发展模式在过去十余年没有发生本质变化，但 2008 年后环境规制的污染减排效果已经开始显现。分地区看，中国几乎所有地区都处于“先污染，后治理”的过程中，而环境规制的效果仅在东部地区较为显著。①

2. 总体环境规制绩效的影响因素

第一，政策时滞。环境规制在短期对绿色技术进步存在促进作用。尤济红等指出，单纯的环境规制对工业部门绿色技术进步的作用不显著，而通过引导 R&D 偏向绿色技术方向是显著的，但是其偏向作用的有效时间只有当期和滞后 1 期，滞后 2 期的环境规制对工业研发的引导作用不显著，因为环境规制存在挤占 R&D 投入的负面作用，导致整体上环境规制对工业部门绿色技术进步的正负影响相互抵消，从而表现为不显著。因此，应在短期内不断引导 R&D 投入偏向绿色技术方向。②

第二，地方政府综合治理质量和知识产权保护。王锋正等认为，地方政府治理与环境管制显著影响着企业绿色工艺创新，其中，地方政府的综合治理质量与知识产权保护和对生产者合法权益的保护水平，在环境管制对企业绿色工艺创新影响中存在显著正向调节作用。这表明，面对我国环境污染日趋严重的客观现实，并举地方政府治理质量提升与环境管制政策制定，对促进企业绿色工艺创新具有重要意义。③

---

① 徐志伟：《工业经济发展、环境规制强度与污染减排效果——基于“先污染，后治理”发展模式的理论分析与实证检验》，载《财经研究》2016 年第 3 期。

② 尤济红、王鹏：《环境规制能否促进 R&D 偏向于绿色技术研发？——基于中国工业部门的实证研究》，载《经济评论》2016 年第 3 期。

③ 王锋正、郭晓川：《政府治理、环境管制与绿色工艺创新》，载《财经研究》2016 年第 9 期。

第三，地区间规制。政府规制对环境影响的绩效，不仅取决于当地政府，也受制于地区间规制治理的互动影响。韩超等将环境规制实施影响区分为主效应、邻里效应、直接效应与间接效应，实证证实了地区间在规制治理投资等方面存在显著的策略互动，且其对环境治理产生显著的负面影响。①

第四，治理模式。李真等认为，政府治理和技术进步对区域低碳竞争力具有正向影响，由于政府的环保投资支持政策具有时滞性和累积性，因此基于行政监管的政府环境治理模式在控制生产性排放污染和提高区域低碳竞争力方面的绩效要略优于基于政府环保投资支持的环境治理模式。②

（二）经济手段环境规制绩效

1. 税收

李佳佳等研究指出，总体上看，宏观税负对各污染物排放量有负向影响，即本地区宏观税负的增加，废水、工业废气和工业固体废物的排放量都在减少。具体来说，增值税、企业所得税对各污染物排放量有正向影响，环境税对废水排放量有负向影响，对废气和工业固废排放量有正向影响。不同税收安排对环境污染物排放量影响差异较大。同时，税收对污染物排放的影响，还存在区域溢出效应。宏观税负对各环境污染物总效应的系数显著为负，即某一地区宏观税负的制定受邻近地区宏观税负的影响较大，存在较为明显的攀比竞争，周边地区宏观税负增加，本地区的宏观税负也相应增加，进而使得环境污染物有所减少，这说明地方政府对宏观税负采取了“趋优竞争”策略。不同税种的总效应和区域溢出效应有所差异。③

王克强等基于生态足迹核算方法和生态服务价值理论所确定的价格体系，在核算生态赤字及其价值，并提出其价值补偿的环境税方案基础上，将生态占用作为一种要素投入，构建了绿色社会核算矩阵和环境税 CGE

① 韩超、张伟广、单双：《规制治理、公众诉求与环境污染——基于地区间环境治理策略互动的经验分析》，载《财贸经济》2016 年第 9 期。

② 李真、张梦：《中国区域低碳竞争力的政治经济学分析：理论与实证》，载《财经研究》2016 年第 6 期。

③ 李佳佳、罗能生：《税收安排、空间溢出与区域环境污染》，载《产业经济研究》2016 年第 6 期。

模型模拟研究发现：（1）生态赤字税方案具有减少生态占用和增加就业的双重红利效应；（2）各部门的总产出和中间投入总体上下降，但名义GDP增长，绿色GDP增幅更大，而实际GDP则下降，表明税收政策会造成价格指数一定程度的上升；（3）政府税收收入因生态赤字补偿额度较大而增长较快，且增速高于劳动和资本要素报酬的增长，但居民收入和企业收入比重略有下降。基于我国资源与环境等税收在总税收中的比重，以及OECD国家的税制结构和变化趋势，我国生态赤字税的补偿性税率应低于5%。①

2. 环境补贴

占华认为，政府的价格补贴在降低本国最终产品产量的同时增加了外国最终产品的产量，从而能够有效降低本国的污染排放，但将导致外国的污染排放出现较小幅度的增加，而研发补贴则将同等降低本国和外国的污染排放量。相比较而言，本国价格补贴比研发补贴对减少本国污染排放量的作用更为有效。②

石光等以燃煤电厂脱硫电价补贴为研究对象考察了环境补贴对环境保护的效果。结论表明，补贴政策有效激励了燃煤电厂投运脱硫设施和SO_2减排。作为政策受益对象的燃煤电厂的数量每增加1个，城市SO_2去除率会提高0.832%，去除量会提高3.7%，排放量会降低1%。因此，设计激励相容的政策，是环境治理的有效途径。③

3. 排放权分配和交易

关于排放权的研究主要集中在对排污权和碳排放权的研究上。

第一，排污权分配和交易。李永友等基于我国2007年扩大试点范围的自然实验，利用PSM－DID方法，对二氧化硫排污权交易政策的减排效果进行分析发现，在控制了各种可能影响结果变量的因素和消除时间效应后，我国在11个地区试点的排污权交易政策对工业二氧化硫排放强度产

---

① 王克强、熊振兴、刘红梅：《生态赤字税：理论与实证研究框架》，载《财经研究》2016年第12期。

② 占华：《博弈视角下政府污染减排补贴政策选择的研究》，载《财贸经济》2016年第4期。

③ 石光、周黎安、郑世林、张友国：《环境补贴与污染治理——基于电力行业的实证研究》，载《经济学（季刊）》2016年第7期。

生了显著政策效应。[①] 徐保昌等进一步研究指出，较低强度的排污费征收阻碍企业生产率的提升，而超过一定强度的排污费征收则会“倒逼”企业生产率提升。排污征费与企业生产率提升并非完全矛盾，关键在于选择适宜的排污征费强度，确定合理的平衡点。[②]

第二，碳排放权分配和交易。汤维祺等认为，碳排放权分配方式，不仅决定着政策的减排效果，更会对长期经济增长路径造成持久影响。一般均衡模型显示，不同的碳排放权分配机制对短期与长期经济产出有不同的影响。他们基于中国多区域动态一般均衡模型进行的政策仿真模拟表明，静态的排放权分配机制无法实现跨期经济产出的优化目标。作为替代，动态地依据生产者产出调整排放权分配，可以激发“干中学”效应，提高短期的经济产出，对不同地区、不同行业节能减排及其增长效应的政策设计有重要参考价值，但对长期经济增长的作用仍较为有限。[③] 一般认为，在市场自由竞争条件下政策激励能够引致厂商的研发行为，实现从传统技术转向清洁技术，促进技术创新方向转变的最直接方式是庇古的收费手段（碳税—资助），即依据排放的负外部性来征收碳税，同时依据知识的正外部性对清洁技术创新的厂商给予资助或税收减免；另一种是科斯的产权手段，即通过确定碳排放权并控制其交易的方式来激励清洁生产行为和清洁技术创新。这两种方式都可以在不扭曲经济资源配置的条件下，达到清洁技术偏向效应。王俊根据碳排放交易的参与主体差异区分了纯市场交易、非市场交易和混合交易三种碳排放权交易制度，通过将碳排放权交易相关变量引入 AABH 模型的分析框架，建立了一个资源环境约束引致技术进步偏向的内生增长模型，他认为：（1）清洁部门和传统部门产品之间的替代弹性和中间产品的产出贡献率对清洁技术偏向有着重要的作用，决定着碳排放权的分配、制度的持续性和政府是否参与交易等方面的选择。（2）碳排放权交易是通过产权界定的方式诱导厂商转向清洁技术创新，具有市场配置资源的优势，政府根据国情选择适合的碳排放权交易制度，能产生与“碳税—资助”相同的技术偏向效应。碳排放权交易制度可以完全替代“碳税—资助”制度，产生清洁技术偏向效应的条件是政府部门必须参与

---

① 李永友、文云飞：《中国排污权交易政策有效性研究——基于自然实验的实证分析》，载《经济学家》2016 年第 5 期。

② 徐保昌、谢建国：《排污征费如何影响企业生产率：来自中国制造业企业的证据》，载《世界经济》2016 年第 8 期。

③ 汤维祺、钱浩祺、吴力波：《内生增长下排放权分配及增长效应》，载《中国社会科学》2016 年第 1 期。

交易过程，包括碳排放权的初始拍卖及二级市场交易。(3) 可耗竭资源的价格持续上涨在一定的条件下能够迫使厂商转向清洁技术创新，但为了避免资源枯竭，碳排放权交易可以根据该价格来调整政策变量以控制转向速度。(4) 在制度实践中要注意重要参数的估计、政策工具边界控制和政策执行监控等问题。①

四、绿色发展

(一) 绿色发展的可能性

关于环境与经济增长的关系一直是学者们研究的重要内容，从目前的研究文献来看，大部分学者都认为，经济增长和节能减排能够达到共赢，从而为绿色发展提供了理论基础。

祁毓等指出，短期来看，环境规制降低了污染、改善了环境质量，同时会降低技术进步和全要素生产率。不过长期来看，伴随着环境规制的其他经济社会效应凸显，对经济增长的不利效应将逐步被抵消，并由负转正，实现环境保护与经济增长的“双赢”。环境规制的双赢效应既受制于其内生的制度结构安排，又受到所处制度环境的影响，尤其是市场化因素和政府质量因素。环境规制的“减排降污”效应影响有利于“经济增长”效应实现，良好的制度环境可以放大环境规制的正向效应和减弱扭曲效应。②

程时雄等基于中国工业行业 1985 ~ 2012 年面板数据，运用新近发展的时间可替代 DEA 模型研究也指出，由于中国工业大部分行业环境技术效率低下，可通过提升环境技术效率来削减节能减排对经济增长的潜在负面影响，大部分行业存在着环境波特假说所阐释的节能减排和经济增长之间的双赢模式。③

王伟等基于我国 20 个重点城市群的经济发展与环境污染联动关系研究发现，由于我国城市群的环境状况和经济基础存在差异，不同类型的城

---

① 王俊：《碳排放权交易制度与清洁技术偏向效应》，载《经济评论》2016 年第 2 期。

② 祁毓、卢洪友、张宁川：《环境规制能实现“降污”和“增效”的双赢吗——来自环保重点城市“达标”与“非达标”准实验的证据》，载《财贸经济》2016 年第 9 期。

③ 程时雄、柳剑平、龚兆鋆：《中国工业行业节能减排经济增长效应的测度及影响因素分析》，载《世界经济》2016 年第 3 期。

市群环境污染与经济发展的拟合关系不相同。经济基础雄厚且环境承载力较强的城市群开始进入经济发展与环境保护良性互动阶段，而环境承载力弱的城市群，却依然因其经济发展极易造成严重的环境污染。①

（二）绿色发展的路径选择

坚持绿色发展理念，学者们对绿色发展的路径选择从不同角度提出了政策建议：

1. 优化产业结构

顾阿伦等基于1992～2010年的投入产出表，将碳排放量的变化分解为能源结构效应、能源强度效应、增加值效应、Leontief逆矩阵效应、最终需求效应，从而得到经济结构历史变化对于CO_2排放的作用。他们指出，国民经济中的基础性行业大多是高耗能的行业，未来节能减排重点需要逐步降低第二产业在国民经济中的比重，但在具体部门层次上应制定有所区别的政策：煤炭开采和洗选业等部门应保持一定的比重，不可一味降低，可更多从技术进步方面制定节能政策；通用专用设备制造业等部门可以考虑从提高能源利用效率方面改进；非金属矿物制品业等部门可以在保证人们生产生活的基础上尽可能降低比重；食品制造及烟草加工业等第二产业部门及房地产业至公共管理和社会组织等第三产业中的服务业部门应大力提高其在经济结构中的比重。②

2. 加强地区联防联控

马丽梅等指出，污染的治理需要联防联控，而在东部地区，交通拥堵以及来自邻近地区的影响是其高污染的重要原因，对东部而言打破省域行政界限实现市级层面的联合防控则更为有效。③

3. 推出碳交易政策

周县华等认为，随着中国碳强度减排任务的不断加重，当前政策的就

---

① 王伟、张常明、陈璐：《我国20个重点城市群经济发展与环境污染联动关系研究》，载《城市发展研究》2016年第7期。

② 顾阿伦、吕志强：《经济结构变动对中国碳排放影响——基于IO－SDA方法的分析》，载《中国人口·资源与环境》2016年第3期。

③ 马丽梅、刘生龙、张晓：《能源结构、交通模式与雾霾污染——基于空间计量模型的研究》，载《财贸经济》2016年第1期。

业红利将不复存在，同时政策机制蕴含的资源错配、各行业边际减排成本不相等的问题则愈加严重，实施碳交易减排政策的时机逐渐成熟，政府应及时推出碳交易政策代替现行的减排政策。①

4. 优化城市结构和规划

秦蒙等指出，为有效防治雾霾，在城市内部空间规划方面，应该控制各城市尤其是小城市的无序蔓延，坚持紧凑式空间结构。在城市体系优化方面，应稳步发展中小城市，并适当控制大城市规模，促进大中小城市的协调发展。② 马丽梅等则将制定符合城市发展的中长期布局规划看作是绿色发展的重要措施。③

5. 促进共享经济发展

周宏春认为，以 Uber、OFO 小黄车等为新兴代表的共享经济符合资源节约、环境保护国策要求，是符合绿色发展理念的新经济模式，是绿色消费的具体体现。促进共享经济的发展，对于在全社会牢固树立绿色消费观念，实现生产方式和生活方式绿色化，加快建设资源节约型、环境友好型社会，早日迈进生态文明新时代，具有重大的现实意义和深远的历史意义。④

6. 优化环境管理手段

王干等指出，我国现行的环境管理中对环境利益实施保护的形式，在格局保护以及规范的调整等方面呈现出保护格局不合理以及关键性保护内容缺失的状态，是一种非常消极的保护形式。这种保护形式的出现有着多方面的原因，对于真正实现环境管理的效果具有极强的制约作用，因此，我们应该对此进行反思和改革，建立积极的环境利益优化管理保护机制，通过优化环境管理手段来获得环境管理的实效。⑤

---

① 周县华、范庆泉：《碳强度减排目标的实现机制与行业减排路径的优化设计》，载《世界经济》2016 年第 7 期。

② 秦蒙、刘修岩、仝怡婷：《蔓延的城市空间是否加重了雾霾污染——来自中国 PM2.5 数据的经验分析》，载《财贸经济》2016 年第 11 期。

③ 马丽梅、刘生龙、张晓：《能源结构、交通模式与雾霾污染——基于空间计量模型的研究》，载《财贸经济》2016 年第 1 期。

④ 周宏春：《共享经济助推绿色消费》，载《山东经济战略研究》2016 年第 6 期。

⑤ 王干、段理达：《我国环境利益消极保护语境下的环境管理优化研究》，载《管理世界》2016 年第 1 期。

第十一章　马克思主义经济学及其中国化问题研究新进展

2016年学界贯彻落实习近平总书记提出的开拓当代中国马克思主义政治经济学新境界的要求，加快推进马克思主义经济学及其中国化的研究，在正确认识马克思主义经济学基本原理和方法论、揭示马克思主义经济学的时代意义和现代价值、推进马克思主义经济学中国化，以及中国特色社会主义政治经济学理论体系构建等方面取得了卓有成效的进展。

一、马克思主义经济学基本原理和方法论再认识

长期以来，对马克思主义经济学基本原理和方法论在很多方面存在不同认识，甚至误解，这就需要不断学习和认识马克思主义基本原理和方法论，为坚持马克思主义经济学基本理论和方法论奠定科学基础。

（一）对劳动价值论的再认识

张平等指出，基于对资本主义生产方式批判的需要和所处的以劳动力“贫困积累”为主要特征的时代特点，马克思将“劳动循环”论证直接置于“资本循环”之中，没有对劳动力扩大再生产这一对于社会主义市场经济建设具有重要意义的理论命题进行深入探索，也没有对劳动参与剩余价值分配进行研究。他们基于当前所处的信息经济时代从劳动力循环入手研究指出，劳动力再生产是一个不断提升劳动者价值的循环过程，通过不断的“人力素质提高”进而扩大再生产，因而劳动力的扩大再生产本质上是一个知识生产过程。在劳动力循环过程中，消费作为劳动力再循环过程的起点，包含了简单再生产和扩大再生产（即提高劳动者素质，如幸福感

等）的性质，因此消费已经不是满足一般物质消费的简单再生产了，而是未来效率和社会福利提升的决定性因素。在知识生产部门，资本与劳动的关系从对立转向了合作，使劳动者能够参与剩余价值的分享，劳动力已不是“贫困累积”的简单再生产，而是不断扩大的再生产。①

任洲鸿指出，结合劳动概念是马克思主义劳动过程理论研究的重要范畴，蕴含着丰富的理论内涵。结合劳动力是企业内基于分工与协作形成的结构化和组织化的总体劳动力，是一个由若干不同职能或不同层次的单个劳动力构成的复杂立体结构，并决定了结合劳动的价值创造机制和资本对剩余价值的榨取机制具有复杂性特征。马克思在分析结合劳动时使用了简单性和还原性的方法，抽象掉了结合劳动的结构性和复杂性，从而导致资本剥削劳动的实际程度被严重低估。结合劳动代替个体劳动成为资本榨取剩余价值的直接源泉后，在价值创造过程中会出现“协同效应”和“涌现效应”，从而使得结合劳动条件下价值和剩余价值创造机制呈现出结构化和复杂化的特征。相应的，作为剩余价值榨取机制的“权力—控制”关系也日益复杂多变。②

（二）对货币流通理论的再认识

马克思始终认为货币是价值的外在形式，反映着特定的生产过程，从而马克思的货币流通理论无论在货币供给还是在货币需求上都表现出“适应性”，即货币流通只能被动适应实际生产过程或条件的变化。然而，由于金融资本和现代金融体系的形成，裴宏认为，货币流通过程不再如19世纪那样依附于产业资本的运动过程，被动地适应生产条件（包括商品生产条件和货币自身的生产条件）的变化。相反，它以寻求金融资本利益为出发点，积极主动地干预实际生产过程。货币市场积极地影响着产业资本的周转和循环，这种影响决定并反映出金融资本和产业资本对剩余价值的分割过程。③

---

① 张平、郭冠清：《社会主义劳动力再生产及劳动价值创造与分享——理论、证据与政策》，载《经济研究》2016年第8期。

② 任洲鸿：《结合劳动、结合劳动力与剩余价值的榨取机制——理解当代资本主义劳动过程的新视角》，载《马克思主义研究》2016年第6期。

③ 裴宏：《马克思的“适应性”货币流通理论及其在现代的变化》，载《经济学家》2016年第5期。

（三）对再生产理论的再认识

针对当前理论界存在的部分认识误解，有的学者通过回归原著本义，正确理解和把握马克思主义基本原理和方法。比如，卫兴华就马克思再生产理论存在的内涵扩大再生产和外延扩大再生产范畴的认识误区，外延型和内涵型扩大再生产同粗放型和集约型的生产混同，以及所用资本和所费资本之差额增大成为决定积累规模的混乱解读，立足于原著本义进行了深层次梳理，指出与一般的误解不同，无论是内涵的还是外延的扩大再生产，都需要有新的资本投入。学界把“外延”与“粗放”、“内涵”与“集约”两对概念等同起来，主要是因为英文和德文表述用的是同一单词，以及对马克思外延和内涵扩大再生产理论解释的不准确导致的。实际上，外延扩大再生产可与集约经营相统一，内涵扩大再生产也能与粗放经营相统一。马克思所指出的所用资本和所费资本差额增大对于扩大积累规模有重要作用。①

（四）对平均利润率下降规律的再认识

2016 年学者们围绕现代马克思主义经济学争论较大的置盐定理进行了研究，得出了置盐定理与平均利润率下降规律并不矛盾的结论。

置盐定理认为，在假定实际工资不变时，基本品部门的技术进步将提高平均利润率（Okishio，1961）。孟捷等指出，马克思和置盐的结论虽然表面上看截然相反，但双方的观点实际上具有互补性，并遵循着某些共同的假定。利润率的变化只有置于一个以剩余价值生产和剩余价值实现的矛盾为基础的非均衡框架中，才能得到全面合理的分析。他们新设计了平均利润率和生产价格决定的方程，引入了代表再生产失衡的产品实现率，构建了一个可以解释平均利润率变动的一般模型。在该模型中，平均利润率的变动受到技术进步、产品实现率和实际工资这三重因素的影响。置盐定理只是在假设产品实现率为 1 和实际工资不变的前提下的特例。②

---

① 卫兴华：《澄清对马克思再生产理论的认识误区》，载《马克思主义研究》2016 年第 11 期。

② 孟捷、冯金华：《非均衡与平均利润率的变化：一个马克思主义分析框架》，载《世界经济》2016 年第 6 期。

裴宏等认为，利润率趋向下降理论包含三个理论层次，即有机构成上升理论、技术进步对利润率的正负两种效应、长期利润率趋于下降的总效应。在前两个理论层次上，置盐定理和利润率下降规律是一致的，而在第三个层次上二者产生了分歧，分歧的原因在于二者对技术进步的解释不同。马克思在分析技术进步时强调利润总量标准而非利润率，置盐则聚焦于个别资本的利润率。实际上，置盐假设的技术进步类型只是马克思框架下的一个特例，而且恰恰是马克思利润率趋向下降理论中所允许的一个“反例”。①

（五）对市场理论的再认识

为避免在处理市场与政府关系中有意无意模糊甚至曲解马克思市场学说原意，以及认为马克思市场学说不容置疑和超越从而限制后人思考的错误，宋则着力从马克思经济思想的整体出发，系统还原再现其市场学说的本意和方法论，为重新看待市场问题、重新评价马克思市场学说、发展马克思主义政治经济学的市场理论提供较为可靠的研究起点。他指出，马克思市场学说也是随着他长期潜心研究资本主义生产方式和批判资产阶级经济学说的过程逐步完善和成熟起来的，是服从于研究资本主义生产关系发展规律的。在方法论上，是按照从抽象到具体的逻辑联系逐步展开的。他通过把马克思的劳动价值论和剩余价值论作为轴心，从总的逻辑联系中把不同场合、不同角度对市场范畴的科学论述，加以归纳和综合，将马克思市场学说概括为五个方面：（1）市场的本质——作为社会历史范畴的市场；（2）市场的特征——作为商品经济、市场经济现象形态的市场；（3）市场的结构——作为反映商品经济与市场经济规模、结构和布局的市场；（4）市场的职能——作为商品经济、市场经济运行机制的市场；（5）市场学说史——对前人市场学说的评价。其中，前四个方面构成市场范畴的总体，即市场范畴各种规定的总和。

（六）对价值转形理论的再认识

价值转形理论是马克思主义经济学中争论较多的问题之一，但学术界

---

① 裴宏、李帮喜：《置盐定理反驳了利润率趋向下降规律吗?》，载《政治经济学评论》第7卷第2期。

更多关注的是生产价格形成之后的生产价格体系与背后价值体系之间的关系，特别是“总计一致二命题”（也被表示为“两个总量相等”，即价值总量等于生产价格总量，剩余价值总量等于利润总量。）的分析，忽视了对转形过程的动态分析。严金强等针对学界一致忽视的价值转形的动态机理问题和不变性方程（即同样数量的活劳动创造的价值总量不变）问题，通过引入资本流动和“第三个不变性方程”，构建了 DMVT 模型，并运用 matlab 对模型进行了三部门和五部门仿真模拟演示，以展示价值转形的动态转化机制，验证“等量活劳动创造等量价值”的转形命题，论证动态转形模型的合逻辑性和可操作性。[①]

二、马克思主义经济学的时代意义和现代价值

虽然马克思主义经济学诞生的环境与现在有较大不同，然而其对于解释和解决当代的经济问题仍然具有旺盛的生命力，学者们分析了马克思主义经典理论在当代和我国的运用，揭示了其时代意义和现代价值。

（一）劳动价值论的现代应用

金碚认为，马克思的劳动价值论具有非常深刻的内涵和学术扩展性，从其逻辑基点上可以延伸出对一系列现实经济问题和经济制度及政策选择的科学思考。在劳动价值论的逻辑基点上，他运用使用价值和交换价值的关系，揭示宏观经济分析的理论基础—GDP、产业结构、企业目标、人才体制改革、管理，以及劳动报酬等现实经济问题。他指出，GDP 是以交换价值计量单位即货币尺度作为核算工具，估算真实使用价值量的生产规模总量及其增长，因此，科学认识 GDP，除了关注其价值量（名义量）表现之外，更重要的是应关注其实质量，特别是要关注同 GDP 密切相关的真实劳动状况，这包括经济体的劳动是否充分就业，多大比例的劳动者能够在合适的工作岗位上，以及创新性劳动活力是否得到释放，是否有条件不断创造出具有新颖使用价值的产品。对于 GDP 的核算必须落实于对真

① 严金强、马艳、蔡民强：《动态价值转形理论：模型与模拟演示》，载《世界经济》2016 年第 12 期。

实劳动状况的认识和判断。再比如，他认为，根据马克思劳动价值论，劳动生产率越高，生产的产品量即使用价值越多，其单位产出品的交换价值反而越低，即价格更便宜。因此，在工业化时期，第二产业比重迅速提高，而到了工业化后期，第三产业比重上升，第二产业比重相对下降，都是第二产业更加发达的表现，而绝不是第二产业特别是其中的制造业衰落的表现。只有在发达的第二产业基础上的第三产业发展才是产业进步和经济发达的表现。①

（二）竞争理论的现代应用

马克思主义竞争理论认为，竞争是商品生产的必然结果，而竞争规律是商品经济的基本规律。黄茂兴等认为，我国从发展商品生产到社会主义市场经济实践，以及实施的市场化资源配置都是对马克思主义竞争思想的基本遵循与中国化发展。在我国社会主义初级阶段，竞争是社会主义经济的重要推动力，竞争规律及其作用应当是社会主义本质和基本经济规律得以实现的形式。②

（三）经济危机理论的现代应用

伴随着商业资本主义、工业资本主义到金融资本主义的演进，资本主义的经济危机及其理论也在发生变化。胡乐明指出，经济危机不仅是资本主义的灭亡象征，也是资本主义的发展形式，僵硬地重申资本主义基本矛盾及其周期性激化必然导致资本主义经济危机进而导致资本主义的灭亡，已经无法科学解释资本主义的发展现实从而丧失了其理论合法性。未来研究应当从生产力与生产关系矛盾之上的“中间环节”入手，科学阐释资本积累的“技术结构”与“社会结构”及其演变如何导致资本积累矛盾的深化从而引发不同类型的经济危机。③

---

① 金碚：《马克思劳动价值论的现实意义及理论启示》，载《中国工业经济》2016 年第 6 期。

② 黄茂兴、叶琪、陈洪昭：《马克思主义竞争理论及其在当代中国的运用与发展》，载《数量经济计量经济研究》2016 年第 5 期。

③ 胡乐明：《科学理解和阐释资本主义经济危机》，载《马克思主义研究》2016 年第 2 期。

(四) 经济发展理论的现代应用

李义平梳理和研究了马克思的经济发展理论，并以此评析了当代中国经济发展的现状、问题和出路。他认为，马克思的经济发展理论主要包括：一是以人为本的发展观。马克思认为经济发展是为了人的自由全面的发展。如果背离了这一目的，就会为发展而发展，并难以持续。二是推动经济发展的是生产端、是实体经济。实体经济是一国经济发展的根基。产业发展是有其内在规律的，一些地方拔苗助长地发展服务业会导致产业的“空心化”，这也是拉美一些国家陷入“中等收入陷阱”的教训。三是经济发展是不断进行的结构调整和创新。马克思以第二种含义的社会必要劳动时间、社会总资本再生产中两大部类结构的匹配为枢纽，研究了产能过剩、结构调整问题。在市场经济下，结构调整的途径是竞争、兼并、破产、重组、经济周期中下行阶段强制性地修正等市场机制。四是过度金融化、过度虚拟化以及不适当的刺激，不利于经济持续健康发展。按照马克思的逻辑，货币就是交换的工具，不宜作为调节经济发展的手段。[①]

(五) 国际交往理论的现代应用

由于马克思恩格斯生活在国际交往迅速发展的时代，他们创立了丰富的国际交往理论，其中包括国际交往既包含物质交往也包含精神交往，交通运输革命极大地促进了国际交往的发展，国际交往是全方位的交往等思想。

张峰指出，“一带一路”建设与单纯的商品贸易不同，不仅有商品交换，还有基础设施建设和工业产业发展，更有社会文化的交流与融合，促进形成人类命运共同体。“一带一路”倡议的本质就是一种国际交往。马克思恩格斯的国际交往理论对于中国更好地参与全球化、完善并有效地实施“一带一路”倡议，推动构建人类命运共同体，具有重要的启示和现实意义。[②]

---

① 李义平：《马克思的经济发展理论：一个分析现实经济问题的理论框架》，载《中国工业经济》2016 年第 11 期。

② 张峰：《马克思恩格斯的国际交往理论与“一带一路”建设》，载《马克思主义研究》2016 年第 5 期。

三、中国特色社会主义政治经济学的新理论

推进马克思主义经济学的中国化，并用于指导我国经济改革与发展的伟大实践，是新时期中国经济学的时代使命。2016 年学界在开拓当代中国马克思主义政治经济学新境界方面取得了不凡的成绩。

（一）经济发展新常态

党的十八大以来，以习近平同志为核心的党中央从我国经济改革、建设和发展的实际出发，根据国内国际经济运行的新特点、新趋势、新变化，提出了我国经济发展进入新常态的重大判断，阐述了经济新常态的主要特征和内涵。对此，学界进行了深入研究。

郭克莎指出，判断和提出经济发展进入新常态或新阶段，是对实践过程进行理论探索的结果。这是把马克思主义政治经济学基本原理同中国特色社会主义经济建设实际相结合的探索，也是在经济建设实践中推进中国特色社会主义政治经济学理论创新的探索。从中国特色社会主义政治经济学的分析框架看，判断和提出中国经济发展进入新常态或新阶段的理论依据：一是从适应生产力发展阶段看，我国的工业化过程已进入后期阶段，经济增速、产业结构、增长动力将发生较大变化，这些趋势性变化与新常态的主要特点是一致的；二是从遵循经济发展规律看，许多国家和地区在经历了长期高增长并进入较高收入阶段后，都出现了以增长速度大幅回落为特征的重大转变，潜在增长率、增长因素、增长机制等都发生了有规律的变化，其历史经验为新常态提供了佐证材料；三是从推进经济发展取向看，提出新常态的重大判断，也体现了坚持以人民为中心的发展理念。新常态理论作为中国特色社会主义政治经济学的一项重大理论创新成果，将被实践证明具有重要的理论地位和作用。[①]

在新常态的重大判断基础上，学者们还运用马克思主义政治经济学的基本理论和方法对我国经济发展进入新常态的原因进行了分析。逄锦聚指

---

① 郭克莎：《中国经济发展进入新常态的理论根据——中国特色社会主义政治经济学的分析视角》，载《经济研究》2016 年第9 期。

出，按照马克思经济学的基本原理，我国经济发展进入新常态，虽然结构性需求不足是原因之一，但不是主要原因，主要的原因在生产领域，生产方式粗放，产业结构不合理，创新不足，科技转化为现实生产力不畅，要素生产率较低等，这实际是我国人民日益增长的物质文化需要同落后的社会生产之间的社会主要矛盾表现的阶段性特征。所以，认识引领新常态，保持国民经济创新、协调、绿色、开放、共享发展，要牢牢把握我国所处发展阶段的社会主要矛盾，把发展生产力摆在首位，坚持发展是硬道理不动摇；要加快转变发展方式，调整经济结构，着力创新驱动，创造新供给；要妥善处理质量、效益和速度的关系，保持经济持续稳定的中高速增长；把深化改革和惠民生紧密结合起来。①

（二）新发展理念

习近平总书记提出的创新、协调、绿色、开放、共享的新发展理念，是我国经济改革、建设、发展的重大指导思想，是马克思主义政治经济学基本原理与中国经济社会发展实际结合的新成果。

1. 新发展理念是对马克思的经济社会发展理论和人的全面发展理论的继承和发展

顾海良认为，新发展理念在对“实现什么样的发展、怎样发展”问题新的回答中，凸显其马克思主义政治经济学的意蕴。新发展理念是对马克思主义政治经济学理论的当代运用和丰富，特别是对马克思恩格斯关于经济的社会发展理论和人的全面发展理论的当代阐释与现实应用。②

2. 新发展理念是对社会主义基本经济规律的深化和拓展

吴宣恭指出，新发展理念集发展方向、发展方式、发展条件、发展维度、发展路径、发展目标于一体，全面反映了社会主义经济的本质要求，是对社会主义基本经济规律内涵的深化拓宽和高度概括，将对我国经济的持续健康发展发挥重大的指导作用。具体来说，创新是生产力发展的首要

---

① 逄锦聚：《马克思生产、分配、交换和消费关系的原理及其在经济新常态下的现实意义》，载《经济学家》2016 年第 2 期。

② 顾海良：《新发展理念的马克思主义政治经济学探讨》，载《马克思主义与现实》2016 年第 1 期。

推动力，是从生产方面对社会主义基本经济规律内涵的高度提炼；协调反映了深化协调发展规律的要求，既是社会主义基本经济规律发挥作用的社会条件，也是社会主义基本经济规律作用的必然结果；绿色是人与自然之间的协调规律与社会主义基本经济规律的结合，也是社会主义基本经济规律在“天人关系”上的延伸和深化；开放是社会发展规律和社会主义基本经济规律内涵在国际范围的拓展；共享是社会主义基本经济规律所体现的社会生产目的，是社会主义的本质要求，也是新发展理念的核心。①

3. 新发展理念是指导我国经济社会发展的思想灵魂

逄锦聚指出，新发展理念是对改革开放和现代化建设实践经验的深刻总结，是对中国特色社会主义发展理论内涵的丰富和提升，也是指导“十三五”乃至整个新常态下经济社会发展的思想灵魂。② 顾海良指出，新发展理念直面中国经济社会发展的现实问题，以强烈的问题意识，致力于破解发展难题、增强发展动力、厚植发展优势，是党的十八大以来习近平对当代中国马克思主义政治经济学的新的理论贡献。③ 易森等指出，新发展理念体现了中国特色社会主义政治经济学的重大原则，凸显了中国特色社会主义政治经济学的现实指导意义，遵循了中国特色社会主义政治经济学视阈下的改革逻辑，是中国特色社会主义政治经济学的重要拓展。④

4. 新发展理念是“术语的革命”

顾海良指出，新发展理念具有显著的总体性，创新是引领发展的第一动力，协调是持续健康发展的内在要求，绿色是永续发展的必要条件，开放是国家繁荣发展的必由之路，共享是中国特色社会主义的本质要求。由此而实现的“术语的革命”，是对中国特色社会主义经济建设关于发展实践的理论和学说的提炼和总结，是当代中国马克思主义政治经济学的学术

---

① 吴宣恭：《五大发展理念是社会主义基本经济规律内涵的深化拓宽和高度概括》，载《马克思主义研究》2016年第8期。

② 逄锦聚：《马克思生产、分配、交换和消费关系的原理及其在经济新常态下的现实意义》，载《经济学家》2016年第2期。

③ 顾海良：《新发展理念的马克思主义政治经济学探讨》，载《马克思主义与现实》2016年第1期。

④ 易森、任毅：《五大发展理念：中国特色社会主义政治经济学的重要拓展》，载《财经科学》2016年第4期。

话语体系建设的重要成果，为当代中国马克思主义“系统化的经济学说”的发展奠定了坚实基础。①

黄泰岩也指出，理念决定理论的观念体系和结构框架，新发展理念为形成当代中国特色社会主义经济发展新理论、新体系、新话语开辟了道路。②

（三）社会主义市场经济理论

社会主义市场经济理论是中国特色社会主义政治经济学的重要组成部分，是马克思主义政治经济学基于中国改革开放实践的重大理论突破，其精髓是，社会主义作为一种社会制度和市场经济作为一种资源配置机制，可以有机结合起来，同时发挥二者的优势，并生成新的制度、体制优势。③虽然学界都认为社会主义与市场经济的结合，是中国特色社会主义经济最重要的制度特征，是中国特色社会主义政治经济学最重要的理论贡献④，然而长期以来，社会主义市场经济仍然存在着一些理论和实践上的难题，比如建立在私有制基础上的市场经济为什么需要与公有制结合、能否结合、怎样结合，以及马克思主义政治经济学经典思想与社会主义市场经济理论如何相容等⑤。为此，学者们围绕这些难题继续深化社会主义市场经济理论研究，主要进展有：

1. 公有制可以与市场经济相结合

张宇认为，社会主义公有产权的复杂结构使社会主义公有制具有商品性和非商品性的二重属性，这就决定了公有制与市场经济之间既有内在一致性和兼容性，又存在一定的矛盾和冲突。具体表现在产权结构的直接社会性与局部性、计划与市场、等量劳动互换与等价交换、劳动力的主人地位与商品属性、市场经济与共同富裕等方面。公有制与市场经济的对立统

① 顾海良：《新发展理念与当代中国马克思主义“系统化的经济学说”的发展》，载《经济学家》2016 年第 3 期。

② 黄泰岩：《新发展理念催生新发展理论》，载《人民日报》2016 年 4 月 18 日。

③ 胡家勇：《试论社会主义市场经济理论的创新和发展》，载《经济研究》2016 年第 7 期。

④ 张宇：《论公有制与市场经济的有机结合》，载《经济研究》2016 年第 6 期。

⑤ 简新华、余江：《市场经济只能建立在私有制基础上吗？——兼评公有制与市场经济不相容论》，载《经济研究》2016 年第 12 期。

一关系使二者的结合成为可能。[①]

周新城指出，市场经济必然要与一定的社会基本经济制度结合在一起，必定有姓“资”姓“社”的区别。任何经济运行机制都是在一定生产资料所有制基础上运转的，不可能脱离所有制孤立地存在和运转。市场经济有社会制度属性，它与社会主义基本制度相结合，为社会主义基本制度服务，就是社会主义市场经济。[②]

张宇也指出，社会主义市场经济鲜明地体现了我国市场经济的社会属性，有着深刻的制度内涵和明确的实践要求，现实中的市场经济总是共性与个性的有机统一。一方面，市场经济是一个存在于许多社会形态中的共有的经济现象，具有某些共同的特点和属性。另一方面，市场机制又不可能脱离特定的社会历史环境而存在，总是要与某种特殊的社会制度结合在一起。在不同的历史发展阶段和不同的社会制度下，市场机制具有不同的规定性，市场的性质、地位和作用也很不相同。[③]

简新华等从社会主义初级阶段的基本国情角度说明了我国有必要将公有制与市场经济结合起来。他们指出，我国目前处于社会主义初级阶段，由于是社会主义，必须以公有制为基础，发展公有制经济；由于是初级阶段，还做不到由全社会直接占有全部生产资料，还不可能实行单一的公有制，也不可能完全做到国民经济自觉地有计划按比例协调发展，而迄今为止的实践也证明市场经济比传统计划经济更能有效配置资源。因此，我国现阶段自然需要把公有制和市场经济结合起来，以推动社会经济发展。[④]

2. 国有企业改革是公有制与市场经济相结合的核心

简新华等认为，公有制企业如何真正做到自主经营、自负盈亏、产权明晰，是公有制能真正实现与市场经济相结合的核心问题。要改革国有经济原来的管理体制，转换国有企业经营机制，改变国家所有国家直接经营的企业制度，实行现代企业制度，建立规范有效的治理结构和企业内部的

---

① 张宇：《论公有制与市场经济的有机结合》，载《经济研究》2016年第6期。

② 周新城：《关于社会主义市场经济的几个理论问题——在市场经济问题上马克思主义与新自由主义的原则分歧》，载《当代经济研究》2016年第7期。

③ 张宇：《在实践中不断深化对社会主义市场经济的认识》，载《经济导刊》2016年第12期。

④ 简新华、余江：《市场经济只能建立在私有制基础上吗？——兼评公有制与市场经济不相容论》，载《经济研究》2016年第12期。

民主管理，发挥企业职工主人翁的作用。[①]

（四）更高层次的开放理论

在我国对外开放的长期实践中，我们党提出并创立了“开放型经济”理论，成为中国特色社会主义政治经济学的有机组成部分。裴长洪尝试提出了中国特色开放型经济理论研究纲要，认为中国特色开放型经济理论创新了马克思主义世界市场理论和国际分工理论，创新了毛泽东三个世界划分的理论，成为中国改革开放35年的基本实践和基本经验的理论总结。其理论框架主要包括：完善互利共赢、多元平衡、安全高效的开放型经济体系；构建开放型经济新体制；培育参与和引领国际经济合作竞争新优势；完善对外开放战略布局；积极参与全球经济治理和公共产品供给。[②]

四、构建中国特色社会主义政治经济学体系

2016年学者们就中国特色社会主义经济学理论体系的构建问题进行了广泛而深入的讨论和研究，在中国特色社会主义经济学的研究对象、逻辑主线、体系结构、话语体系、方法论原则等方面取得了可喜的成果。

（一）中国特色社会主义政治经济学的研究对象

关于中国特色社会主义政治经济学的研究对象，学界目前还存在不同观点，主要有：

1. 社会生产关系及其发展规律

社会生产关系及其发展规律是马克思主义政治经济学的研究对象，因而相当一部分学者认为，中国特色社会主义政治经济学的研究对象仍然是研究生产关系及其发展规律。刘伟指出，政治经济学是研究社会生产关系运动规律的学说，生产关系运动规律只能从生产力与生产关系的矛盾运动

---

① 简新华、余江：《市场经济只能建立在私有制基础上吗？——兼评公有制与市场经济不相容论》，载《经济研究》2016年第12期。

② 裴长洪：《中国特色开放型经济理论研究纲要》，载《经济研究》2016年第4期。

中揭示，生产关系的运动规律源于生产力发展的历史要求及其变化。[①] 白永秀也指出，中国政治经济学需要不断延展“生产关系和交换关系”的运用范围，研究人类社会各个历史发展阶段的各种经济制度运行的一般规律和经济行为，特别是市场经济的一般规律以及市场经济制度下的生产、交换、分配和消费方式以及与之相适应的经济关系、社会关系、人与资源环境的关系等。[②] 逄锦聚也将社会主义初级阶段的生产方式及与之相适应的生产关系和交换关系作为中国特色社会主义政治经济学的研究对象。[③]

2. 中国特色社会主义经济形态

张宇指出，中国特色社会主义政治经济学的研究对象是中国特色社会主义经济形态。这既包括改革开放以后确立的中国特色社会主义生产关系或经济制度，也包括在此基础上形成的中国特色社会主义经济发展战略、发展理念、发展政策和发展道路。[④]

3. 生产力和生产关系

卫兴华明确指出，中国特色社会主义政治经济学既要系统和深入研究中国特色社会主义生产关系，又要从理论上研究怎样更好更快地发展社会生产力。但技术层次的生产力不是政治经济学的研究对象，政治经济学研究的是社会层次的生产力。[⑤] 黄泰岩基于社会主义初级阶段生产力和生产关系矛盾的主要表现在生产力相对落后上的现实提出，再把中国特色社会主义政治经济学研究对象局限在仅仅联系生产力研究生产关系就不够了，应该将生产力也纳入研究对象，具体体现为解放生产和发展生产力。[⑥] 洪银兴进一步提出，在发展变化中，中国特色社会主义政治经济学应该研究相互联系的生产力和生产关系，构建关于解放、发展和保护生产力的系统

---

① 刘伟：《在马克思主义与中国实践结合中发展中国特色社会主义政治经济学》，载《经济研究》2016 年第 5 期。

② 白永秀、吴丰华、王泽润：《政治经济学学科建设：现状与发展》，载《马克思主义研究》2016 年第 8 期。

③ 逄锦聚：《中国特色社会主义政治经济学论纲》，载《政治经济学评论》2016 年第 5 期。

④ 张宇：《不断完善中国特色社会主义政治经济学理论体系》，载《人民日报》2016 年 8 月 29 日。

⑤ 卫兴华：《创新政治经济学研究对象》，载《人民日报》2016 年 12 月 21 日。

⑥ 黄泰岩：《中国特色社会主义经济学的研究对象、主线和框架》，载《马克思主义与现实》2016 年第 5 期。

化经济理论。[①] 从而将中国特色社会主义政治经济学的研究对象拓展为解放生产力、发展生产力和保护生产力。

（二）中国特色社会主义政治经济学的逻辑主线

相当一部分学者将发展确定为中国特色社会主义政治经济学的逻辑主线，比如，逄锦聚将其概括为发展经济，满足需要。[②] 张宇则指出，社会主义的根本任务是发展生产力，坚持把发展作为第一要务，在生产力与生产关系相互作用作为逻辑主线中，要更加突出促进生产力发展的内容。[③] 黄泰岩将中国特色社会主义经济学研究生产关系和生产力，简要地归结为改革和发展两大主题，并认为进入新世纪后，改革与发展关系组合发生了新的变化，即把改革作为发展的强大动力纳入发展的理论框架中，发展成为中国特色社会主义经济学研究的核心主题，并成为构建中国特色社会主义经济学理论体系的逻辑主线。[④]

有的学者提出了不同的观点。顾海良认为，中国特色社会主义政治经济学是以社会主义初级阶段基本经济制度和经济体制探索为主体，以社会主义经济制度和市场经济体制结合、发展和完善研究为主线。[⑤] 洪银兴则将基本经济制度和基本收入制度看作是中国特色社会主义政治经济学的核心内容。[⑥] 刘伟则将其确定为考察如何坚持社会主义市场经济改革方向。[⑦] 丁霞则将创新、协调、绿色、开放、共享的新发展理念确定为研究主线。[⑧] 白永秀则提出，相对于以提高资源配置效率为研究主线的西方经济学而言，秉承人民为中心的马克思主义政治经济学应当以公平与效率的关系及

---

① 洪银兴：《以创新的经济发展理论阐释中国经济发展》，载《中国社会科学》2016 年第 11 期。

② 逄锦聚：《中国特色社会主义政治经济学论纲》，载《政治经济学评论》2016 年第 5 期。

③ 张宇：《不断完善中国特色社会主义政治经济学理论体系》，载《人民日报》2016 年 8 月 29 日。

④ 黄泰岩：《中国特色社会主义经济学的研究对象、主线和框架》，载《马克思主义与现实》2016 年第 5 期。

⑤ 顾海良：《开拓当代中国马克思主义政治经济学的新境界》，载《经济研究》2016 年第 1 期。

⑥ 洪银兴：《以创新的理论构建中国特色社会主义政治经济学的理论体系》，载《经济研究》2016 年第 4 期。

⑦ 刘伟：《在马克思主义与中国实践结合中发展中国特色社会主义政治经济学》，载《经济研究》2016 年第 5 期。

⑧ 丁霞：《善于把握和融通“马克思主义的资源”——马克思政治经济学体系构建方法再研究》，载《马克思主义研究》2016 年第 7 期。

其实现途径为研究主线。[①]

对于这种分歧，周立群认为，社会主义政治经济学缺乏基本的概念抽象，从而难以形成一个有内在逻辑的范畴体系以作为经济学各分支学科的理论基础和理论基石。范畴体系和系统性构建的根本是理论创新，基础理论的创新是发展当代马克思主义政治经济学的关键。[②]

（三）中国特色社会主义政治经济学理论体系

学者们虽然在中国特色社会主义政治经济学理论体系构建方面进行了很多思考，但是，学者们之间存在较大分歧，他们基于不同的角度提出了不同的理论体系框架或内容。

黄泰岩基于发展的逻辑主线，将中国特色社会主义政治经济学的基本框架确定为包含发展理念、发展目标、发展目的、发展速度、发展转型、发展动力、发展道路、发展资源、发展环境、发展制度十大内容。[③④]

洪银兴则认为，将中国特色社会主义经济建设的伟大实践所取得的成功，包括经济制度、经济运行和经济发展等领域一系列重大理论创新，系统性化就构成中国特色社会主义政治经济学的理论体系。但也强调该理论体系是动态的，新的实践和创新的理论会不断丰富这个理论体系。[⑤]

逄锦聚提出，应当从经济制度和发展阶段、经济运行、经济发展、世界经济和开放问题等四方面构建中国特色社会主义政治经济学的体系结构。[⑥]

任保平则提出从中国经济发展的初始条件及其变迁、中国宏观经济发展的政治经济学、中国中观经济发展的政治经济学、中国微观经济发展的

---

① 白永秀、吴丰华、王泽润：《政治经济学学科建设：现状与发展》，载《马克思主义研究》2016 年第 8 期。

② 周立群：《中国特色社会主义政治经济学的系统构建与创新》，载《经济研究》2016 年第 3 期。

③ 黄泰岩：《中国特色社会主义经济学的研究对象、主线和框架》，载《马克思主义与现实》2016 年第 5 期。

④ 黄泰岩：《发展当代中国马克思主义政治经济学》，载《光明日报》2015 年 12 月 2 日。

⑤ 洪银兴：《以创新的理论构建中国特色社会主义政治经济学的理论体系》，载《经济研究》2016 年第 4 期。

⑥ 逄锦聚：《中国特色社会主义政治经济学论纲》，载《政治经济学评论》第 7 卷第 5 期（2016 年 9 月）。

经济学、中国与世界合作发展的政治经济学五个层次构建基本框架。[①]

刘伟则从中国特色社会主义政治经济学的历史观、核心命题、主要任务、根本目的四个方面概括了理论体系的主要内容。[②]

张宇认为，中国特色社会主义政治经济学内容丰富，涵盖中国特色社会主义经济的生产、分配、交换、消费等主要环节以及基本经济制度、基本分配制度、经济体制、经济发展和对外开放等主要方面，形成了一个比较完整的理论体系。[③] 具体包括：关于中国特色社会主义经济的本质、关于社会主义基本经济制度、社会主义基本分配制度、社会主义市场经济、社会主义对外开放和中国特色社会主义经济发展等。[④]

白永秀等提出，政治经济学新的研究体系应当由生产方式与基本经济制度、生产、交换、分配、消费、宏观经济、经济全球化等七大部分组成。[⑤]

（四）中国特色社会主义政治经济学的话语体系

1. 与西方经济学的关系

大部分学者都强调了中国特色社会主义政治经济学应该以开放的视野汲取和借鉴中外理论成果的科学成分[⑥]，但是，也同时强调“必须摆正中外本末主次关系，不能把西方经济学奉为主流和圭臬”[⑦]，明确了马克思主义经济学的主导和主体地位。[⑧]

---

① 任保平：《“中国发展的政治经济学”理论体系构建研究》，载《中国高校社会科学》2016 年第 6 期。

② 刘伟：《在马克思主义与中国实践结合中发展中国特色社会主义政治经济学》，载《经济研究》2016 年第 5 期。

③ 张宇：《发展中国特色社会主义政治经济学》，载《人民日报》2016 年 2 月 23 日。

④ 张宇：《关于中国特色社会主义政治经济学的若干问题》，载《国家行政学院学报》2016 年第 2 期。

⑤ 白永秀、吴丰华、王泽润：《政治经济学学科建设：现状与发展》，载《马克思主义研究》2016 年第 8 期。

⑥ 周立群：《中国特色社会主义政治经济学的系统构建与创新》，载《经济研究》2016 年第 3 期。

⑦ 胡培兆：《政治经济学要进入社会》，载《经济研究》2016 年第 3 期，第 26 页。

⑧ 林岗：《发展当代中国马克思主义政治经济学》，载《光明日报》2015 年 12 月 2 日。

2. 用通用语言讲中国故事①

黄泰岩指出，要把反映中国经验的新概念、新范畴、新规律系统化为完整的经济学体系，用通用语言讲"中国故事"，而不是用中国语言讲"世界故事"。② 裴长洪认为，怎样处理"阳春白雪"和"下里巴人"的关系，是中国经济学话语体系要解决的问题。中国经济学的话语体系更多的是需要多数人读懂基础上的提高再提高，这是应当倡导和努力的方向。③

3. 将中国基因作为基本内核

周文认为，国弱无话语。中国目前已经具备了构建中国经济学话语体系的基础和能力，中国发展经验构成了中国经济学话语体系的基本内核。④ 逄锦聚指出，中国特色社会主义政治经济学既具有民族性也具有世界性，只有以我国实际为研究起点，提出具有主体性、原创新的理论观点，构建具有自身特质的学科体系、学术体系、话语体系，才能真正形成自己的特色和优势，也才能逐渐为世界所重视、所接受。⑤ 杨春学指出，中国特色社会主义政治经济学必须承担起在中华思想文明库中挖掘优秀基因的工作，这是中国经济学人的时代课题。在挖掘这类思想基因时，要注意在动态过程中重建这些优秀思想基因，给它们提供一种科学的分析基础。⑥

（五）中国特色社会主义政治经济学的方法论原则

辩证唯物主义和历史唯物主义是马克思恩格斯创立的政治经济学的根本方法论，自然也是中国特色社会主义政治经济学的根本方法论。但对具体表现，学者们有着不同的认识。

逄锦聚指出，辩证唯物主义和历史唯物主义贯穿在中国特色社会主义政治经济学研究中，具体又表现为矛盾分析方法、历史与逻辑统一的方

---

① 黄泰岩：《构建当代中国马克思主义政治经济学》，载《政治经济学评论》2016 年第 1 期。

② 黄泰岩：《构建当代中国马克思主义政治经济学》，载《政治经济学评论》第 7 卷第 1 期（2016 年 1 月）。

③ 裴长洪：《中国特色开放型经济理论研究纲要》，载《经济研究》2016 年第 4 期。

④ 周文：《时代呼唤中国经济学话语体系》，载《经济研究》2016 年第 3 期。

⑤ 逄锦聚：《中国特色社会主义政治经济学的民族性与世界性》，载《经济研究》2016 年第 10 期。

⑥ 杨春学：《社会主义政治经济学的"中国特色"问题》，载《经济研究》2016 年第 8 期。

法、抽象法、人是历史主体的分析方法、以实践为基础的分析方法、实证方法、数学分析方法等。①

蔡继明等将构建中国特色社会主义政治经济学的方法论原则具体到八个方面：一是科学抽象法；二是矛盾分析法；三是中介分析法；四是一般特殊个别的辩证法；五是历史唯物主义合力论；六是经济运行的生理学与经济发展的病理学；七是人类社会发展的最终目标和实现手段的选择；八是逻辑批判与逻辑一致性原则。②

丁霞认为，辩证唯物主义和历史唯物主义是马克思总体方法论，它在政治经济学领域的具体应用就形成了政治经济学的方法论。马克思政治经济学方法论有八大特征：一是总体方法论是构建经济学体系的基石；二是具体总体和思想总体的对立统一；三是研究方法和叙述方法的对立统一；四是历史与逻辑相一致的方法；五是矛盾分析贯穿于逻辑运动的全过程；六是总体的逻辑起点选择原则和方法具有重大的方法论意义；七是强调中介范畴在逻辑推进和运动过程中的重要性；八是逻辑主线的选择至关重要。这八大特征为创新当代中国马克思主义政治经济学体系奠定了方法论基础。③

林岗则将马克思主义政治经济学方法论原则总结为四个分析规范：一是用生产关系必然与生产力发展相适应来解释社会经济制度变迁；二是将生产资料所有制作为分析整个生产关系体系的基础；三是依据与生产力发展的一定历史阶段相适应的经济关系来理解政治和法律的制度以及道德规范；四是在历史形成的社会经济结构的整体制约中分析人的经济行为。④

① 逄锦聚：《中国特色社会主义政治经济学论纲》，载《政治经济学评论》第7卷第5期（2016年9月）。

② 蔡继明、靳卫萍：《构建中国特色社会主义政治经济学的方法论原则》，载《国家行政学院学报》2016年第2期。

③ 丁霞：《善于把握和融通“马克思主义的资源”——马克思政治经济学体系构建方法再研究》，载《马克思主义研究》2016年第7期。

④ 林岗：《坚持马克思主义的根本是坚持马克思的方法论原则》，载《经济研究》2016年第3期。

附录一　2016年经济热点排名前50位

排序	热点
1	经济增长与发展
2	资本市场（含上市公司、资产定价等）
3	收入分配与收入差距
4	对外贸易与贸易政策
5	产业结构与产业政策
6	三农（含城市（镇）化）
7	自主创新
8	货币政策（含流动性过剩、通货膨胀）
9	绿色经济（含低碳、环境污染）
10	马克思主义经济学及其中国化（含中国特色社会主义经济理论）
11	公共经济（含公共管理、食品安全）
12	企业成长（企业兼并、公司绩效、企业效率）
13	区域经济发展（含国际区域经济合作）
14	金融秩序与金融安全（含金融稳定）
15	财政体制（含税制）
15	企业融资（含企业资本结构、资本运营）
17	金融体制（含金融环境、混业）
17	中国对外投资（企业走出去）
19	就业（含失业、创业）
20	经济体制改革（含国有经济、国有企业改革、转轨经济）
21	社会保障
22	房地产（含地产）

续表

排序	热点
23	民营经济与家族企业（含中小企业）
23	计量经济
25	公司治理
26	商业银行
26	人民币汇率（含汇率理论、人民币国际化）
26	城市经济（含县域经济）
26	消费（包括消费市场、消费经济）
30	政府规制（集团管制、行业协会、金融管制）
31	资源经济（含能源、石油、电力等）
32	财政政策（含税收）
32	经济史
34	市场理论
34	企业投资（决策、效率）
34	企业社会责任
37	中国经济学学科发展
37	商业、物流
37	人力资源管理
40	人力资本（含劳动力流动）
40	医疗体制（含卫生经济）
42	企业战略（含战略转型）
43	外商直接投资
43	行为经济学（含实验经济学）
43	教育经济
46	信息经济、互联网经济（含新经济、知识经济、信息化和新型工业化）
46	国外经济理论和流派
46	家庭经济学
49	企业理论（产权理论）
49	保险业
49	基础设施

附录二　2016年关键词排名前50位

2016年	关键词
1	经济增长
2	全要素生产率
3	货币政策
4	融资约束
5	产业结构
5	对外直接投资
7	全球价值链
7	金融发展
9	国有企业
9	企业创新
9	收入分配
12	比较优势
12	环境规制
12	创新
12	公司治理
12	人力资本
12	社会资本
12	收入不平等
12	通货膨胀
12	制造业
21	DSGE模型
21	财政分权

续表

2016 年	关键词
21	城镇化
21	技术进步
21	生产率
21	异质性
21	影响因素
21	政治关联
21	制度环境
30	城市化
30	出口
30	房价
30	经济周期
30	利率市场化
30	门槛效应
30	外商直接投资
30	盈余管理
30	政治经济学
39	产能过剩
39	服务业
39	股价崩盘风险
39	经济波动
39	空间溢出效应
39	信息不对称
39	政府干预
46	产业集聚
46	产业政策
46	产业转移
46	供给侧改革
46	环境污染

续表

2016 年	关键词
46	加工贸易
46	金融稳定
46	劳动力流动
46	农地流转
46	系统性风险
46	新常态